中国·政道

王绍光◆著

中国人民大学出版社
·北京·

目　录

一、理想政治秩序*

——中西古今的探求

人的特征之一就是对现实永远都不会完全满意，因此他们总是憧憬更便捷、更舒适、更合理、更公正的美丽新世界。如果没有理想，人类恐怕还像我们的祖先一样过着赤身裸体、“冬穴夏巢”、“未有火化，食草木之实，鸟兽之肉，饮其血，茹其毛”（《礼记·礼运》）的生活。

作为政治动物，人类也会对“实然”政治的种种弊端进行反思，设想和追求“应然”的政治秩序。正如美国政治学会最早的会长之一威廉·穆若（William B. Munro）指出的那样：“我们都是理想主义者，因为人生来就要行动，有意也好，无意也罢，如果没有值得追求的理想，人便会手足无措……对一个伟大的、尽善尽美共同体的向往与人类历史一样古老”[1]。

在探求理想政治秩序的过程中，政治理论家扮演着独特的角色。事实上，理想政治秩序正是古往今来西方政治理论关注的核心问题。用列奥·施特劳斯（Leo Strauss）的话说，“过往的政治哲学家们都试图一劳永逸地回答一个同样的问题：什么是理想的政治秩序”[2]。的确，柏拉图的《理想国》、亚里士多德的《政治学》、西塞罗的《国家篇》、康帕内拉的《太阳城》、安德里业的《基督城》、奥古斯丁的《上帝之城》、培根的《新大西洋》、洛克的《政府论》、卢梭的《社会契约论》、莫尔的《乌托邦》、

---

* 2011年8月6—7日，笔者主持了在北京大学举办的“中国文化论坛第七届年会”。会议的论文集由笔者主编，书名是《理想政治秩序：中西古今的探求》（北京，三联书店，2012）。本文是为论文集准备的序言。

哈林顿的《大洋国》以至马克思和恩格斯的《共产党宣言》都是探求理想政治秩序的尝试。[3]

中国也不例外。研究中国政治思想史的刘泽华对此有一段精辟的概述："中国传统政治文化具有浓烈的理想主义倾向。在先秦，每一位创立学说体系的思想家，在论证其思想体系的同时，几乎无一例外地要描绘一幅理想人生和理想社会的蓝图，提出了应当追求的最高政治目标，并力图将其实现于活生生的世俗社会之中。理想国理论既是其理论体系的重要组成部分、精华和概括，又是其重要的论证手段。每一种理想国理论都集中反映着某种政治思想体系的基本政治原则、政治价值观念和政治最高目标，并常常由此引申出一系列实际政治价值、准则、治国方略和政策，以及完善或改造社会的具体方案"。"先秦诸子把政治哲学、政治路线、具体政策和政治理想交融在一起，各自创立了为后世所宗本的思想体系，为古代中国人提供了基本政治思维模式。他们的政治理想正是其基本理论逻辑的推进和升华"[4]。法家主张"法治"，儒家主张"礼治"，墨家主张"贤治"，道家主张小国寡民的"无为而治"，都是对理想政治秩序的建构和预设。

不过，在探求理想政治秩序的过程中，中国与西方的思维方式未必相同。

在西方，谈到理想政治秩序，就不能不提到西方政治哲学的鼻祖柏拉图和亚里士多德；提到柏拉图与亚里士多德，就不能不提到他们的代表作《理想国》和《政治学》。尽管两千多年已经过去，但围绕这两本书的争议从未停息。到底什么才是柏拉图与亚里士多德心目中的理想政治秩序呢？争论往往与一个希腊关键词有关：Πολιτεια（或 politeia）。实际上，公元前411年前后，柏拉图写的《理想国》原标题正是 *Politeia*。

Politeia 的词根是 polis（城邦），它指的不是物理空间意义上的集中居住地，而是政治意义上的公民共同体。由 polis 衍生出一个名词 polites，意指同属于这个共同体的公民；由 polites 衍生出一个动词 politeuo，意指像公民那样行为；politeia 则是 politeuo 的衍生词，其原意是指公民权、公民身份、公民的日常生活、公民与城邦的关系、城邦的政治体制。[5]

那么，如何翻译 politeia 呢？英文中最通用的译法是 constitution。不过这里不能望文生义，把 constitution 理解为"宪法"或"宪制"，因为古希腊时还没有现代意义上的宪法，更没有成文宪法。这里的 constitution 意指城邦的形式，尤其是城邦政治体制的形式，或简称“政制”。[6] 在古希腊，politeia 是个热门的话题。除了柏拉图用它作为书的标题以外，politeia 还被其他人用作书的标题，如亚里士多德的著作 *Athenaion Politeia*，以及“老寡头”（伪托 Xenophon 之名）的同名著作 *Athenaion Politeia*，它们在英文中分别被译为 *The Constitution of Athens* 和 *The Constitution of the Athenians*；在中文中，这两本著作都被译为《雅典政制》，没有人把它们译为“雅典理想国”或“雅典宪制”。施特劳斯、布罗姆（Allan Bloom）、萨里斯（John Sallis）建议把 politeia 译为 regime（“政治体制”或简称“政体”）。[7]“政制”与“政体”的意思倒是相差无几。不管选择其中哪一个，柏拉图的书似乎都不应翻译为《理想国》。

亚里士多德在其著作中使用 politeia 一词频率更高，造成的混乱也更大。[8] 正如黄洋在本书中指出的那样，混乱源自亚里士多德用同一个名词 politeia 指两种相关但不一样的概念：一方面，这个词被用来作为各种政体的总称，另一方面，它被用来特指其中某一种政体。众所周知，亚里士多德政体分类的依据是两把尺子：一是统治者的人数，是一人，少数人，还是多数人？二是统治的目的，是为了统治者自身的私利，还是为了城邦整体的公益？据此，亚里士多德划分了六种政体（politeia）：（1）君主制；（2）贵族制；（3）Politeia；（4）暴君制；（5）寡头制；（6）民主制。这里第三类政体与所有政体的总称是同一个字。[9] 亚里士多德使用 politeia 的方式令研究他政体学说的历代学者们头痛不已，一直延续到今天[10]，以至于人们不知道如何翻译第三类政体是好。英文中，有人把它译为 polity，但 polity 不过是政体的另一种说法；有人干脆把它译为“作为一种政体的政体”（regime called regime）[11]，不过这种译法几乎等于什么也没说。

同样麻烦的是，politeia 到底是不是亚里士多德的理想政体？一些人认为，politeia 或 polity 是一种掺杂着民主制与寡头制成分的混合政体，是亚里士多德眼中可行的理想政体。[12] 但也有人认为，在亚里士多德的学说中根本不存在混合政体的可能性，混合只是稳定任何政体都必须采用的一种手段，它并不构成一种特别的政体。因此，politeia 或 polity 不可能是亚里士多德的理想政体。现代之所以有人试图从亚里士多德的著作中读出混合政体来，那是因为保守派人士偏好权力制衡，自由派人士偏好权力共享，都是一厢情愿的做法而已。[13]在否认 politeia 或 polity 是亚里士多德理想政体的人看来，亚氏心仪的政体可能是君主制，可能是贵族制，可能是实行法治的民主制[14]，也可能是“中道政体”（middle regime）[15]。亚里士多德关于理想 politeia 的说法太多、太乱，无论怎么梳理，永远都有让人解不开的谜。[16]难怪有人说，politeia 是无法翻译的。

柏拉图、亚里士多德去世三百年后，他们的著作传到了罗马共和国。按照布罗姆的说法，大约在公元前 54—51 年间，西塞罗把柏拉图的书名从希腊文 *Politeia* 译为拉丁文 *Res Publica*。[17] res publica 字面上的意思是：人民的事务，即属于人民的东西，或与人民息息相关的东西。很明显，西塞罗的翻译与柏拉图的原意相去甚远。令人不解的是，拉丁文中本来有一个与希腊文 politeia 相对应的名词 civitas，但西塞罗却没有选用。[18]与柏拉图的 politeia 不同，西塞罗不再关心各种政体之间的比较，他关心的仅仅是晚期的罗马共和国。

需要指出的是，罗马时期的作者将那时的政府称为“res publica”，它的含义与今天理解的共和国（republic）不可同日而语。例如，按照西塞罗自己对共和晚期罗马体制的描述，那套体制几乎是纯粹的贵族制。[19]事实上，西塞罗定义的“res publica”可以是一人统治，也可以是少数人或多数人统治，完全颠覆了柏拉图和亚里士多德对政体的定义。[20]甚至到了罗马帝国时期，仍然有人把它称为“res publica”。[21]在这个意义上，西塞罗 *De Res Publica* 的中译本采用《国家篇》为标题是相当明智的，如果把它译为《论共和》则难免产生不必要的误解。[22]

在 1871 年，柏拉图的 *Politeia* 经 Benjamin Jowett 第一次译为英文，标题是《共和国》（*The Republic*），并被后来大多数的英译本沿用下来。把柏拉图的这本书译为《共和国》非常容易引起读者的误解。柏拉图在这本书里主要讨论了五种政体，即贵族政体（aristocracy）、寡头政体（oligarchy）、荣誉政体（timocracy）、民主政体（democracy）、暴君政体（tyranny），其中根本没有共和政体。[23]实际上，在书的正文中，“共和国”的字样从未出现过。更何况，柏拉图在这本书中认定的理想政体是贵族政体。

中文译本的出现则是 20 世纪初的事。吴献书（1885—1944）先生 1921 年开始依据英文版动笔翻译，1929 年由商务印书馆出版发行。但中译本采取的是《理想国》这个标题，并被后来的译本一直沿用下来。这个标题与英文版的 *The Republic* 几乎毫不沾边，应该是参考了日本语言、哲学、历史、思想、翻译家木村鹰太郎的译法。[24]

从上面的讨论可以看出，自柏拉图以降，politeia 及其相关概念在西方探求理想政治秩序的历史进程中一直扮演着关键性的角色。对此，我们可以做出六点观察。

第一，politeia 在西式政治分析中处于核心地位。英文今天用于政治分析的许多概念往往与 politeia 在词源或语义上相关，如都市（metropolis）、政治（politics）、政策（policy）、警察（police）、政治体制（polity）等；另外一些概念与 politeia 的拉丁译文 civitas 相关，如市民的（civic）、文官（civilian）、文明（civilization）等；还有一些概念与英文的政体（regime）一样同源于拉丁语的 rēa（统治），如统治（rule）、规治（regulate）等。

第二，原意为“政体”的 politeia 被译为“共和国”，再译为“理想国”虽然并不准确，但恐怕也不完全是偶然的。误译不经意传递出来的信息是，西方对理想政治秩序的探求把着眼点放在政体（即政治体制的形式）上，而政体思维下的理想是某种形式的共和。一本为学生介绍政治哲学的小书说得很直白：“政治哲学探求的就是理想政体”[25]。实际上，在列奥·施特劳斯的论述中，“理想政治秩序”与“理想政体”是作为同义词交替使用的。这就是为什么他一方面说，“过往的政治哲学家们都试图一劳永逸地回答一个同样的问题：什么是理想的政治秩序”；另一方面又说，“古典政治哲学最关心的就是理想政体问题”[26]。

第三，西方思想家之所以如此关注政体，是因为他们认为，政体对政治共同体生活的方方面面具有决定性的作用。用亚里士多德的话说，“城邦本来是一种社会组织，若干公民集合在一个城邦以内，就成为一个城邦。那么，倘使这里的政治制度发生了变化，已经转变成另外一种的制度，这个城邦就不再是同一城邦”；“决定城邦同异的，主要地应当是政制的同异”[27]。一位当代研究亚里士多德的学者弗瑞德·米勒（Fred Miller）将政体与城邦的关系比作灵与肉的关系：“就像城邦的灵魂一样，政体在组织城邦、引导它追求其目标、确定其本质特征等方面发挥着决定性的作用”[28]。施特劳斯的解释更带西方哲学的特点：“用古典形而上学的术语来说，祖国或民族是实质，政体是形式。古典学的看法是，形式比实质更尊贵”[29]。重形式重到什么地步呢？贝斯（Bates）的说法是，“对形式的极度依赖”[30]。

第四，在过去两千多年里，西方思想家一直试图从政体入手探求理想政治秩序，但他们努力的结果是，“有多少政治哲学家，就有多少种政治哲学；有多少种政治哲学，就有多少种理想政体”[31]。他们每个人都希望一劳永逸地找到答案，不过两千多年过去了，老的疑点未能解决，新的问题层出不穷，历史依然没有终结，探求还在继续。

第五，用当今政治学的术语说，以往西方思想家有关政体的学说都属规范性研究，而不是实证性研究（包括亚里士多德对158个城邦的研究）。柏拉图与亚里士多德都有重思辨、轻历史的偏向。[32]即便他们可以在规范的意义上证成某种政体是理想的，这也并不意味着，在现实世界中，这种政体就一定优于别的政体。政治哲学与历史现实的关系本来是个永久的话题，而在冷战和后冷战时期，政体概念往往演化为意识形态的标签、政治宣传的工具。

第六，进行政体分析，人们很容易犯简单化的错误。例如，中国最早进行政体分析的学者梁启超、严复、吕思勉、钱穆等人，尽管立场迥异，却几乎一致认为，政体就是一人统治、少数统治、多数统治三类。[33]过去半个世纪中，西方政治学流行定量研究，这使得简单化的趋向更为突出。一大批学者试图用建立数学模型或统计检验的方法论证某些政体是最佳政体。但是，这些看似高精尖的方法要求用一两个可量化指标作为划分政体的根据，政治哲学对政体丰富而细致的分析难以在其中得到呈现。[34]例如，亚里士多德认为，判断政体的好坏标准不在于统治人数之多少，而在于统治者是为私利还是为公益进行统治。这个标准无法量化，因此几乎完全不出现在有关政体的定量研究之中。即便使用如此粗鄙的衡量指标，时至今日，这类有关政体优劣的实证性研究也无法得出任何令人信服的定论。[35]

与西方思想家一样，中国历代思想家也一直在孜孜不倦地探求理想政治秩序。在中国谈到理想政治秩序，就不能不提到老子、孔子、孟子、墨子、荀子、韩非子等诸子百家。不错，直到大约100年前，中国历代思想家在探求理想政治秩序时全然没有使用过“政体”这个概念。[36]但这并不意味着他们的探求毫无价值。有人把中国古代政治学贬低为“研究（国家统治者的）统治术的学问”，似乎除了“在维护国家君主最高统治权力之下”的“治吏驭民术”，中国思想家别无建树。[37]还有人把丰富的中国政治思想传统简单化约为“以如何帮助君主得天下、坐天下为旨归，以‘成王败寇’的后果论作为判断标准……中国政治中最为缺乏的就是公共利益的维度”[38]。这是典型的“一叶蔽目，不见太山”。

如果政体不是中国思想家的切入点，那么他们的切入点是什么呢？那就是治国理政之“道”。诸子中无论哪一位，没有人不谈“道”。“道”就是中国思想家探求理想政治秩序的关键词。[39]而“道”与西语中的 politeia 一样，又恰恰是中文中最难理解、歧义最多的一个字。“道”的原义是供人行走的道路，引申开来有几十种意思。如果仔细梳理的话，这其中与治国理政相关的意思大概有三方面的含义。

第一，事物的本体及其规律。道路是看得见的“道”，但还有看不见的“道”。《老子》的说法是，“有物混成，先天地生……吾不知其名，字之曰道，强为之名曰大”；《韩非子·解老》则说，“道者，万物之所然也，万理之所稽也”。明代著名思想家、政治家吕坤将他们的说法概括为，“道者，天下古今共公之理”（《呻吟语·谈道》）。

这个意义上的“道”的本体、主旨可以被叫作“道体”。按清代陈确《答唯问》的说法，“道体本无穷尽，故须臾不可忘戒惧”。[40]“道”的内在规律被叫作“道理”，无论是权力多大的人（包括君王、皇帝）都不可违抗，“无权不可为之势，而不循道理之数，虽神圣人不能以成功”（《文子·自然》）。荀子把“道”的重要性与国家的命运联系到一起，“国者，天下之利用也；人主者，天下之利势也。得道以持之，则大安也，大荣也，积美之源也；不得道以持之，则大危也，大累也，有之不如无之……”（《荀子·王霸》）；“道存则国存，道亡则国亡”（《荀子·君道》）。商鞅的说法更直白：“道明，则国日强；道幽，则国日削”（《商君书·错法》）。“道”听起来很神秘，但在有些人看来其实质非常简单；正因为简单，“道”的实现才非常不容易，“尧、舜、周、孔之道，只是傍人情、依物理，拈出个天然自有之中行将去，不惊人，不苦人，所以难及”（《呻吟语·谈道》）。

从无所不包的“道”还可以引申出各种事物的特有之道，如《易·说卦》所说，“立天之道曰阴与阳，立地之道曰柔与刚，立人之道曰仁与义”。如果说治国理政有一种“道”的话，我们可以将它简称为“政道”，而“政道”就是“正道”。[41]在《礼记·哀公问》中有一段记载：“孔子侍坐于哀公。哀公曰：‘敢问人道谁为大?’孔子愀然作色而对曰：‘君之及此言也，百姓之德也，固臣敢无辞而对。人道政为大。’公曰：‘敢问何谓为政?’孔子对曰：‘政者，正也。君为正，则百姓从政矣。君之所为，百姓之所从也。君所不为，百姓何从。’”这里，孔子不仅断言“人道政为大”，而且指出“政者，正也”。这与《论语·颜渊》中的说法是完全一致的：“政者，正也。子帅以正，孰敢不正?”即使带强烈法家色彩的管子也同意这个看法：“政者，正也；正也者，所以正定万物之命也。是故圣人精德立中以生正，明正以治国”（《管子·法法》）。在这个意义上，中国的“政治”概念意味着只有“正”才能“治”。[42]

上面引用的《礼记·哀公问》接下来是，“公曰：‘敢问为政如之何?’孔子对曰：‘夫妇别，父子亲，君臣严。三者正，则庶物从之矣’”。这就是说，按照中国思想家的理解，在政治领域，所有主体，从每位普通百姓到处于权力顶端的帝王，都有其处事之道。《礼记·丧服小记》曰：“亲亲，尊尊，长长，男女之有别，人道之大者也。”陆象山说得更具体，“君有君道，臣有臣道，父有父道，子有子道，莫不有道”[43]。在中国传统政治思想中，人伦即是政治，人道因此是治国理政之道的重要组成部分。

除父亲要有父亲的样子、儿子要有儿子的样子外，在理想社会里，更重要的是，当官要有当官的样子，尤其是君主要有君主的样子。中国古代典籍充满了关于君、臣之道的讨论，《荀子》有“君道”、“臣道”；刘向的《说苑》第一篇就是“君道”；《贾谊新书》有“君道”；葛洪《抱朴子外篇》有“君道”；道家名著《亢仓子》有“政道”、“君道”、“臣道”、“贤道”、“兵道”等篇；《贞观政要》开篇也是“君道”；吕坤在《呻吟语·治道》中则从“天之道”、“圣人之道”、“圣王之道”、“为君之道”、“为政之道”、“宰相之道”、“御众之道”一直谈到“（修己）立身之道”、“齐家之道”、“百姓之道”。对“君君、臣臣、父父、子子”的说法，一方面可以从“上下有序”的角度理解；另一方面，既然有“君君”之说，就意味着君主必须遵循思想家为他们设定的“君道”，不得胡作非为。例如，与历代先贤一样，吕坤在《呻吟语·治道》中特别提醒君主：“天之生民非为君也，天之立君以为民也”，与孟子“民为贵，社稷次之，君为轻”的思想、与《贞观政要·君道》“为君之道，必须先存百姓”的思想一脉相承。

还有一些古代典籍虽然没专设“君道”篇，甚至没有使用“君道”这个词，但也大谈特谈“君道”，如《吕氏春秋》，其“贵公”篇实际讲的就是“君道”：

> 昔先圣王之治天下也，必先公，公则天下平矣。平得于公。尝试观于上志，有得天下者众矣，其得之必以公，其失之必以偏。凡主之立也，生于公。故《鸿范》曰：“无偏无党，王道荡荡；无偏无颇，遵王之义；无或作好，遵王之道；无或作恶，遵王之路。”
>
> 天下非一人之天下也，天下之天下也。阴阳之和，不长一类；甘露时雨，不私一物；万民之主，不阿一人。

再如黄宗羲在《明夷待访录·原君》中虽然对现实中的人君深恶痛绝，斥责他们“以我之大私为天下之大公”，实乃“为天下之大害”，但也提出了自己的君道观，即“天下为主，君为客”[44]。

萧公权说，“二千余年之政论，大体以君道为中心”，大体是不错的。[45]但是，君道论的重点不是鼓励君主滥权枉法，而是在充分肯定君权至上的前提下，用“立君为民”的“君道”理想来约束乃至限制君权，来抨击昏君、暴君。自先秦以来，历代都有思想家把批判的矛头直指君主政治的种种弊端；所谓著名思想家，几乎都曾试图匡正时君，而不是取媚时君。因此，钱穆认为，儒家的终极政治理论与其说是助长君权，毋宁说是限制君权。[46]

进一步，“道”还有层次，如《礼记·大学》所说，“物有本末，事有终始，知所先后，则近道矣”。这里的“道”就是“欲治其国者，先齐其家；欲齐其家者，先修其身；欲修其身者，先正其心；欲正其心者，先诚其意；欲诚其意者，先致其知；致知在格物”。或反过来说，“物格而后知至，知至而后意诚，意诚而后心正，心正而后身修，身修而后家齐，家齐而后国治，国治而后天下平”。按《礼记·大学》的说法，这叫作“自天子以至于庶人，壹是皆以修身为本，其本乱而末治者否矣”。

“道”的最主要的方面可以被叫作“道要”，如《管子·任法》：“圣君则不然，守道要……垂拱而天下治”；也可以被叫作“道基”，如唐代李善在注释《文选》时引《庄子》说，“无为无治，谓之道基”；还可以被叫作“道根”，如汉代荀悦的《申鉴·政体》说，“恕者，仁之术也；正者，义之要也。至哉，此谓道根！”

当然，对于“道体”、“道理”、“道要”、“道基”、“道根”的内涵，对于如何践行君、臣、父、子之道，对于怎样“修、齐、治、平”，不同思想流派有不同的看法，有些还相互对立，恰如西方政治思想史中对如何划分政体、如何评价政体众说纷纭一样。

第二，道德、道义，相当于西方政治思想史中的“德性”、“正义”。《孟子·公孙丑下》中说“得道者多助，失道者寡助”，这里的“道”便是指道义。《淮南子·氾论训》说“存在得道，而不在于大也；亡在失道，而不在于小也”，意思也差不多。贾谊在《新书》中把“道”与“德”的关系说得很清楚：“德有六美，何谓六美？有道，有仁，有义，有忠，有信，有密，此六者德之美也。道者德之本也，仁者德之出也，义者德之理也，忠者德之厚也，信者德之固也，密者德之高也。”这里，贾谊不仅指出“道者德之本也”，同时也列举了“德”的构成及其相互关系。中国古代思想家们之所以非常强调“德”及其相关的教化，是因为在他们看来，同样的制度，尧舜用之则治，桀纣任之则乱。

关于第二层意义上的“道”具体有哪些内容，不同的思想家在不同的场合说法未必完全一致。孔子说，“有君子之道四焉：其行己也恭，其事上也敬，其养民也惠，其使民也义”（《论语·公冶长》）。其他儒家学者往往以仁义作为行为准则和规范，如东汉荀悦在《申鉴·政体》中开篇第一句话便是，“夫道之本，仁义而已矣”；《后汉书·种岱传》把仁义与道德画上等号：“仁义兴则道德昌，道德昌则政化明，政化明而万姓宁”。韩愈在《原道》中表达的看法也大同小异：“凡吾所谓道德云者，合仁与义言之也，天下之公言也”。墨子强调的重点则不太一样，按他的说法，“君子之道也，贫则见廉，富则见义，生则见爱，死则见哀。四行者不可虚假，反之身者也”（《墨子·修身》）。

陈来指出，“在西方政治思想史上，‘正义’被所有政治思想家视为良好政治秩序的基石或基本属性，以‘正义’涵盖所有的政治美德。而在中国古史时代，则以‘德’（后来更以‘仁’）来涵盖中国古文化所肯定的一切政治美德。在西周以来逐步发展了一种思想，即认为在现行的政治秩序之后还有一个道德法，政治运行必须合于某些道德要求，否则就必然导致失败”。这个概括是十分有见地的。陈来同时指出，“在君主制下，政治道德当然首先是君主个人的道德品行和规范。君主的个人品德在政治实践中展现为政治道德。周人明确认识到君主的个人德行与政治的道德性格对维持政治稳定性的重要作用”[47]。其实，何止是周人，后来历朝历代的思想家都会用直率或委婉的话语来告诫君主：治国理政的最终目的是为天下苍生谋利益，而不是为了君主个人及其皇亲国戚的一己私利。这岂是“研究统治术的学问”所能解释的。

第三，治理及其方法、技艺、途径。“道”与“导”同。《论语·学而》有云：“道千乘之国，敬事而信，节用而爱人，使民以时”。何晏《集解》引包咸曰：“道，治也”。当《商君书·更法》说“治世不一道，便国不必法古”时，其意思便是：治理国家的方法不是一成不变的。《汉书·董仲舒传》中说：“道者，所由适于治之路也，仁义礼乐皆其具也”，也是指治理天下的途径。

治国当然需要有一套规矩，《孟子·离娄上》曰，“上无道揆也，下无法守也”。朱熹的解释是，“道，义理也。揆，度也。法，制度也。道揆，谓以义理度量事物而制其宜”（《孟子集注》）。商鞅的说法更简洁：“王道有绳”（《商君书·开塞》）。治国还需要有一套政策、方法、措施，往往被称为“道术”、“治道”、“治术”。

孔子的说法众所周知：“道之以政，齐之以刑，民免而无耻；道之以德，齐之以礼，有耻且格”（《论语·为政》）。

孟子的观点与孔子略有不同：“得天下有道：得其民，斯得天下矣；得其民有道：得其心，斯得民矣”（《孟子·离娄上》）。

墨子则用下面这句话概括了自己的治道：“今天下之君子，忠实欲天下之富，而恶其贫；欲天下之治，而恶其乱，当兼相爱，交相利，此圣王之法，天下之治道也，不可不务为也”（《墨子·兼爱中》）。“兼”为何如此重要呢？墨子把话题再次说到“道”上：“兼者圣王之道也，王公大人之所以安也，万民衣食之所以足也。故君子莫若审兼而务行之，为人君必惠，为人臣必忠，为人父必慈，为人子必孝，为人兄必友，为人弟必悌。故君子莫若欲为惠君、忠臣、慈父、孝子、友兄、悌弟，当若兼之不可不行也，此圣王之道而万民之大利也”（《墨子·兼爱下》）。

商鞅的看法与墨子不同，他强调的是“故圣人必为法令置官也，置吏也，为天下师，所以定名分也。名分定，则大轴贞信，民皆愿悫，而各自治也。故夫名分定，势治之道也；名分不定，势乱之道也”（《商君书·定分》）。

庄子不同意上面提到的所有看法：“何谓道？有天道，有人道。无为而尊者，天道也；有为而累者，人道也。主者，天道也；臣者，人道也。天道之与人道也，相去远矣，不可不察也”（《庄子·外篇·在宥》）。

到了宋代，士大夫主体意识逐步觉醒，出现了士大夫与天子“共治天下”的政治思潮。程颐在为皇太子讲解《尚书·尧典》时，“帝王之道”就变成了“以择任贤俊为本，得人而后与之同治天下”[48]。程颢、程颐还主张，“为政之道，以顺民心为本，以厚民生为本，以安而不扰为本”[49]。

具有丰富从政经验且勤于思考的明代思想家吕坤谈到“治道”时感触特别多，他下面这些话即使在今天也对治国理政颇有启发意义：

“圣王同民心而出治道”。

“为政之道，以不扰为安，以不取为与，以不害为利，以行所无事为兴废起敝”。

“人君者，天下之所依以欣戚者也。一念怠荒，则四海必有废弛之事，一念纵逸，则四海必有不得其所之民。故常一日之间，几运心思于四海，而天下尚有君门万里之叹。苟不察群情之向背，而惟己欲之是恣，呜呼！可惧也。”

“任人不任法，此惟尧、舜在上，五臣在下可矣。非是而任人，未有不乱者。”

“足民，王政之大本。百姓足，万政举；百姓不足，万政废”。

梁漱溟在评论《呻吟语·治道》时指出，“这是心得，不是空话。虽出于一人之笔，却代表一般意见”[50]。

需要特别指出的是，“制度”也是治道或治术的重要组成部分。中国古人讲治国理政之“道”而不讲“政体”，这并不意味着古人不重制度。中国政治思想传统中早就有“制度”这个概念。《周易·节》：“天地节而四时成。节以制度，不伤财，不害民。”孔颖达的解释是，“天地以气序为节，使寒暑往来，各以其序，则四时功成之也。王者以制度为节，使用之有道，役之有时，则不伤财，不害民也”，这说明用来规范行为的法令、礼俗等制度对治国理政有多么重要。正因为制度如此重要，后世的儒生们“不独取训习句读而已，必也习典礼，明制度”[51]。

不过，西方思想家从政体的角度谈制度，中国先哲从政道的角度谈制度，他们的关注点不同。从政体的角度看制度，关注点是最高权力归多少人执掌。实际上，即使在君主制下，执掌最高权力的君主也不可能以一人之力宰执天下。如杨联陞所说，“皇帝可以视为一个焦点所在，但我们也不必将注意力完全放在皇帝身上。不用说，历史上有些皇帝仅仅拥有空虚的头衔而已！当然，即使是精力再怎么过人的皇帝，也不可能只手擎天，统治像中国这样庞大的帝国”[52]。从政道的角度看制度，关注面更广，包括宪制（礼、乐、律令、典章、制度）、最高权力（皇帝、称号、君权、朝议、宗庙、祭祀、封禅、宗室、藩王、后妃、外戚、宦官、储君、亲王、世袭、继承、废立、陵寝）、中枢机构（宰相、相权、内阁、谏议、封驳）、政府机关（六部、属司、寺监、大臣）、官僚系统运作（诏令、职官、察举、选举、科举、铨选、监察、征辟、漕运、官吏、刑法、赋役、财政、士人、教化、平民）、中央地方关系（封建、郡县、计簿、四夷、安边）以及兵制等。[53]马小红认为，“中国古代社会的礼，实际上就是我们近代以来所说的‘法’”[54]。其实，“礼”何尝是一般的法，它其实是高于所有部门法的国家根本大法，是中国古代的另类宪法。

如果治国理政依据的是事物本体的规律，遵循的是道德、道义，使用的是正确的方式、方法，由此产生的政治局面在古代典籍中被称为“世平道明”（汉王褒《四子讲德论》），或简称“有道”，是一种理想状态；与其相反的状态被称为“世衰道微”，或简称“无道”。例如《论语·泰伯》说，“天下有道则见，无道则隐。邦有道，贫且贱焉，耻也；邦无道，富且贵焉，耻也”。《论语·宪问》记载“宪问耻”，孔子的回答是：“邦有道，谷；邦无道，谷，耻也”。这即是说，如果在一个无道的君主手下当官，取其俸禄，是可耻的。如果检索《论语》，我们会发现，“有道”这个词在《论语》中总共出现了 14 次，其中 13 次指“世平道明”，另外一次是指“有道而正”的君子。作为“有道”对立面的“无道”在《论语》中也出现了 12 次，每一次都是指“世衰道微”。刘泽华先生认为，孔子的政治理想国就是他常说的“有道”二字。[55]这大概有点言过其实，“有道”充其量只是“小康”之世；如果把“有道”当作孔子的理想国，那么理想的标准未免太低了一点。孔子所尊崇的理想政治秩序恐怕还是“天下为公”的“大同”，“有道”是实现理想政治秩序或所谓“至治”的必要条件，但不是充分条件。[56]阎步克的解读也许是对的：“儒家立足‘小康’，又执‘大同’以绳‘小康’，二者是最高理想和现实理想的关系。”[57]刘泽华与其他学者的具体看法不是这里讨论的重点，重要的是，解读孔子或者其他诸子的理想政治秩序与解读亚里士多德的理想政体一样麻烦，也一样有价值。

“道”在这三个层面上的意义是相互关联的，它们是本体论、价值论与方法论的关系。在探求理想政治秩序时，不同学派的思想家都会在三个层面上使用“道”这个概念，但他们强调的重点各有不同。道家在第一个层面着力最多；儒家和墨家偏好讨论第二个层面；而法家的侧重点放在第三个层面上。这里，孰是孰非是次要的，重要的是不同思想体系的碰撞，迫使每一代思想家都不得不从三个层面重新思考治国理政之道。其实，不同学派的思想也并非是完全对立的。它们都对未来社会提出了自己的理想政治设计，但也各有偏弊。按钱穆的说法，“儒、道、法三家，则皆为一种理想，皆不能完全适合于现实，故中国不仅无纯儒之政，乃亦无纯道、纯法之政”[58]。

两千年前，班固在《汉书·艺文志》中对各家的评价今天依然对我们有启发意义：“诸子十家……各引一端，崇其所善，以此驰说，取合诸侯。其言虽殊，辟犹水火，相灭亦相生也。仁之与义，敬之与和，相反而皆相成也。《易》曰：‘天下同归而殊途，一致而百虑。’今异家者各推所长，穷知究虑，以明其指，虽有蔽短，合其要归，亦六经之支与流裔。使其人遭明王圣主，得其所折中，皆股肱之材已。仲尼有言：‘礼失而求诸野。’方今去圣久远，道术缺废，无所更索，彼九家者，不犹愈于野乎？若能修六艺之术，而观此九家之言，舍短取长，则可以通万方之略矣”。梁漱溟的看法也颇深刻：“单纯道家，单纯法家，乃至单纯儒家，只可于思想上见之，实际政治上都不存在。按之历史，他们多半是一张一弛，一宾一主，递换而不常。然其间儒家自是居于根本地位，以摄取其余二者。不止实际政治如此，即在政治思想上亦复如此”[59]。由此看来，西方关注政体最终往往导致思想史与制度史上的混合政体，中国关注政道最终往往导致思想史与制度史上“霸王道杂之”。

注释

[1] William B. Munro, "An Ideal State Constitution," *Annals of the American Academy of Political and Social Science*, Vol. 181 (Sep., 1935), p. 1.

[2] Leo Strauss, *What Is Political Philosophy? And Other Studies* (Chicago: University of Chicago Press, 1959), p. 62.

[3] 这里所谓的"理想政治秩序"即在任何时候、任何地方都是最好的政治秩序。这当然不是说，现实中真存在某种"放诸四海而皆准"的政治秩序，把它放到任何时间与空间，它都必然是最好的。这样说的意思是，任何现实的政治秩序到底是好是坏，其衡量标准只能是这个"理想政治秩序"。

[4] 刘泽华：《中国传统政治思维》，447页，长春，吉林教育出版社，1991。

[5] Lancelot R. Fletcher, "On the title of Plato's Republic (POLITEIA)," www.freelance-academy.org/plato-republic/On_title_of_Republic.

[6] 那时的人认为，从这类形式可以看出不同城邦各自的特点、它们追求的目标、它们期待什么样的人统治城邦。参见 Leo Strauss, "Plato," in Leo Strauss and Joseph Cropsey, ed., *History of Political Philosophy*, 3rd ed. (Chicago: University of Chicago Press, 1987), p. 61。

[7] 有人对这个译法也有保留，因为 regime 来源于拉丁语，不包含城邦与公民行动的意思。把 politeia 译为 regime 或政体，恐怕缩小了其内涵与外延。参见 Fletcher, "On the title of Plato's Republic"。

[8] 亚里士多德著作中最难译的是 politeia，不同的英译本翻译不同，有人译为 form of government，有人译为 constitution，有人译为 regime，有人甚至在同一个译本中使用不同的词翻译它。中文可以将 politeia 译为一般意义上的"政体"，但同时在亚里士多德的著作中它也指一种特指的政体，有人把这种特指的政体译为"共和制"，如廖申白译注的《尼各马可伦理学》(北京，商务印书馆，2003)，颜一、秦典华翻译的《政治学》(北京，中国人民大学出版社，2003)。参见 Clifford Angell Bates, Jr., *Aristotle's "Best Regime": Kingship, Democracy, and the Rule of Law* (Baton Rouge: Louisiana State University Press, 2003), pp. 104-105。

[9] 除此之外，亚里士多德在《政治学》中（1293b22）说，politeia 的意思相当于"政体混合"；在《尼各马可伦理学》中（1160a34）说，politeia 的意思与"荣誉政体"（timocracy）差不多。可见 politeia 的意思太多、太乱。

[10] 19世纪的学者 Henry Sidgwick 批评说，亚里士多德在多重含义上使用 politeia 让人对他的术语无法形成清晰的、系统的理解。见其"Aristotle's Classification of Forms of Government," *The Classical Review*, Vol. 6, No. 4 (1892), 141-144。20世纪70

年代出版的一本介绍亚里士多德政治理论的入门书也抱怨，亚氏的用词方式让人对他的政体分类摸不着头脑。参见 Richard Mulgan, *Aristotle's Political Theory: An Introduction for Students of Political Theory* (New York: Oxford University Press, 1977)。

[11] Bates, Jr., *Aristotle's "Best Regime"*, pp. 105–110.

[12] Kevin M. Cherry, "The Problem of Polity: Political Participation and Aristotle's Best Regime," *The Journal of Politics*, Vol. 71, No. 4 (October 2009), pp. 1406–1421.

[13] Bates, Jr., *Aristotle's "Best Regime"*, pp. 114–119.

[14] Bates, Jr., *Aristotle's "Best Regime"*, pp. 122–153.

[15] Curtis N. Johnson, *Aristotle's Theory of the State* (New York: St. Martin's Press, 1990), pp. 158–159.

[16] Liz Anne Alexander, "The Best Regimes of Aristotle's Politics," *History of Political Thought*, Vol. XXI. No. 2 (Summer 2000), pp. 189–216.

[17] Allan Bloom, *The Republic* (Basic Books, 1991), pp. 439.

[18] Fletcher, "On the title of Plato's Republic."

[19] Takashi Shogimen, "Constitutionalism," in Maryanne Cline Horowitz, ed., *New Dictionary of the History of Ideas* (Farmington Hills, MI: Thomson Gale, 2005), p. 458.

[20] David S. Fott, "How Machiavellian Is Cicero?" in Sharon R. Krause and Mary Ann McGrail, eds., *The Arts of Rule: Essays in Honor of Harvey C. Mansfield* (Lanham, MD: Lexington Books, 2009), p. 150.

[21] Charlton T. Lewis, *Charles Short*, *A Latin Dictionary*, "res, Ⅱ. K," http://www.perseus.tufts.edu/hopper/text?doc=Perseus%3Atext%3A1999.04.0059%3Aentry%3Dres, retrieved June 20, 2012.

[22] [古罗马] 西塞罗：《国家篇・法律篇》，北京，商务印书馆，1999。英译本一般为 *On the Republic*。

[23] 按柏拉图的说法，这五种政体会不断蜕化。在西方政治思想史中，从柏拉图开始，一直有人提出政体蜕变循环论，如波利比阿、西塞罗，这套理论往往成为支持混合政体的论据之一。中国东汉后期成书的道教经典《太平经》说帝王之治有十法：元气治、自然治、道治、德治、仁治、义治、礼治、文治、法治、武治，含有类似的观念，不过不是政体的循环，而是治道的循环。

[24] 在 1903—1911 年间，木村鹰太郎依据英文本翻译了《柏拉图全集》，其中第 2 卷是柏拉图 *Politeia* 一书的翻译，于明治三十九年（1906 年）出版。木村鹰太郎采用的译名即为《理想国》，日文原版可以在这里阅读，见 http://kindai.ndl.go.jp/info:ndljp/pid/753015。不过，日文的新版翻译几乎一致将这本书译为《国家（对话

篇)》。近年来，刘小枫主编的出版物往往把柏拉图的这本书译为《王制》。值得注意的是，木村鹰太郎也研究过中国政治思想史上的孔子、孟子、荀子、庄子、王阳明。有关木村鹰太郎的著作与译著，见 http://ironiron.doorblog.jp/archives/686741.html。

[25] Harvey C. Mansfield, *A Student's Guide to Political Philosophy* (Isi Books, 2001), p. 6.

[26] Leo Strauss, "What is Political Philosophy," *The Journal of Politics*, Vol. 19 (1957), p. 363.

[27] [古希腊] 亚里士多德:《政治学》, 119 页，北京，商务印书馆，1965。

[28] Fred D. Miller, *Nature, Justice, and Rights in Aristotle's Politics* (New York: Oxford University Press, 1995), p. 151.

[29] Leo Strauss, "What is Political Philosophy," *The Journal of Politics*, Vol. 19 (1957), p. 364.

[30] Bates, Jr., *Aristotle's "Best Regime"*, pp. 61 - 62. 在西方的政治制度史研究中，政体思维也占据主导地位，这方面系统的著作不如西方政治思想史那么多，但其代表作，如芬纳的三卷本《政治史》即是围绕不同的政体展开，尽管他的政体分类方式与前人并不相同。参见 S. E. Finer, *The History of Government*, Volume 1: *Ancient Monarchies and Empires*; Volume 2: *the Intermediate Ages*; Volume 3: *Empires, Monarchies and the Modern State* (Oxford: Oxford University Press, 1997)。

[31] Leo Strauss, *What Is Political Philosophy? And Other Studies*, p. 62.

[32] 施特劳斯注意到，"当柏拉图在《理想国》中谈起他的研究计划时，他提到算术、几何、天文等等，历史连提都没提。对古典学研究，亚里士多德贡献良多，但他经常说诗学比历史更具有哲学意味。这是所有古典哲学家与中世纪哲学家共有的特征。不是哲学家，而是雄辩家对历史评价最高"。Leo Strauss, *What Is Political Philosophy? And Other Studies*, p. 58.

[33] 参见梁启超:《饮冰室文集》, 第三卷，74 页，上海，上海新文化进步社，民国二十四年(1935); 吕思勉:《中国社会史》, 318 页，上海，上海古籍出版社，2007。

[34] 例如，被媒体广泛使用的"自由之家"(Freedom House) 年度数据，以及被政治学界广泛使用的"政体 IV"(Polity IV) 历史数据库，见 http://www.systemicpeace.org/polity/polity4.htm。

[35] 参见王绍光:《民主四讲》, 第四章，北京，三联书店，2008。

[36] 这倒不是说"政体"二字从未出现在中文典籍中，但中文典籍中的"政体"指为政的要领，而不是指政权的形式。见汉代荀悦的《申鉴・政体》、唐代吴兢的《贞观政要・论政体》等。即使运用西式政体思维方式，中国历史上也未必只有一种政体。阎步克指出，"梁启超的'中国自古及今惟有一政体'之说，是一个宽泛的说法。梁氏并不认为中国古今政体一贯，相反，他把中国专制政治分为若干进化阶段，给予

了卓越的讨论，这是前无古人的。这个'惟一政体'是经历了演化的，它有一个历史的维度"（王绍光主编：《理想政治秩序：中西古今的探求》，148页）。如果考察政治体制的各个方面，而不是只盯着权力金字塔的顶端，中国历史上的政体绝不是"君主专制"可以概括的。分封制下的君主制与郡县制下的君主制不一样；受世袭贵族、宰相、官僚体系掣肘的君主制与不受任何掣肘的君主制不一样。钱穆在《国史大纲》中将西周的国家称为"封建帝国"，与秦朝以下的"统一政府"加以区别。他又将汉初称为"平民政权"，以凸显与秦以前的"贵族政权"及西汉中叶以后的"士人政府"的不同。他还将明代政治称为"君主独裁"，清代的称为"狭义的部族政权"。[参见阎鸿中：《职分与制度：钱宾四与中国政治史研究》，载《台大历史学报》，2006（38），112页。] 实际上，只有在古希腊或中世纪规模很小的城邦才可能（只是可能而已）产生比较纯粹的政体。随着政治实体规模的扩大、政府干预范围的扩大，几乎所有政治体制都是混合政体，而且混合的方式五花八门，使得政体分析难以进行。

[37] 参见郑传坤：《中西古代政治学特点的比较及其借鉴价值》，载《政治学研究》，2001（4），23页。

[38] 郑戈：《千年政体论，今朝是与非》，载《南风窗》，2012（11）。

[39] 参见徐大同：《中西两种不同的政治思想体系》，载《政治学研究》，2004（3），26页；葛荃：《论传统中国"道"的宰制——兼及"循道"政治思维定式》，载《政治学研究》，2011（1），55页。

[40] 萧公权概括说，"儒家贵民，法家尊君。儒家以人民为政治之本体，法家以君主为政治之本体"。[参见萧公权：《中国政治思想史》（一），179页，沈阳，辽宁教育出版社，1998。]

[41] 古代典籍中的"政道"二字的使用是指施政的方略。

[42] 参见陈赟：《中国古典思想传统中的政道与治道》，载《贵州师范大学学报》（社会科学版），2006（5），12～17页。

[43] 转引自萧公权：《中国政治思想史》（二），466页，沈阳，辽宁教育出版社，1998。

[44] 在西方政治思想史中，也有类似"君道"的讨论，例如，在《论君主政治》中，阿奎那一方面论证"君主制是最好的政体"，另一方面用很大的篇幅讨论"有德之君"（与暴君、与昏君对立）必须具备的"德性"与"能力"。有意思的是，阿奎那的中译者借用了不少来自中国古代政治思想史的概念，如"仁政"、"有道"、"无道"，来翻译阿奎那的著作。（参见马清槐译：《阿奎那政治著作选》，北京，商务印书馆，1982。）实际上，从公元前五世纪开始，经过中世纪和文艺复兴时期，直至近世，西方一直存在一种被称为"君鉴"（拉丁文原文为 specula principum，或直译"君主之镜"）的文献，其针对的对象是国王、皇帝及王储，讨论他们应该遵循的原则、道德、修养、责任、规矩和处事方式。参见 Lester Kruger Born，"The Perfect Prince：

A Study in Thirteenth-and Fourteenth-Century Ideals," *Speculum*, Vol. 3, No. 4 (Oct., 1928), pp. 470–504; Lester Kruger Born, "The Perfect Prince According to the Latin Panegyrists," *The American Journal of Philology*, Vol. 55, No. 1 (1934), pp. 20–35; Michael P. Mezzatesta, "Marcus Aurelius, Fray Antonio de Guevara, and the Ideal of the Perfect Prince in the Sixteenth Century," *The Art Bulletin*, Vol. 66, No. 4 (Dec., 1984), pp. 620–633。

[45] 参见萧公权：《中国政治思想史》（三），825 页，沈阳，辽宁教育出版社，1998。

[46] 这是余英时对钱穆的解读，参见余英时：《犹记风吹水上鳞：钱穆与现代中国学术》，50～51 页，台北，三民书局，1991。

[47] 陈来：《古代宗教与伦理：儒家思想的根源》，297 页，北京，三联书店，1996。

[48] 程颢、程颐：《河南程氏经说》卷二《尧典》，见《二程集》，1035 页，北京，中华书局，1981。

[49] 程颢、程颐：《河南程氏文集》卷五《代吕公著应诏上神宗皇帝书》，见《二程集》，531 页。

[50] 梁漱溟：《中国文化要义》，140 页，上海，上海人民出版社，2005。

[51] 王安石：《取材》，见《王文公文集》，374 页，上海，上海人民出版社，1974。

[52] 杨联陞：《国史诸朝兴衰刍论》，见《国史探微》，26 页，北京，新星出版社，2005。

[53] 有意思的是，中国有大量关于政治制度史的著作，而西方这类著作不多。

[54] 王绍光主编：《理想政治秩序：中西古今的探索》，186 页。

[55] 参见刘泽华、葛荃主编：《中国古代政治思想史》（修订本），31 页，天津，南开大学出版社，2001。

[56] 参见侯外庐主编：《中国历代大同理想》，北京，科学出版社，1959。

[57] 阎步克：《士大夫政治演生史》，219 页，北京，北京大学出版社，1996。

[58] 钱穆：《人治与法治》，见《政学私言》，81 页，重庆，商务印书馆，1945。

[59] 梁漱溟：《中国文化要义》，186 页。

二、政体与政道*

——中西政治分析的异同

现在，无论是在国外，还是在国内，人们都非常重视政治制度或政治体制，或简称政体。在不少人眼里，一切问题都与政体相关，诸如经济增长、社会公平、腐败、幸福等，不一而足。政体好，其他都会好；政体不好，其他都好不了。认为欧美、印度的政体好，因此，那里不管存在什么问题，长远来讲，问题都可解决；认为中国的政体不好，因此，不管取得了多少成就，长远来讲，都是靠不住的，迟早必须转换跑道。这种思维方式叫政体思维，它往往导致政体决定论。

政体思维和政体决定论到底对不对呢？它们听起来似乎很有道理，其实是似是而非。比如，在一些人看来，“民主”政体的特征是不同政党之间的竞争性选举，而这种政体是一种好东西。笔者在《民主四讲》一书中提供的大量证据表明，这种政体与经济增长、社会平等、幸福其实都没有什么必然关系。换句话说，政体未必有传说中那类神乎其神的决定性作用。[1]

讨论任何问题，一定要跳出别人圈定的框框，包括流行的概念、分析框架、理论体系。尤其是政治问题，在这个领域里流行的概念、分析框架、理论体系都是意识形态的产物，一不小心就会陷入其隐形预设的结论。

---

* 本文是为“中国文化论坛第七届年会”准备的论文，曾收入《理想政治秩序：中西古今的探求》一书。

本文第一部分将追溯西式政体思维的渊源，尤其是所谓“专制主义”这个概念的来龙去脉；在此基础上，这一部分将指出政体思维的致命弱点。第二部分指出中国历代先哲政治分析的基础不是政体，而是政道（包括治道与治术）。这一部分继而归纳了儒、法、墨、道四家各自主张的治道与治术。文章的结语部分点明，同样是进行政治分析，政体思维与政道思维的切入点十分不同：政体思维关注的只是政治秩序的形式，而政道思维的着眼点是政治秩序的实质。“横看成岭侧成峰”，如果我们把西式政体的视角换为中式政道的视角，无论是回顾中国历史上的政治、评判当代中国的政治，还是展望未来中国的政治，我们都会有不同的感受。

政体思维

什么是“政体”？它是指政治体制或政府的形式，英文叫 form of government。说到政体问题，可以从一个我认为非常有意思的观察谈起，即“政体”这个概念在中国历史上从来没有提出来过。

最早在中国引入“政体”概念的大概是梁启超，他在 1902 年发表的《中国专制政治进化史论》一开篇就指出：“政体分类之说，中国人脑识中所未尚有也”[2]。开始时，他对政体这种东西无以名之。1897 年发表《论君政民政相嬗之理》时，他借用《春秋》三世说，把政体称为“世”。他说“治天下者有三世：一曰多君为政之世，二曰一君为政之世，三曰民为政之世。多君世之别又有二：一曰酋长之世，二曰封建及世卿之世。一君世之别又有二：一曰君主之世，二曰君民共主之世。民政世之别亦有二：一曰有总统之世，二曰无总统之世。多君者，据乱世之政也；一君者，升平世之政也；民者，太平世之政也”[3]。梁启超这里说的“多君为政之世”就是贵族政体，“一君为政之世”就是君主政体，“民为政之世”就是民主政体。在同一篇文章里，他又借用严复的话说：“欧洲政制，向分三种：曰满那弃者，一君治民之制也；曰巫理斯托格拉时者，世族贵人共和之制也；曰德谟格拉时者，国民为政之制也”[4]。随着对西学了解的深入，梁启超后来开始使用“政体”这个概念，并最终放弃了《春秋》三世说。但与此同时，他还是时而把政体称作“级”[5]，时而把政体称作“专制”[6]。

1929年，历史学家吕思勉发表的《中国政体制度小史》（后收入《中国制度史》）开宗明义第一句话也说“政体可以分类，昔日所不知也”。因此，无论是梁启超，还是吕思勉，谈到政体时都无法引证中国的先哲（因为他们从来没有讨论过政体问题），只能引证西方的先哲。

的确，在西方，早在公元前5世纪，有“西方历史之父”美誉的古希腊史学大师希罗多德（约公元前484—前425）就已经开始谈政体分类。他以掌握城邦国家最高权力之人数的多少为标准，对古希腊城邦政治制度进行了划分，一人独握大权的为“君主制”，少数人掌权的为“寡头制”，多数人掌权的为“民主制”。这种依据一两个简单标准划分政体的思维方式为后世西方许多思想家承袭下来。后来德谟克利特、苏格拉底、柏拉图、亚里士多德、西塞罗、阿奎那、马基雅弗利、博丹、斯宾诺莎、霍布斯、洛克、孟德斯鸠、卢梭，一直到近现代的詹宁斯、拉斯基、亨廷顿都把政体分类作为政治研究的基础，其中最著名的是柏拉图与亚里士多德的政体划分方式。

除了执政人数的多寡以外，柏拉图首次提出划分政体的第二个标准：执政者行使权力时是否依法行事？据此，柏拉图把政体分为六类：君主政体、僭主政体、贵族政体、寡头政体、民主政体、暴民政体。[7]

亚里士多德也认为仅用执政人数多寡一个标准划分政体过于粗鄙，于是也加入了第二个标准；但与柏拉图不同，他的第二个标准是统治者的执政目的，即统治者是以谋取私利为目的，还是以追求公共利益为目的。只要是追求公共利益，无论是少数人掌权，还是多数人统治，都是好的政体。反之，只要是谋取私利，无论是个人统治、少数人统治还是多数人的统治，都是坏的政体。他说，“正确的政体会以单纯的正义原则为依据，而仅仅着眼于统治者的利益的政体全部都是错误的或是正确政体的蜕变”[8]。依据这两条标准，亚里士多德把政体分为两大类、六种形式：第一类正宗政体包括君主政体、贵族政体和共和政体；第二类变态政体包括僭主政体、寡头政体和平民政体。[9]其实，当亚里士多德谈到执政目的时，他关心的已不再是政体或政治制度的形式问题了，而是后面我们将讨论的政道。

中国的先哲们为什么从来不谈政体问题呢？梁启超与吕思勉的解释是

一样的：因为中国古代几千年只有过一种政体，即“君主专制政体”，无从分类。从梁启超的时代开始一直到现在，每当人们谈到中国古代以至于中国现代的政体时，“专制主义”恐怕是最常用的标签。相当多的人认为，中国专制主义是从秦朝开始的；还有一些人认为，早在夏商周三代，中国已经是专制政体了。不仅中国政体是“专制”的，中国文化也是“专制”的。“专制”这个概念几乎控制了我们对中国历代政治与中国当代政治的想象，有点像沙特讲过的“词的霸权”。2008年，清华大学的侯旭东教授发表了一篇文章，题为《中国古代专制说的知识考古》。这篇文章的第一节回溯了西方的“专制政体”说与“中国专制说”，第二、三节梳理了中国人接受“中国专制说”的过程。这篇文章在史学界引起了一场不大不小的风波。批评者坚持认为，中国历代政治都是“专制”的，这个标签恰如其分。那么作为始作俑者，孟德斯鸠的“中国专制说”到底成不成立呢?

把专制政体作为一种主要政体类别是从孟德斯鸠开始的。而“专制”这个词早在古希腊就有了，当时它主要是指一家之主对其家奴的统治方式。我们知道，亚里士多德（公元前384—前322年）是西方政体分类学说的集大成者，但在他的著作中，专制政体并不是主要类别。亚里士多德政体分类的基础是他对古希腊170多个城邦宪制的观察。这170多个城邦，大概相当于我们现在的170多个村庄或集镇，每个城邦几千人或几万人。如柏拉图认为，理想城邦的规模应该以城市中心广场的容量为标准，限制在5 040户以内。[10]在小小的希腊半岛上，亚里士多德见过很多政体，但没有见过“专制”政体，他也没到过古希腊以外的地方，只是对波斯等地有所耳闻。那时交通不便，更没有现代通讯工具，他无法判断自己听说的东西是否可靠，但这并不妨碍他把“专制”的帽子扣在所谓“蛮族”头上，因为他认为，希腊人热爱自由，而所有（非希腊）的野蛮民族都比希腊民族富于奴性，而亚洲蛮族又比欧洲蛮族更富于奴性；奴性使蛮族愿意忍受专制统治而不起来叛乱。换句话说，专制政体是适合带有奴性民族的政体。[11]

虽然亚里士多德关于“专制”的说法没有经过实证检验，但从他开始，西方的哲人便把“专制”与“东方”（或“亚洲”）连在了一起。

生活在15、16世纪之交的马基雅弗利（1469—1527）在《君主论》中区分了两种政体：“一种是由一位君主以及一群臣仆统治——后者是承蒙君主的恩宠和钦许，作为大臣辅助君主统治王国；另一种是由君主和诸侯统治——后者拥有那种地位并不是由于君主的恩宠而是由于古老的世系得来的”[12]。前者以土耳其皇帝为例，后者以法兰西国王为例。马基雅弗利当然也没到过东方，虽然他在这里没有使用“专制”这个词，但意思与亚里士多德差不多。60 年后，法国思想家博丹（1530—1596）在《共和六书》中再次把法国君主政体与亚洲的专制政体（他称之为“monarchie seigneuriale”）区分开来，后者存在的一个前提是人民的奴性十足。[13]

由此可见，在西方政治思想史上，“专制政体”是专门用于“东方”国家的一种标签。而那时西方思想家所谓的“东方”主要是指西亚，尤其是波斯、土耳其、印度，后来又不经任何验证延伸至东亚，包括中国。现在中国人往往对“专制”与“暴政”不加区分，而西方思想家一般会加以严格区别，暴政（tyranny）可以用来形容任何地方坏君主的个人的行为，但是“专制”（despotism）是专门用来形容东方政体的，叫作“东方专制主义”（oriental despotism）。他们想象的“东方”是由奴性十足的人民组成的，只有在这种社会里，才适用“专制”。[14]

不过，在孟德斯鸠以前，西方的哲人都不曾把“专制政体”作为一种主要政体。今天人们使用的“专制政体”概念是从孟德斯鸠那儿来的（梁启超依据的便是孟德斯鸠），是他第一次把“专制政体”当作三种主要政体之一，这三种主要政体即共和政体（再分为贵族政体与民主政体）、君主政体、专制政体。他的《论法的精神》一开篇就讲政体。

说实在的，孟德斯鸠对政体的分类十分奇怪，让不少熟悉西方政治思想史的学者（如伏尔泰、涂尔干）一头雾水。柏拉图、亚里士多德划分政体都有简单明了的标准，如统治者的人数、是否实现法治、统治者是执政为公还是执政为私。而孟德斯鸠的概念比较乱，逻辑不清。一方面，如果依统治者的人数划分政体，君主政体与专制政体应该归为一类，贵族政体与民主政体则应该严格分开。另一方面，如果他想为政体分类引入法治或伦理标准，他不仅应该把君主政体与专制政体分开，还应把贵族政体与寡头政体分开，把民主政体与暴民政体分开。

中国社科院的许明龙先生大概是中国最权威的孟德斯鸠专家，他于 2007 年推出了《论法的精神》的最新译本。他在“译者附言”中说：“单就词义而言，君主主义与专制主义在汉语中几乎没有什么区别。《现代汉语词典》对‘君主专制’的释义是：‘君主独揽国家政权，不受任何限制的政治制度’，对‘专制’的释义是：‘君主独自掌握政权’。辞典的释义如此，人们通常的理解也是如此，很少有人会注意辨析这两个词的差异。因为在我们看来，只要是一个人掌握政权，那就是专制，例如，我们绝不会把隋炀帝在位时期的政体称作专制政体，而把唐太宗在位时期的政体称作君主政体”[15]。许先生在另一个地方说得更直白：“我们的理解是正确的，君主制与专制制本来就是一回事，只是君主专横的程度略有不同而已”[16]。由此可见，在中文语境中，孟德斯鸠的政体划分更容易产生混淆。

《论法的精神》不仅概念混乱，而且写得很长、很乱，上下古今无所不包，像是杂乱无章的读书笔记或随想录。作为译者的许明龙先生这样评价它：“《论法的精神》内容十分庞杂，结构凌乱，没有足够的勇气和耐心，难以卒读”。乱归乱，这本书的主要论点还是很清楚的。第一，政体非常重要，一个国家的政体影响它的一切，包括教育、法律、简奢、妇女地位、自由、税收等。从柏拉图到亚里士多德一直到今天，西方政治思想家一直认为政体非常重要，这也是为什么他们反复讨论政体问题的原因。只不过很少有人像孟德斯鸠那样把什么都跟政体扯到一起，是彻头彻尾的政体决定论。第二，政体与气候有关。据孟德斯鸠讲，东方（孟德斯鸠的书里一会儿用“东方”，一会儿用“南方”，一会儿用“亚洲”，让人不知所云）比较热，因此那里的人们很顺从，不敢反抗压迫；西方比较冷，因此那里的人们喜欢自由，敢于反抗压迫（这是一种毫无证据、毫无逻辑的断言）。人们奴性强的地方产生专制政体；爱好自由的人不可能接受专制政体——这可以叫作气候决定论。看来孟德斯鸠对别国的气候了解不多，大家想想，地处小亚细亚半岛的土耳其与地处伯罗奔尼撒半岛的希腊隔海相望，气候能有多大差别？即使与法国比，土耳其的气候能热到哪里去？如果气候真能决定政体，一切差别该如何解释？我们只能说孟德斯鸠的气候决定论不过是想当然耳。

那么孟德斯鸠所说的“专制”到底是什么意思呢？许明龙先生说得很对，在孟德斯鸠那儿，君主政体与专制政体是截然不同的两种政体。“君主政体是由一人以固定和确立的法单独执政的政体；专制政体也是一人单独执政的政体，但无法规，全由他的个人意愿和喜怒无常的心情处置一切”。除此之外，专制政体还有以下特点：第一，它只存在于“东方”；第二，它不仅是一种政体，也是一种社会形态，即那里的人民天生都是奴才，只配用专制的方式治理。当中国人把孟德斯鸠牌“专制”的帽子拿来就往自己头上扣时，他们是否意识到孟德斯鸠的专制学说还包含了这些内容？大部分使用孟德斯鸠概念的人也许对他的论点只是道听途说，从未认真读过《论法的精神》，这样糊里糊涂地把一套奇奇怪怪的理论拿来就用，实在是害死人。

孟德斯鸠的专制主义理论不仅论点荒谬，论据更是站不住脚。其实，孟德斯鸠有关专制政体的证据主要不是来自中国；只不过，我们中国人更关心他怎么讲中国，结果给人的印象好像中国是孟德斯鸠的主要证据。实际上，在他讨论专制政体时，讲得最多的例子是土耳其、伊朗、印度，因为这些地方离欧洲近一些，当时西方的游客们，传教士也罢，商人也罢，去得最多的是这些地方，还不是中国。孟德斯鸠本人当然没有到过这些地方，知识完全来自书本。问题是，即使依据当时有限的书本信息，这些东方国家，尤其是伊斯兰国家的情况也十分复杂，有些方面似乎暗合专制政体的特征，但另一些方面却完全与专制政体的特征挨不上。比如，土耳其被孟德斯鸠当作专制政体最典型的范例，然而，那时英国驻土耳其大使的夫人（Lady Mary Wortley Montagu）却依据自己的一手观察得出相反的结论。她认为，土耳其臣民享有比英国臣民更多的自由，土耳其法律的设置与执行比英国法律更佳。[17]更有意思的是，孟德斯鸠的老乡、法国驻土耳其大使（Comte de Choiseul-Gouffier）这样比较土耳其与他的祖国：“在法国，国王是唯一的主人，这里的情形却不一样。在这里，国王必需垂询阿訇、法律相关人员、高官以及退职高官”[18]。《论法的精神》出版以后，相当多的人便指责孟德斯鸠对土耳其、伊朗、印度的描述太离谱。过去几十年，又有一大批研究表明，孟德斯鸠使用的论据太片面。[19]这里的关键是孟德斯鸠使用论据的方法。我们可以将之称为主题先行：先有关于专制政体的结论，再找证据；符合自己结论的证据不管多荒谬拿来便用；不符合自己结论的证据要么干脆不用，要么加以贬低。如果今天学术界有人用这种方法做学问，一定会让人看不起、千夫所指。

说到中国，孟德斯鸠首先断定它是专制政体，并随手找了一些材料作为证据。他的不少所谓证据都是些天方夜谭似的海外奇闻，如“中国人根本没有荣宠观念"，"所有的文官武将都是太监"，"斯巴达允许偷窃，中国允许欺骗"，"那里的妇女与男子绝对分开"，"日本人和中国人几乎仅以鱼类为食"，"法律允许出卖或丢弃孩子"。他对台湾地区的认识更是离谱，他认为台湾人"相信有一种地狱，不过，这个地狱是用来惩罚以下这些人的：在某些季节中没有赤身裸体的人、不穿丝绸而穿布衣的人、拾牡蛎的人、做事之前不先问卜于小鸟的人。所以，他们不但不把酗酒和调戏妇女视为罪恶，甚至反而认为，子女们的放荡行为能博得神明的欢心"。

不过，当时能看到的绝大部分材料并不支持孟德斯鸠的中国专制论，这一定让他感到颇为难堪。[20]于是我们看到，在《论法的精神》中，他说着说着就会讲中国是一个例外。例如，他断定"专制政体不需要监察官"，但马上接着说，"这条常规对于中国似乎是个例外"。又如，他断定"专制政体国家里根本没有基本法，也没有法律监护机构"，但注意到"中国最初的立法者还是不得不制定优良的法律，政府也不得不遵守这些法律"。再如，他断定"共和政体需要美德，君主政体需要荣宠，专制政体则需要畏惧"，但发现中国立法者"把宗教、法律、习俗和风尚融为一体，所有这些都是伦理，都是美德"。在书中，我们不时可以看到这样的句子，"在这一点上中国的情况与共和政体和君主政体相同"，"中国的政体没有达到它所应该达到的腐败程度"，宽和政体出现的地方"主要有三类：中国美丽的浙江省和江南省、埃及和荷兰"。为了弥合其论点与论据之间的鸿沟，孟德斯鸠最后得出了一个看似怪异的结论："中国的政体是一个混合政体，因其君主的广泛权力而具有许多专制主义因素，因其监察制度和建立在父爱和敬老基础之上的美德而具有一些共和政体因素，因其固定不变的法律和规范有序的法庭，视坚忍不拔和冒险说真话的精神为荣耀，而具有一些君主政体因素。这三种因素都不占强势地位，源自气候条件的某些具体原因使中国得以长期存在。如果说，因疆域之大而使中国是一个专制政体国家，那么，它或许就是所有专制政体国家中之最佳"。这听起来是不是有点不知所云？

其实，由于当时信息阻隔，孟德斯鸠提出一些莫名其妙的论点、论断也许可以理解，问题是他的这些论点、论断被西方一些后来的思想家不假思索地继承、发挥，在"专制主义"理论的基础上推出了诸如"极权主义"、"威权主义"的理论。更成问题的是，孟德斯鸠的学说被介绍到中国以后，他提出的“专制”概念（以及后来的“极权”、“威权”概念）在相当大程度上遮蔽了我们对古代中国以至于现代中国的想象，似乎异常复杂的中国古代政治与中国现代政治可以简单地用一两个有关政体的名词概括。说到底，孟德斯鸠学说的最大影响在于其政体决定论。孟德斯鸠不喜欢民主，认为只有受到贵族制约的君主政体才是个好政体（因为他本人就是贵族出身）。[21]今天的人们喜欢这种君主政体的人恐怕不多了，但这并不妨碍他们遵循孟德斯鸠的思路，导出新的政体决定论：只有以多党竞争为特征的所谓“民主”政体才是好政体；一切其他的政体都或迟或早必然垮台。

其实，即使在西方，从政体的角度去分析政治现象也是问题丛丛，因为政体思维有三大缺陷。

第一，把全方位观察复杂的现实化约为只看一两个简单的指标。最早的政体划分只以主权者的数量为指标。柏拉图、亚里士多德了解仅用主权者人数划分政体之不足，加入统治者的执政方式（是否以法治国）与执政目标（是否天下为公）。即便如此，柏拉图、亚里士多德对政体进行分类后，对其中任何一类都不甚满意，混合政体于是成为了一种选择。柏拉图认为他划分出来的六种政体都有毛病，都不是合适的选择。亚里士多德在《政治学》中也讨论了各种政体的缺陷。在他看来，创造一种混合不同政体特征的混合政体是一条出路。

尤其是当政治实体的规模扩大以后，再采取任何一种纯粹的政体都是不切实际的。因此，政体思维也失去了意义。希腊人波利比奥斯（约公元前200—前118）被带到罗马后马上认识到，大多数现实世界里的政府采取的都是混合政体，罗马共和国就是这样一种混合了君主、贵族、民主三种成分的政体。他同时把斯巴达也看作这样的混合政体。波利比奥斯对西塞罗产生了巨大的影响。西塞罗以罗马共和国为例，力主混合政体才是最好的政体。在文艺复兴时期和启蒙时期，波利比奥斯与西塞罗关于混合政体的思想深刻影响了当时的思想家，如霍布斯、洛克、维科、卢梭、康德。共和主义就是这种影响的产物。美国宪法设计的政体（代表君主成分的总统、代表贵族成分的参议院、代表民主成分的众议院）与维多利亚时期英国的政体（代表君主成分的女王、代表贵族成分的上议院、代表民主成分的下议院）依据的也是混合政体的理念。其实，孟德斯鸠鼓吹的所谓

“君主制”根本不是纯粹的君主制，而是君主制与贵族制的混合物，因为身为贵族的孟德斯鸠特别强调贵族在这种政体中的作用。与其同时代的思想家相比，孟德斯鸠强调的不是权力的混合，而是权力的区隔（the separation of powers），仿佛把不同的权力（立法权、行政权、司法权）严格区隔开来是可行的；他也因此而著名。实际上，在当今世界上根本不存在任何纯而又纯的政体，真正意义上的三权分立也是不现实的。西方国家总是标榜自己是“民主制”，这让当今世界最知名的雅典民主学者之一、丹麦人莫恩斯·赫尔曼·汉森（Mogens Herman Hansen）看不下去，他于2010年发表论文证明：西方所谓“民主”国家无一例外都是混合政体，包含了君主制、贵族制和民主制成分，只不过有的国家这种成分多一点，有的国家那种成分多一点；而孟德斯鸠式的三权分立理论对我们理解当代西方政治体制毫无帮助。[22]

第二，重形式、轻实质。[23]政体思维隐含着一个未加言明的假设：政权的形式决定政权的实质。各国的历史与现实证明，这个假设根本不成立。正因为这个假设不成立，在讨论现实政治时，我们看到习惯于政体思维的人不得不在所谓政体前面加上各式各样的形容词。

比如，抽象讨论民主政体时，一些人也许认为这个概念很清楚：它指的是以竞争性选举为特征的政治制度。然而，历史上和现实中有竞争性选举的政治制度很多，它们在实质上千差万别。面对复杂的现实，为了区分实质不尽相同的“民主”政体，人们发明这样一些带形容词的民主：electoral democracy（选举民主），authoritarian democracy（威权民主），neo-patrimonial democracy（新世袭民主），military-dominated democracy（军人主导的民主），proto-democracy（原生民主），pseudo-democracy（伪民主），virtual democracy（虚拟民主），illiberal democracy（非自由民主），restricted democracy（受限民主），controlled democracy（受控民主），limited democracy（有限民主），oligarchic democracy（寡头民主），elitist democracy（精英民主），elitist-pluralist democracy（精英多元民主），low-quality democracy（低质民主），semi-democracy（半民主）。除此之外，也许我们还可以加上资本主义民主、社会主义民主。去掉这些形容词行不行呢？当然不行，因为这些被叫作“民主”的政治体制存在本质上的差别。但加上这些形容词本身就说明，仅看政权形式是多么片面。

同样，谈到威权主义政体，少了前缀的形容词也难以深入。于是我们看到这样一些带形容词的威权政体：bureaucratic authoritarianism（官僚威权体制），closed authoritarianism（封闭威权体制），hegemonic authoritarianism（霸权威权体制），competitive authoritarianism（竞争性威权体制），populist authoritarianism（民粹威权体制），electoral authoritarianism（选举威权体制），hegemonic electoral authoritarianism（霸权选举威权体制），durable authoritarianism（持久威权体制），inclusionary authoritarianism（包容性威权体制），open authoritarianism（开放式威权体制），semi-authoritarianism（半威权体制）。

对比这两组带形容词的政体，不少人可能会十分困惑：competitive authoritarianism 与 authoritarian democracy 哪一个更民主？semi-democracy 与 semi-authoritarianism 有什么区别？仅看政治体制的某一形式特征到底有什么意义？

第三，因为只关注一两个指标、只关注形式，政体思维很容易忽略政治体制其他方方面面的变化，导致用静止的眼光看变化的现实。例如，我们常常听到这样一种说法：过去 30 年，中国只有经济改革，没有政治改革。实际上，任何不带偏见的人都清楚，中国政治在过去 30 年发生了巨大的变化或变革。为什么一些人对此视而不见呢？因为他们是用政体思维看中国。在他们看来，只要中国没有出现两党或多党竞争的局面（所谓“民主政体”的标志性特征），其他任何变化都不算政治变革。这是典型的一叶障目。

与国内某些学者一样，大部分研究中国政治的西方学者也难以摆脱政体思维的羁绊，在他们的研究中，贴在中国脑门上常见的标签是：totalitarianism（极权主义政体），Leninist party state（列宁式政党国家），authoritarianism（威权主义政体），其中“威权主义政体”最为时髦。然而，世界上可以被叫作“威权主义”的政体太多了，中国的所谓“威权主义”显然与其他那些“威权主义”大相径庭。即使只看中国，这个时期的所谓“威权主义”也与其他时期的所谓“威权主义”差别巨大。由于一个简单的“威权主义”标签说明不了任何问题，于是，在当代中国政治研究中，我们就看到了一大堆带形容词前缀的“威权主义”，其中最有影响力并至今被不少国内外学者引用的概念是由李侃如（Kenneth G. Lieberthal）与奥森伯格（Michel Oksenberg）于 20 世纪 80 年代末提出的 fragmented authoritarianism（碎片式威权主义）。[24]除此之外，还有 soft authoritarianism (Pei Minxin)，revolutionary authoritarianism (Liz Perry)，flexible authoritarianism (Jean-Pierre Cabestan)，resilient authoritarianism (Andrew Nathan)，adaptive authoritarianism (David Shambaugh)，populist authoritarianism (Edward Friedman)，legitimate authoritarianism (Gunter Schubert)，responsible government under authoritarian condition (Linda Li)，authoritarian yet participatory (A study commissioned by the German Government)，等等，不一而足。奥森伯格已于 2001 年病故，辞世前他发表的最后一篇文章承认，“任何一个只言片语都无法抓住中国政治体制的特征”；各种流行的标签，包括他自己前几年提出的“碎片式威权主义”都难以把握中国复杂的政治现实，因为它们都是“静态”的概念。[25]

在一篇分析中国公共政策议程设置模式变化的文章中，笔者曾得出这样的结论：“中国政治的逻辑已经发生了根本性的变化，而西方舶来的‘威权主义’(authoritarianism) 分析框架则完全无力把握中国政治中这些深刻的变化。在过去几十年里，这个标签像狗皮膏药一样往往被随处乱贴，从晚清时代开始，一直到民初时代、军阀时代、蒋介石时代、毛泽东时代、邓小平时代、江泽民时代、胡锦涛时代无一幸免。中国政治在此期间发生了翻天覆地的变化，贴在中国政治上的标签却一成不变。如此荒唐的概念与其说是学术分析工具，不如说是意识形态的诅咒。现在已经到了彻底摆脱这类梦呓的时候了”[26]。

政道思维

与西方的哲人不同，中国历代的先哲考虑最多的不是政体或政治体制的形式，而是政道，或政治体制运作的目标与途径。

在中文中，“政”包含两重含义。一方面，“政者，正也”（《论语·颜渊》），它是以“正”为内容并与“正”同音的音义结合体。这表明，中国古人认为“政”最重要的元素是“正”，亦即执政的目的必须“正”。另一方面，“政”字由“正”和“攵”组合而成，在甲骨文中，“攵”的写法是人手持棍之形，故从“攵”的字大都有致使他人如何如何的意思，如“收”、“教”、“攻”、“改”、“放”、“救”。“政”字从“攵”，意味着它与“权力”相关。“治”字从水，原义是水名，引申义为整治水利，疏通江河，再引申为处理、经营、修整、疏理、引导、改造、控制、统治。因此，“政治”一词中的“政”偏重于行使权力的目的，而“治”偏重于实现目的的手段。中文中“道”的含义最为复杂，最难道明。《说文》的解释是：“道，所行道也”，本义是供人行走的道路。[27]凡是道路就会有途径和方向，因此“道”又引申为道术（办法、方式、手段）、道理（法则）、道义（理念、终极目标）等多种含义。

在中国古代典籍中，“政道”一词并不常见，但与为政之道相关的词随处可见，例如，“政不得其道”、“无道之君”、“有道之君”、“君有道”、“君无道”、“国有道”、“国无道”等。不过，这些“道”的含义十分庞杂，可以十分形而上、抽象，也可以十分形而下、具体。庄子在《天道》篇中区分了“治之道”与“治之具”[28]，前者指治世的原则，后者指治世的手段。[29]

在本文中，笔者把两者统称为“政道”，把“治之道”简称为“治道”，把“治之具”简称为“治术”。[30]

笔者理解的“治道”是指治国的理念，是政治之最高目的，是理想政治秩序。如董仲舒所说，这里的“道”是“天不变道亦不变”的“道”（《汉书·董仲舒传》）或如陆九渊所说：“道者，天下万世之公理，而斯人之所共由者也”[31]。朱熹在《答陈同甫书》中谈到“治国平天下之道”，他的看法是：“亘古亘今，只是一理。顺之者成，逆之者败”[32]。对此，冯友兰也谈了自己的理解：“每一事物皆有其理。国家社会之组织，亦必有其理。本此理以治国家则国家治。不本此理以治国家则国家乱。故此理即所谓治国平天下之道也”[33]。

笔者理解的“治术”是指治国的方式，包括古代典籍中所谓“治制”（治理国家的法制、体制）、“治具”（治理国家的各项措施）、“治术”（治理国家的方针、政策、方法）。董仲舒曰：“道者，所由适于治之路也，仁义礼乐皆其具也”（《汉书·董仲舒传》）。这里所谓“道”其实就是“术”。与治道不同，治术未必能“一以贯之”。

例如，中国古代先哲往往把“政体”或政治体制的形式称为“制”，属于“治术”。相对于“治道”而言，“制”是第二位的，从属性的。如朱熹论治道时虽然相信天下有不可泯灭之“道”，但并不主张古今必循一定之“制”。[34]王阳明虽然推崇唐虞三代之治，但同时强调，后世君王应效法其“道”、“因时致治”，而不必拘受其“制”或“设施政令”。[35]直到近代，康有为仍把政体特征看作治术：“夫所谓政党议会，民权宪法，乃至立宪共和专制，皆方药也。当其病，应其时，则皆为用。非其病，失其宜，则皆为灾”[36]。他同时认为政道比政体重要：“若既得国为公有，则无论为君主民主，为独立半立，为同族异族，为同教异教，皆不深计”[37]。他的结论是：“夫天下无万应之药，无论参术苓草之贵，牛溲马勃之贱，但能救病，便为良方。天下无无弊之法，无论立宪共和专制民权国会一切名词，但能救国宜民，是为良法。执独步单方者，必非良医，执一政体治体者，必非良法。故学莫大乎观其会通，识莫尚乎审其时势，《礼运》曰：‘时为大，顺次之，礼次之，协于时，宜于人，顺于地’”[38]。

在中国，不仅思想家关心政道，历史学家同样关心政道，于是就有了一大批《资治通鉴》、《贞观政要》、《读通鉴论》之类的史书。司马光就明确表示，他写《资治通鉴》的目的是要“鉴前世之兴衰，考当今之得失”。宋神宗热捧此书，也是因为它“鉴于往事，有资于治道”。除此之外，一些君王也留下了自己对政道的体会，如唐太宗李世民撰写的《帝范》、武则天撰写的《臣轨》、南宋孝宗赵昚赐名的《永嘉先生八面锋》、明宣宗朱瞻基撰写的《御制官箴》等。当然，还有从战国一直到清朝历代治理者撰写的一大批标题各异的“官箴”，到清朝，它们汇成了重要的政治文献教科书《皇朝经世文编》。总之，中国的先哲很清楚，哪怕政体相同，都是君主制，治国的理念、治国的方式可以非常不一样，其后果自然也会千差万别。因此，对中国的先哲来说，真正重要的是政道，而不是政体。

中国的先哲为什么不重形式而重实质？道理也许很简单，从商周开始，中国这个政治实体的空间规模与人口规模已经相当大，远非希腊那些小不点的城邦可以比拟。在这么庞大的实体中，治国之道亦必然比希腊那些小不点的城邦复杂得多，有无数个相互纠葛的维度，像柏拉图、亚里士多德那样以一两个简单的标准对政体进行分类，既无可能，也无必要。因此，我们看到从先秦诸子（老子、孔子、孟子、荀子、韩非子、庄子、管子等）一直到朱熹、顾炎武、黄宗羲，他们谈的都是政道的问题，或治道与治术问题（见表 2—1）。

表 2—1　　政道分析思路

	治道	治术
儒家	贵民	德（礼）治
法家	贵君	法治
墨家	贵兼	贤治
道家	贵己	道治

治道

政治之最高目的（或治道）一直是历代先贤关注的首要问题。用章学诚的话说："诸子纷纷则已言道矣……皆自以为至极，而思以其道易天下者也"（《文史通义·原道中》）。如果用关键词高度概括各家治道的话，可以说儒家贵民、法家贵君、墨家贵兼、道家贵己。[39]

儒家　孔子推崇"先王之道"，并以"道"的标准来衡量现实国家。他反复说"邦有道"如何，"邦无道"如何，把"有道"与"无道"对立起来。但儒家的贵民思想在孔子那儿还不十分清晰。梁启超在《先秦政治思想史》第三章"儒家思想"中说："儒家言道言政，皆植本于仁"[40]。"仁"之字从二人，意味着世界上并不存在孤立的个人，人都生活在与他人的关系之中。孔子曰："夫仁者，己欲立而立人，己欲达而达人。能近取譬，可谓仁之方也已。"这就是说，"仁"的实质是推自爱之心以爱人。孔子言仁，一方面欲人人将其同类意识扩充到极量，以完成所谓"仁"的世界（或"大同"）；另一方面，"仁"又是有远近亲疏区分的。

虽然孟子的"仁心"、"仁政"说也是以这两方面为出发点，但他发展出"民贵君轻"的理论："民为贵，社稷次之，君为轻。是故得乎丘民而为天子，得乎天子为诸侯，得乎诸侯为大夫"（《孟子·尽心下》）。这与孔子不同，因为孔子的"民可使由之，不可使知之"（《论语·泰伯》）明显带有轻民的意思。孟子敢于轻君，而孔子虽然没有明言绝对君权，但也从不轻君。

孟子的民贵君轻、民主君仆说对后世的政治思想影响颇大。如汉贾谊说，“闻之于政也，民无不为本也。国以为本，君以为本，吏以为本。故国以民为安危，君以民为威侮，吏以民为贵贱”（《新书·大政上》）。王符说，“故天之立君，非私此人也，以役民，盖以诛暴除害利黎元也”（《潜夫论·班禄》）。吕不韦虽然重视君长之功能，但断然否认尊君是国家的目的。在他看来，“天下非一人之天下也，天下人之天下也”（《吕氏春秋·贵公》）。贵为皇帝的唐太宗也认识到，“为君之道，必须先存百姓。若损百姓以奉其身，犹割股以啖腹，腹饱而身毙”（《贞观政要·论君道第一》）。明方孝孺说，“天之立君，所以为民”；“人君之职，为天养民者也”（《逊志斋集·君职》）。明张居正以主张“尊主威，定国是，振纪纲，剔瑕蠹”著称，但他绝不否认“民为邦本”，“天之立君以为民也”（《张文忠公全集·人主保身以保民论》。至于明代的激进思想家，“贵民”更是他们高举的大旗。李贽说，“天之立君，所以为民”；故“圣人无中，以民为中”（《温陵集》卷十九《道古录》）。黄宗羲说，“古者以天下为主，君为客，凡君之所毕世而经营者，为天下也”（《明夷待访录·原君》）。王夫之则说，“一姓之兴亡，私也；而生民之生死，公也”（《读通鉴论》）。

法家 主张民主君客、民贵君贱、君民共主的康有为总结道：“政治之体，有重于为民者，有重于为国者。《春秋》本民贵大一统而略于国。故孟子曰：民为贵，社稷次之。盖天下学者多重在民，管、商之学，专重在国。”[41]冯友兰在《中国哲学史》中也说，“儒墨及老庄皆有其政治思想。此数家之政治思想，虽不相同，然皆从人民之观点以论政治。其专从君主或国家之观点以论政治者，当时称为法术之士，汉人谓之为法家”[42]。

所谓“专重在国”其实就是贵君或尊君，把尊君当作政治的头等大事。讨论尊君必要性的人并非只有法家，儒家也有尊君之论，荀子就是一个很好的例子。他说：“君者，国之隆也；父者，家之隆也。隆一而治，二而乱”（《荀子·致士》）。但荀子（或其他儒家思想家）尊君是因为君主在整个政治体系中扮演了不可或缺的角色，而不是因为君主是政治的最高目的。他不会要求臣民无条件地服从君主，也不会为尊君而牺牲掉臣民。反之，他申明：“天之生民，非为君也；天之立君，以为民也”（《荀子·大略》）。他也充分肯定诛杀暴君的正当性：“臣或弑其君，下或杀其上，粥其城，倍其节，而不死其事者，无他故焉，人主自取之”（《荀子·富国》）；“天下归之之谓王，天下去之之谓亡”（《荀子·正论》）。

法家与儒家最明显的区别不在于尊君，而在于把尊君本身当作政治的最终目的，而不是把尊君当作手段。康有为提到的管子就是君本位论者；用他自己的话说，“君尊则国安……君卑则国危；故安国在乎尊君”（《管子·重令》）。管子也谈“爱民”、“养民”，甚至说出“政之所兴，在顺民心。政之所废，在逆民心”（《管子·牧民》）这样的漂亮话。但爱民仅是手段，不是目的：“计上之所以爱民者，为用之爱之也”（《管子·法法》）；“人主之所以令则行，禁则止者，必令于民之所好，而禁于民之所恶也”（《管子·形势解》）；“夫争天下者，必先争人”（《管子·霸言》）。顺民只是为了更顺利地治民。

管子只是法家的先驱，严格的法家思想“必俟商鞅而后成立，韩非则综集大成，为法家学术之总汇”[43]。商、韩尊君是因为他们从心底蔑视人民，认定人性恶，民智“犹婴儿之心也”“不可用”（《韩非子·显学》），且“民者固服于势”（《韩非子·五蠹》）。这样，社会秩序（“治”）必须靠立君、尊君来维系。据商鞅说，“古者未有君臣上下之时，民乱而不治。是以圣人别贵贱，制爵位，立名号，以别君臣上下之义”（《商君书·君臣》）；他又说，“古者民藂生而群处乱，故求有上也。然则天下之乐有上也，将以为治也”（《商君书·开塞》）。因此，“夫利天下之民者，莫大于治；而治莫康于立君”（《商君书·开塞》）。韩非子完全同意这种看法，并把孟子的“民为贵，社稷次之，君为轻”颠倒过来，认为“国者君之车也”（《韩非子·外储说右下》）；“尊君”最为重要，其次才是“安国”、“利民”。韩非子还进一步把尊君上升到“道”的层面：“道无双，故曰一，是故明君贵独道之容”（《韩非子·扬权》）。

既然尊君本身就是政治的最高目的，为确保君主享有绝对权力，商鞅主张“弱民”：“民弱国强，民强国弱，故有道之国，务在弱民”（《商君书·弱民》）。为了“弱民”，就必须“胜民”、“制民”：“昔之能制天下者，必先制其民者也；能胜强敌者，必先胜其民者也。故胜民之本在制民”（《商君书·画策》）。同样，韩非子主张，不管君王人品有多么不肖，行为多么糟糕，臣民都必须无条件服从，因为在他看来，再恶的君也是君：“夫冠虽贱，头必戴之；屦虽贵，足必履之”；“冠虽穿弊，必戴于头；履虽五采，必践之于地”（《韩非子·外储说左下》）。

墨家 与先秦其他主要政治思想学说相比，墨家带有更多的平民色彩。也许正是因为这个原因，墨家政治思想的关注点就落到了普通人的利益上。《墨子·非命上》提出了一套评判任何政治理论的标准：“‘……故言必有三表。’何谓三表？子墨子言曰：‘有本之者，有原之者，有用之者。于何本之？上本之于古者圣王之事。于何原之？下原察百姓耳目之实。于何用之？废以为刑政，观其中国家百姓人民之利。此所谓言有三表也。’”冯友兰对此评论道：“此三表中，最重要者，乃其第三。‘国家百姓人民之利’乃墨子估定一切价值之标准”[44]。其实，第二“表”又何尝不重要？它与第三“表”一脉相承。用这套标准评判墨家自身的政治思想，倒是恰如其分，因为墨家思想体系的核心“兼爱”完全满足了这三条标准，尤其是后两条。[45]

孔子提倡“泛爱众”（《论语·学而》）、“博施于民而能济众”（《论语·雍也》）。不过，儒家的“爱人”与“仁”不可分离，“仁”又由“礼”来规定，是谓“克己复礼为仁”（《论语·颜渊》）。而“礼”的基本精神是明贵贱、别亲疏。换句话说，儒家虽以仁民爱物，兼善天下为最终目标，却强调必须以亲疏贵贱作为推恩先后的尺度。故曰：“仁者人也，亲亲为大”（《礼记·中庸》），“老吾老，以及人之老；幼吾幼，以及人之幼”（《孟子·梁惠王上》），“家齐而后国治”（《礼记·大学》）。墨子兼爱之说，虽不否认家族伦理，但强调爱人如己：“视人之国若视其国，视人之家若视其家，视人之身若视其身”（《墨子·兼爱中》）；“仁人之事者，必务求兴天下之利，除天下之害”（《墨子·兼爱下》）。而兴利除害必须以“兼相爱，交相利”为准则，“有力者疾以助人，有财者勉以分人，有道者劝以教人”（《墨子·尚贤下》）。这种不分亲疏贵贱的“兼爱天下之人”，特别是“兼爱天下百姓”的思想显然与儒家不同，因此招致孟子的诋毁：“杨氏为我，是无君也；墨氏兼爱，是无父也。无父无君，是禽兽也”（《孟子·滕文公下》）。为了将“兼爱”的理念落实到政治生活中，墨子提出“尚同”原则，要求君长与人民都必须以公利作为其最终目的和行为准则。

道家 令孟子咬牙切齿的除了墨子，就是杨朱，因为当时“天下之言，不归杨，则归墨”。据孟子说，“杨子取为我，拔一毛而利天下，不为也”（《孟子·尽心上》）。“为我”或“贵己”（《吕氏春秋·不二》）直接与儒家学说相抵触：如果人人都“为我”，那君君臣臣父父子子的秩序怎么维系？[46]孟子以“距杨墨”为己任（《孟子·滕文公下》），可见杨朱思想与儒家思想之间的矛盾有多尖锐。“为我”显然也与墨子的“兼爱”是完全背道而驰的。作为法家的韩非子更是不遗余力地批判杨朱，原因很简单：因为如果人人都“贵己”的话，他们就不会乖乖地对君主唯命是从了。

杨朱只是道家思想的早期代表。从杨朱到彭蒙、田骈、慎到，再到老聃、庄周（《庄子·天下》），再到汉以后的其他道家思想家，“为我”是一条贯穿始终的主线。按照萧公权的说法，老子和庄子是“先秦为我思想最精辟闳肆而富于条理者也”[47]。的确，老庄都重个人、轻社会、怀疑政治权威。老子说：“故贵以身为天下，若可寄天下；爱以身为天下，若可托天下”（《老子》第十三章）。这就是说，只能把天下寄托给“为我”的人。庄子更把“为我”推至极致。他通过各种寓言阐发其“贵己”、“重生”之义（《庄子·人世间》，《庄子·养生主》，《庄子·山木》）；也就是说，一个人的首要的任务就是保护他自己。

“为我”是人生哲学，也是政治哲学。《列子·杨朱》虽然是伪书，未必能真实反映杨朱的思想，但它里面的两句话大概能准确反映道家的政治思想：“人人不损一毫，人人不利天下，天下治矣”，“以我之治内，可推之于天下，君臣之道息矣”。既然人人为我，把自己管好，不管其他人，就可以达到天下大治，君主其实是不必要的。孟子指责“杨氏为我，是无君也”是有道理的，后世的道家传人王充、阮籍、刘伶、陶潜、鲍敬言、《无能子》的作者大谈无君之乐、有君之苦、君不必要、君不能要，正好提供了证据。

如果“君子不得已而临邪天下”，道家的忠告是：“莫若无为。无为也，而后安其性命之情”（《庄子·在宥》）。老子相信“为无为，则无不治”（《老子》第三章），他希望君是个虚君，“处无为之事，行不言之教”（《老子》第二章），“清静为天下正”（《老子》第四十五章）。庄子则把这套政治思想总结为：“闻在宥天下，不闻治天下也。在之也者，恐天下之淫其性也；宥之也者，恐天下之迁其德也。天下不淫其性，不迁其德，有治天下者哉！”（《庄子·在宥》）

总之，从“为我”出发，道家的政治理想是要么无君，要么有君无为。

治术

司马谈《论六家要指》曰："《易大传》：'天下一致而百虑，同归而殊涂。'夫阴阳、儒、墨、名、法、道德，此务为治者也。"这就是说，不管先秦诸子的学说看起来如何玄妙，他们最关心的其实都是如何"治"国、"治"天下。不过，与西方相比，中国政治思想的一个显著特点是重实际而不尚玄理，"故二千余年之政治之献，十之八九皆论治术"[48]。需要说明的是，这里所谓"治术"泛指治国方略（the way of governance）。古代典籍中被叫作"治道"的东西其实往往就是这里说的"治术"；而古代典籍中被叫作"治术"的东西往往仅指统治术、为君之术（the art of manipulation），在内涵、外延两方面，比这里所说的"治术"都要窄得多。

如果用关键词高度概括各家治术的话，可以说儒家强调德（礼）治、法家强调法治、墨家强调贤治、道家强调道治。这样说不过是举其荦荦大者，至于各家治术细部的差别，不可胜道。

儒家 在儒家形成以前，"德"和"礼"这两个概念早已出现，并且从一开始它们就是相互关联的。一方面，周初统治者已经提出"明德慎罚"（《尚书·康诰》）的主张，"德"成为当时政治思想的基石，成为解释朝代更替历史的原因。按照郭沫若的解释，"德"字"照字面上看是从值（古直字）从心，意思是把心思放端正，便是《礼记·大学》上所说的，'欲修其身者，先正其心'"[49]。作为"正其心"的标准，"德"有广泛的含义，"在当时看来，一切美好的东西都可包括在德中"[50]。另一方面，周公制《周礼》时说，"则以观德"（《左传·文公十八年》），说明"德"是以"礼则"为标准的，而"礼则"的核心是等级制。郭沫若从思想史的角度这样评说"德"与"礼"的关系："德字不仅包括着主观方面的修养，同时也包括着客观方面的规模——后人所谓'礼'……礼是由德的客观方面的节文所蜕化下来的，古代有德者的一切正当行为的方式汇集了下来便成为后代的礼"[51]。

明言"吾从周"（《论语·八佾》）的孔子第一个提出了一套"德"、"礼"结合的儒家治国方略，这反映在《论语·为政》的一句话里："道之以政，齐之以刑，民免而无耻；道之以德，齐之以礼，有耻且格。”对此，朱熹的理解是：“愚谓政者，为治之具。刑者，辅治之法。德礼则所以出治之本，而德又礼之本也。此其相为终始，虽不可以偏废，然政刑能使民远罪而已，德礼之效，则有以使民日迁善而不知。故治民者不可徒恃其末，又当深探其本也”（《论语集注·为政》）。很明显，孔子关心的是政治秩序，不仅政、刑是“治民者”的“治之具”，德、礼也是，只不过孔子认为应强调的不是前两者，而是后两者，尤其是德。

所谓德治，就是利用道德的内在约束力来达到稳定社会的目的，它有三层含义。

第一，为了具备治国的资格，执政者（包括君主与其他政治精英）应当注重自身的道德修养。对这些人而言，“修身之术”就是“治国之要”。因此，“古之欲明明德于天下者先治其国，欲治其国者先齐其家；欲齐其家者先修其身；欲修其身者先正其心……心正而后身修，身修而后家齐，家齐而后国治，国治而后天下平”（《礼记·大学》）。尤其是对君主而言，“若安天下，必须先正其身，未有身正而影曲，上治而下乱者”（《贞观政要·君道》）。

第二，为了长治久安，执政者应当“为政以德”（《论语·为政》），“施实德于民”（《尚书·盘庚上》），“德惟善政，政在养民”（《尚书·大禹谟》），“养民也惠”（《论语·公冶长》）。具体而言便是裕民生、轻赋税、止征战、惜力役、节财用。为什么要这样做？范仲淹的解释很到位：“圣人之德，惟在善政，善政之要，惟在养民，养民之政，必先务农。农政既修，则衣食足，衣食足则爱体肤，爱肤体则畏刑罚，畏刑罚则盗寇自息，祸乱不兴”[52]。

第三，为了有效地维护政治秩序，执政者应当“以德化民”，潜移默化地使被统治者内化统治者那一套道德理念，并以此约束自己的言行。一方面，教化要靠当政者以身作则，如孔子所说：“政者，正也。子帅以正，孰敢不正”（《论语·颜渊》）；“上好礼，则民莫敢不敬；上好义，则民莫敢不服；上好信，则民莫敢不用情”（《论语·子路》）；“苟正其身矣，于从政乎何有？不能正其身，如正人何？”（《论语·子路》）另一方面，教化要靠一套机制：“立太学以教于国，设庠序以化于邑，渐民以仁，摩民以谊，节民以礼，故其刑罚甚轻而禁不犯者，教化行而习俗美也”（《汉书·

董仲舒传》)。

除了“道(导)之以德”外,孔子的治术也看重“齐之以礼”。“礼”是社会的典章制度。孔子主张“为国以礼”(《论语·先进》),因为“不知礼,无以立也”(《论语·尧曰》)。“德”的作用是抑制人的内心冲动,“礼”的作用是规范人的外在行为,尤其是与他人交往的方式。如《左传》所说:“礼,经国家,定社稷,序民人,利后嗣者也”。“礼”最重要的特点是“别”,也就是按贵贱、尊卑、长幼为不同的人规定不同的行为方式。孔子认为不这么做不行:“非礼无以辨君臣、上下、长幼之位也,非礼无以别男女、父子、兄弟之亲,昏姻、疏数之交也”(《礼记·哀公问》)。在“德”失效的情形下,“礼”是一种重要的统治手段。因此柳宗元才会说,“礼之大本,以防乱也”(《驳复雠议》)。

在孔子看来,“德”的核心是“仁”;“仁”乃众德之首,且包罗众德。其他之德,如爱人、克己、忠恕、中庸、慈、孝、良、悌、惠、顺、勇、刚、直、恭、敬、宽、智、庄、敏、慎、信、讱、俭、逊、让等,都是内心之“仁”的外在表现。在《论语》里,“仁”和“礼”的出现频率都很高,似乎没有偏重,但二者在孔子思想体系中的排序是不同的:“仁”是“本”,而“礼”是“末”。故孔子曰:“人而不仁,如礼何?”

孔子死后,孟子继承发展了他的德治思想。除了“仁”之外,孟子提出了“义”这一重要的道德范畴:“人皆有所不忍,达之于其所忍,仁也;人皆有所不为,达之于其所为,义也”(《孟子·尽心下》)。更重要的是,孟子提出了“仁政”这一概念:“以力假仁者霸……以德行仁者王……以力服人者,非心服也,力不赡也;以德服人者,中心悦而诚服也”(《孟子·公孙丑上》)。不过,相比孔子,孟子却很少谈礼治。

先秦儒家思想家中把礼治推向极致的人非荀子莫属。《荀子》32 篇,几乎篇篇谈“礼”,且《礼论》更是专门集中讨论“礼”。在《论语》中,“礼”字出现了 75 次,而在《荀子》中,它出现了 342 次之多,可见荀子对“礼”的强调远远超过孔子,更不用说孟子了。荀子之所以把“礼”放在首位,是因为与孟子不同,他相信人的本性是恶的,道德的自我约束是靠不住的,必须求助于外在制度规范的强制性约束:“礼者、所以正身也”;“人无礼则不生,事无礼则不成,国家无礼则不宁”(《荀子·修身》);“国无礼则不正。礼之所以正国也,譬之:犹衡之于轻重也,犹绳墨之于曲直也，犹规矩之于方圆也，既错之而人莫之能诬也”（《荀子·王霸》）。

可以说，孔子以后的儒家在治国方略上存在着两种主张，一派以孟子为代表，强调“德治”；另一派以荀子为代表，强调“礼治”。如汉儒董仲舒主张“以德善化民”（《汉书·董仲舒传》），而贾谊主张“以礼义治之”（《治安策》）。[53]

需要指出的是，孔子讲治国之道时，虽然强调“德礼”，但从未放弃“政刑”，他自己便说，“政宽则民慢，慢则纠之以猛。猛则民残，残则施之以宽。宽以济猛，猛以济宽，政是以和”（《左传·昭公二十年》）。强调“礼治”的那一派儒家虽然也讲“仁”为“礼”之本，但相对于强调“德治”那一派儒家，他们更重视法与罚。例如，荀子主张“隆礼重法”：“隆礼至法则国有常”（《荀子·君道》）；“治之经，礼与刑”（《荀子·成相》）；“明礼义以化之，起法正以治之，重刑罚以禁之”（《荀子·性恶》）。大讲“刑政”、并称“礼”“法”的荀子，对后世历朝历代治国方式的实际影响很大。汉以后，人们谈到“礼”与“法”的关系时，经常引用的两句话就是明证：“夫礼者禁于将然之前，而法者禁于已然之后”（《汉书·贾谊传》），“礼之所去，刑之所取，失礼则入刑，相为表里者也”（《后汉书·陈宠传》）。这恐怕也是谭嗣同感叹“二千年来之学，荀学也”的原因。[54]梁启超甚至说：“二千年政治，既皆出荀子矣”[55]。

法家 吕思勉对荀子治国思想的评价是“专明礼，而精神颇近法家”[56]。荀子“近法家”，但毕竟与法家不同。荀子“隆礼重法”是以礼治为主导，而法家对德治与礼治都持否定的态度，只主张“以法治国”（《管子·明法》）、“事断于法”（《慎子·君人》）、“据法而治”（《商君书·更法》）、“以法为本”（《韩非子·饰邪》）。

与儒家针锋相对，法家思想家都反对“先德而治”（《商君书·开塞》）。管子的理由是：“夫君人之道，莫贵于胜，胜故君道立；君道立，然后下从；下从，故教可立而化可成也。夫民不心服体从，则不可以礼义之文教也。君人者不可以不察也”（《管子·正世》）。商鞅的理由是：“刑生力，力生强，强生威，威生德，德生于刑”（《商君书·说民》）。他的结论很清楚：“凡明君之治也，任其力不任其德”（《商君书·错法》）。韩非子对德治的观点也一样：“无威严之势，赏罚之法，虽尧舜不能以为治”

(《韩非子·奸劫弑臣》);“威势之可以禁暴,而德厚之不足以止乱也。夫圣人之治国,不恃人之为吾善也,而用其不得为非也……故不务德而务法”(《韩非子·显学》)。

法家思想家更反对礼治,因为在礼治下“名位不同,礼亦异数”(《左传·庄公十八年》),而且礼被用来当作“定亲疏,决嫌疑,别同异,明是非”(《礼记·曲礼上》)的标准。法家并不否认也不反对区别贵贱、尊卑、长幼、亲疏,但他们认为,这种区别与治国无关,甚至可能妨碍治国。[57]管子说,“凡先王治国之器三,攻而毁之者六……三器者何也?曰:号令也,斧钺也,禄赏也。六攻者何也?曰:亲也,贵也,货也,色也,巧佞也,玩好也。三器之用何也?曰:非号令毋以使下,非斧钺毋以威众,非禄赏毋以劝民。六攻之败何也?曰:虽不听而可以得存者,虽犯禁而可以得免者,虽毋功而可以得富者。凡国有不听而可以得存者,则号令不足以使下;有犯禁而可以得免者,则斧钺不足以威众;有毋功而可以得富者,则禄赏不足以劝民。号令不足以使下,斧钺不足以威众,禄赏不足以劝民,若此,则民毋为自用。民毋为自用,则战不胜;战不胜,而守不固;守不固,则敌国制之矣”(《管子·重令》)。如果“序尊卑、贵贱、大小之位”[58]的危害如此之大,那么应该怎么办呢?管子的回答是“不为六者变更于号令,不为六者疑错于斧钺,不为六者益损于禄赏。若此,则远近一心;远近一心,则众寡同力;众寡同力,则战可以必胜,而守可以必固,非以并兼攘夺也,以为天下政治也,此正天下之道也”(《管子·重令》)。

法家之所以看重法,其最主要的原因就在于,法一视同仁,有功必赏,有过必罚,“不知亲疏、远近、贵贱、美恶,以度量断之”(《管子·任法》);“不别亲疏,不殊贵贱,一断于法”(《史记·太史公自序》)。治国不仅在原则上要“一断于法”,而且在执法上,要做到“壹刑”:“所谓壹刑者,刑无等级。自卿相将军以至大夫庶人,有不从王令,犯国禁,乱上制者,罪死不赦。有功于前,有败于后,不为损刑。有善于前,有过于后,不为亏法。忠臣孝子有过,必以其数断”(《商君书·赏刑》)。尤其对知法犯法者要严惩不贷,“守法守职之吏,有不行王法者,罪死不赦,刑及三族”(《商君书·赏刑》)。

法家之所以主张法治还有一个理由,设计治国之术不应着眼于最好或最坏的情况,而是要着眼于一般的情况。儒家的“德治”假设人性善,墨家的“贤治”假设可以找到贤者治国，这都不可取。“治也者，治常者也；道也者，道常者也”（《韩非子・忠孝》），因为“尧、舜、桀、纣千世而一出，是比肩随踵而生也，世之治者不绝于中……中者，上不及尧、舜，而下亦不为桀、纣”（《韩非子・难势》）。对大多数既不是贤君也不是暴君的中材之君而言，实行法治是他们唯一的选择：“抱法处势则治，背法去势则乱。今废势背法而待尧、舜，尧、舜至乃治，是千世乱而一治也。抱法处势而待桀、纣，桀、纣至乃乱，是千世治而一乱也”（《韩非子・难势》）。何况，“释法术而心治，尧不能正一国”，还不如“守中拙之所万不失”（《韩非子・用人》）。这种中不溜秋、笨拙但万无一失的治国之术就是法治。

除了“法”以外，法家也重视“术”与“势”。韩非子写了《定法》讨论“法”与“术”的关系，写了《难势》讨论“法”与“势”的关系。但在三者之间，“法”才是治术的主体，它是用来治民定国的。而“术”是用来“潜御群臣”（《韩非子・难三》）的，因为“明主治吏不治民”（《韩非子・外储说右下》）。但“徒术而无法”与“徒法而无术”（《韩非子・定法》）都不能治国。“势”不过是君主至高无上权力权威的别称。虽然“势”是治国不可或缺的前提，但“处势”还必须“抱法”。因此，韩非子的思想说到底是以法为本，兼摄术、势。

“法治”对治国如此重要，那么理想的法治是种什么样的状况呢？且看管子的描绘：“圣君亦明其法而固守之，群臣修通辐凑以事其主，百姓辑睦听令道法以从其事。故曰：有生法，有守法，有法于法。夫生法者君也，守法者臣也，法于法者民也，君臣上下贵贱皆从法，此谓为大治”（《管子・任法》）。这里值得注意的是，虽然君主是立法者，但他的权力受到三重限制。第一，君主不能随心所欲，立法必须符合人性。“人主之所以令则行，禁则止者，必令于民之所好，而禁于民之所恶也”（《管子・形势解》）。而且，“令”和“禁”都不能过多（《管子・法法》）。第二，君主不能朝令夕改，“号令已出，又易之。礼义已行，又止之。度量已制，又颉之。刑法已错，又移之。如是，则庆赏虽重，民不劝也。杀戮虽繁，民不畏也。故曰：上无固植，下有疑心。国无常经，民力必竭”（《管子・法法》）。第三，君主本人要守法，“不为君欲变其令，令尊于君”（《管子・法法》）。这就是说，管子理想的“治世”要求“君臣上下贵贱皆从法”。

在其他方面，商鞅与韩非子的法家思想也许与管子没有多大差别，但他们不再主张“令尊于君”，使君主可以凌驾于法律之上。李斯则更进一步说，“贤明之主”应“独制于天下而无所制”（《史记·李斯列传》）。不过，李斯不过是“实行法家政术之殿军”[59]。秦亡之后，李斯一直背着骂名，苏东坡指斥“李斯以其学乱天下”（《荀卿论》）。“申韩之学术亦终止理论上之进展”[60]。

尽管主张“上法而不上贤”（《韩非子·忠孝》），法家也重视“举贤任能”。管子警告君主，治国有四件事不可不慎，其中之一是“见贤不能让”（《管子·立政》）。韩非子有一篇《说疑》讨论有关治国的疑难问题，其中最大篇幅谈的是辨别、选拔、使用人才的重要性。他列举了史上几十位著名的臣子，以此证明选对人、用对人对治国是多么关键，并提出了“内举不避亲，外举不避雠”的原则。当然，在韩非子看来，“所谓贤臣者，能明法辟、治官职以戴其君者也”（《韩非子·忠孝》）。

墨家 真正把“尚贤使能”提高到治术首要地位的是墨家。墨家倡导的治术看似很多，但墨子认为施用治术时一定要因地制宜、对症下药、有所侧重，不必将全套治术一股脑儿都拿出来。《墨子·鲁问》记载了一段有名的对话：“子墨子游，魏越曰：‘既得见四方之君子，则将先语?’子墨子曰：‘凡入国，必择务而从事焉。国家昏乱，则语之尚贤、尚同；国家贫，则语之节用、节葬；国家说音湛湎，则语之非乐、非命；国家遥僻无礼，则语之尊天、事鬼；国家务夺侵凌，即语之兼爱、非攻，故曰择务而从事焉。’”根据张岱年的解读，“墨子提出十个主义，合为五联，共成一个整齐的系统……每一联之二说，实有必然的关联。最重要者，为尚贤与尚同之关系。尚同实以尚贤为根本。尚同须‘选天下之贤可者，立以为天子’，离尚贤，则尚同不可讲”[61]。

的确，在墨子推介的十种治术中，最重要的是“尚同”与“尚贤”，他把两者都称为“为政之本”（《墨子·尚贤中》、《墨子·尚同下》）。

什么是“尚同”？从《尚同》篇里最频繁出现的关键片语——“一同天下之义”或“一同其国之义”——可以看出端倪，即统一全国上下对“义”的认识。据说，这便是“天下之所以治”的关键所在。[62]

那么，如何才能达到“尚同”的目的呢？还得靠“尚贤”。具体而言，“是故天下之欲同一天下之义也，是故选择贤者，立为天子。天子以其知力为未足独治天下，是以选择其次立为三公。三公又以其知力为未足独左右天子也，是以分国建诸侯。诸侯又以其知力为未足独治其四境之内也，是以选择其次立为卿之宰。卿之宰又以其知力为未足独左右其君也，是以选择其次立而为乡长家君”（《墨子·尚同下》）。[63]这也就是说，为了实现思想统一，首先必须组织统一，让“贤可者”担任各级领导岗位。离开了尚贤，根本谈不上尚同。[64]尚同是目的、是结果，尚贤是必由之路，二者不可偏废，因此它们都是“为政之本”。

为什么非尚贤不可呢？墨子给出的理由很简单：“自贵且智者，为政乎愚且贱者，则治；自愚贱者，为政乎贵且智者，则乱”（《墨子·尚贤中》），即只有让高贵且智慧的人统治愚笨且卑贱的人，才能实现“国家之富也，人民之众也，刑法之治也”（《墨子·尚贤下》）的目标，否则就会天下大乱。

既然贤良之士是“国家之珍”、“社稷之佐”，什么样的人才够格呢？墨子提出德行、学问、才能三项标准，即“厚乎德行，辩乎言谈，博乎道术”（《墨子·尚贤上》）。这里德行排在第一位，不言而喻，是否秉持“兼爱”理念是判断有没有德行的尺度，表现在行为上的“为贤之道”是“有力者疾以助人，有财者勉以分人，有道者劝以教人”（《墨子·尚贤下》）。

确定标准后，最后一步就是如何举贤任能了。墨子提出了“以德就列，以官服事，以劳殿赏”三个原则，其中“以德就列”排在第一，在当时极具革命性。

“以德就列”就是在举贤时要任人唯贤，“虽在农与工肆之人，有能则举之”（《墨子·尚贤上》）。这是针对当时贵族、世袭、专权政治提出的，也是针对儒家提出的。在《墨子·非儒下》篇中，墨子对儒家思想家坚持“亲亲有术，尊贤有等”、“寿夭贫富，安危治乱，固有天命，不可损益”等说法表示了极大的愤慨，称他们是“贼天下之人者也”。在墨子看来，“官无常贵，而民无终贱”（《墨子·尚贤上》）。因此，应该“贤者举而上之……不肖者抑而废之”（《墨子·尚贤中》）。

“以官服事”就是对通过了第一关的贤者们进行考察，并按其才干加以任命：“听其言，迹其行，察其所能，而慎予官，此谓事能。故可使治国者，使治国，可使长官者，使长官，可使治邑者，使治邑”（《墨子·尚贤中》）。

“以劳殿赏”就是给予担任公职的贤者适当的待遇，“高予之爵，重予之禄，任之以事，断予之令”，使他们“富之，贵之，敬之，誉之”（《墨子·尚贤上》）。

如果全国上下的官职都由贤者担任，就可以从组织上保证“一同天下之义”，从而实现天下大治了。

道家 儒家、法家、墨家倡导的治术虽然相互抵触，但它们都可以叫作“有为”之治[65]，都相信只要君主积极推行他们倡导的德（礼）治或法治或贤治，天下就太平无事了。

而在道家的代表人物老子和庄子看来，君主的有为之治（包括各式各样的制度建设）不仅不能解决任何问题，反而会给社会造成极大的危害。老子断言，“民之饥，以其上食税之多，是以饥。民之不治，以其上之有为，是以不治”（《老子》第七十五章）；庄子也在《马蹄》篇中借用牧马人伯乐、陶者、匠人的例子批判“治天下者之过”。

老庄不光抨击君主的有为之治，也对鼓吹有为之治的儒、法、墨三家展开了毫不留情的批判。对于儒家鼓吹的德（礼）治，他们指出，“大道废，有仁义；智慧出，有大伪；六亲不和，有孝慈；国家昏乱，有忠臣”（《老子》第十八章）；“绝圣弃智，民利百倍；绝仁弃义，民复孝慈；绝巧弃利，盗贼无有”（《老子》第十九章）；“失道而后德，失德而后仁，失仁而后义，失义而后礼。夫礼者，忠信之薄，而乱之首”（《老子》第三十八章，也见《庄子·外篇·知北游》）；“以智治国，国之贼”（《老子》第六十五章）。[66]对于法家鼓吹的法治，他们指出，“法令滋彰，贼盗多有”（《老子》第五十七章）。[67]对于墨家鼓吹的贤治，他们相信，“不尚贤”才能“使民不争”（《老子》第三章）。[68]

老子的理想社会是“小邦寡民”（《老子》第八十章），庄子的理想社会是“至德之世”（《庄子·外篇·马蹄》），两者的共同特点是老百姓在其中自全自得，让人感觉不到有统治者的存在。其实，老庄都很清楚，他们的理想社会无非是乌托邦，不可能实现，只能谈谈而已，真正重要的问题是如何治理现实中的社会。不过，理想社会可以作为衡量治国水平的标杆：“太上，不知有之；其次，亲而誉之；其次，畏之；其次，侮之”（《老子》第十七章）。最善治国者不扰民，老百姓只知道其存在，却不知道他干了什么；次一等的治国者亲近人民，因而受到他们的爱戴；再次一等的治国者让人民感到恐惧；最糟糕的治国者遭到人民的轻蔑。因此，最高明的治术是那种“功成事遂，百姓皆谓：我自然”（《老子》第十七章）的道治。[69]

道家的信念是，“人法地，地法天，天法道，道法自然”（《老子》第二十五章）。“老子在这里所列的有五项内容：‘人（王）’、‘地’、‘天’、‘道’、‘自然’，其中‘地’、‘天’、‘道’都只是过渡，他所要说明的，实际上只是两端——‘人（王）’与‘自然’的关系，强调人（特别是‘王’——人间的君王们）应该‘法自然’。圣人‘法自然’的具体做法就是‘无为’：‘圣人处无为之事，行不言之教’”[70]。因此，道治就是无为而治，也就是“辅万物之自然而不敢为”（《老子》第六十四章），让人们自适其性。“故道化的治道之极致面是‘各然其然，各可其可，一体平铺，归于现成’，也就是庄子所说的‘无物不然，无物不可’”[71]。

“无为而治”并不是无所作为，而是要因循自然，顺应事物的本性，不横加干涉：“凫胫虽短，续之则忧；鹤胫虽长，断之则悲”（《庄子·外篇·骈拇》）。老庄鼓吹无为，是因为他们相信老百姓有自治（如自化、自正、自富、自朴）的能力：“彼民有常性，织而衣，耕而食，是谓同德；一而不党，命曰天放”（《庄子·外篇·马蹄》）。“且鸟高飞以避矰弋之害，鼷鼠深穴乎神丘之下以避熏凿之患”（《庄子·内篇·应帝王》），老庄相信，人民一定比这两种动物更清楚如何好好活下去。既然如此，老庄对君王的忠告是：“道常无为而无不为。侯王若能守之，万物将自化”（《老子》第三十七章）；“顺物自然而无容私焉，而天下治矣”（《庄子·内篇·应帝王》）。

君主怎样才能做到“无为”[72]呢？老子的劝告首先是由一长串否定词（如“不”、“无”、“去”、“损”）组成的[73]：“不自见，故明；不自是，故彰；不自伐，故有功；不自矜，故长。夫唯不争，故天下莫能与之争”（《老子》第二十二章）；“不以智治国，国之福”（《老子》第六十五章）；“是以圣人自知不自见，自爱不自贵”（《老子》第七十二章）；“我无为，而民自化；我好静，而民自正；我无事，而民自富；我无欲，而民自朴”（《老子》第五十七章）；“是以圣人去甚，去奢，去泰”（《老子》第二十九章）；“为学日益，为道日损。损之又损，以至于无为”（《老子》第四十八章）。总之，君主要将“以己之所乐，立言制法而断制天下”的冲动降到最低点，使“其政闷闷”，以便“其民淳淳”（《老子》第五十八章）。

不过，“无为”绝不是什么都不做，而是要不妄为。治国安邦也需要以“顺物自然”、不妄为的态度去“为”。老子把这叫作“以正治国”（《老子》第五十七章），叫作“为无为，则无不治”（《老子》第三章）。

综观老子的思想，“以正治国”具体包括下面一些治术：

以百姓心为心：老子相信，“贵以贱为本，高以下为基”（《老子》第三十九章）。因此，他认为，君王不应与民争利：“是以圣人欲上民，必以言下之；欲先民，必以身后之。是以圣人处上而民不重，处前而民不害。是以天下乐推而不厌。以其不争，故天下莫能与之争”（《老子》第六十六章）。

损有余而补不足：在当时的现实生活中，满眼尽是“损不足以奉有余”的现象，如“民之饥，以其上食税之多……民之轻死，以其上求生之厚”（《老子》第七十五章）。老子借“天之道”之名主张“高者抑之，下者举之；有余者损之，不足者补之”（《老子》第七十七章）。

使民无知无欲：在老子看来，浑厚与淳朴是自然的，机巧与欲望则是反自然的、蛊惑人心的、有害的：“民之难治，以其智多”（《老子》第六十五章）；“五色令人目盲，五音令人耳聋，五味令人口爽，驰骋畋猎令人心发狂，难得之货令人行妨”（《老子》第十二章）；“祸莫大于不知足，咎莫大于欲得”（《老子》第四十六章）。为此，他主张想方设法让老百姓返璞归真，“非以明民，将以愚之”（《老子》第六十五章）、“孩之”（《老子》第四十九章）。具体做法可以是“不贵难得之货，使民不为盗；不见可欲，使心不乱”；也可以是“虚其心，实其腹，弱其志，强其骨，恒使民无知无欲，使夫智者不敢为也”（《老子》第三章）。这样才能让老百姓“见素抱朴，少私寡欲，绝学无忧”（《老子》第十九章）。“故知足之足，常足矣”（《老子》第四十六章）；“不欲以静，天下将自定”（《老子》第三十七章）。

使民常畏死：人天性怕死。如果人们产生了厌世情绪，这不仅是不自然的，也会给治国带来麻烦：“民不畏威，则大威至”（《老子》第七十二章）；“民不畏死，奈何以死惧之？”（《老子》第七十四章）

因此，培养人们的生存意识对治国甚为关键。为了防止民众厌弃自己的生命，以至于厌弃社会，老子主张创造条件让老百姓能够“甘其食，美其服，安其居，乐其俗”，“使民重死而不远徙”（《老子》第八十章），也使他们“无狎其所居，无厌其所生”。“夫唯不厌，是以不厌”（《老子》第七十二章），亦即只有当政者不去压榨老百姓，老百姓才不会厌恶他们，社会才会安定，统治才会稳固。同时，只有当人们普遍珍惜自己生命的价值时，统治才能有效：“若使民常畏死，而为奇者，吾得执而杀之，孰敢?”（《老子》第七十四章）

治大国若烹小鲜：治理国家要非常小心谨慎，切不可无事生非、折腾老百姓，也不可朝令夕改，让老百姓不知所措。

慎征伐：老子认为，“天下无道”最重要的特点是“戎马生于郊”（《老子》第四十六章），因为“师之所处，荆棘生焉；大军之后，必有凶年”（《老子》第三十章）。为此，老子警告：“兵者，不祥之器，物或恶之，故有道者不处”（《老子》第三十一章）。对于治国者而言，最好是“虽有甲兵，无所陈之”（《老子》第八十章）。既然兵者“非君子之器”，那么只能是“不得已而用之”（《老子》第三十一章）。如果实在不得不用兵，老子告诫：“善为士者，不武；善战者，不怒；善胜敌者，不与”（《老子》第六十八章），“‘吾不敢为主，而为客；不敢进寸，而退尺。’是谓行无行，攘无臂，执无兵，乃无敌矣。祸莫大于轻敌，轻敌几丧吾宝。故抗兵相若，哀者胜矣”（《老子》第六十九章）。

既然是依据“顺物自然”的原则设计其治术，老子一定希望他这套似有还无的治术能发挥“为之于未有，治之于未乱”（《老子》第六十四章）的功效，从而达到“爱民治国”（《老子》第十章）的目的。

虽然老子大谈“无为”，但他的目的是为“侯王”们指出一条与儒、法、墨不同的安邦之道。《老子》五千言基本上讲的都是治术。《庄子》则不同[74]，它谈无为，说“故君子不得已而临莅天下，莫若无为”（《庄子·外篇·在宥》），但它对于“治国”没有什么兴趣，它更关心的是“治身”，是“治身奈何而可以长久”（《庄子·外篇·在宥》），因为它深信：“道之真以治身，其绪馀以为国家，其土苴以治天下”（《庄子·杂篇·让王》）。

不仅不感兴趣，《庄子》认为天下根本没必要治。“闻在宥天下，不闻治天下也。在之也者，恐天下之淫其性也；宥之也者，恐天下之迁其德也。天下不淫其性，不迁其德，有治天下者哉”（《庄子·外篇·在宥》）。也就是说，只要统治者不试图改变人的自然本性，天下何须治理。

更进一步，《庄子》相信“治国”与“治身”是对立的，“治国”本身必然会危及“治身”。因此，它不仅抗拒暴君、昏君，甚至根本不相信会有明君、贤君存在。凡是涉及君王的地方，《庄子》几乎没什么好话，如“圣人不死，大盗不止……彼窃钩者诛，窃国者为诸侯”（《庄子·外篇·胠箧》）。说到圣人，《庄子》毫不留情：“世之所高，莫若黄帝，黄帝尚不能全德，而战于涿鹿之野，流血百里。尧不慈，舜不孝，禹偏枯，汤放其主，武王伐纣，文王拘羑里”（《庄子·杂篇·盗跖》）；又如“尧杀长子，舜流母弟，疏戚有伦乎？汤放桀，武王伐纣，贵贱有义乎？王季为适，周公杀兄，长幼有序乎？”（《庄子·杂篇·盗跖》）。如此说来，圣人之治肯定也好不到哪里去：“昔尧之治天下也，使天下欣欣焉人乐其性，是不恬也；桀之治天下也，使天下瘁瘁焉人苦其性，是不愉也。夫不恬不愉，非德也。非德也而可长久者，天下无之”（《庄子·外篇·在宥》）。如果圣人之治的结果都这么糟糕，天下就不可能有什么善治了。

既然天下不必治，治的结果比不治更坏，《庄子》的潜台词恐怕就是“无君”或无政府主义了。[75]难怪，后世一些庄学思想家发展出“无君”之论。[76]

总之，中国的先哲很清楚：哪怕政体相同，都是君主制，治国的理念、治国的方式也可以非常不一样，其后果自然也会千差万别。因此，对中国的先哲来说，真正重要的是政道（治道＋治术），而不是政体。[77]

正如在现实世界不存在纯粹政体一样，现实世界也不可能按照某种纯粹的政道来治理。汉宣帝说：“汉家自有制度，本以霸王道杂之，奈何纯任德教，用周政乎！”（《汉书·元帝纪》）这句话点破了理论上的政道与实际政治之间的差异。但有些迂腐的学者却往往缺乏这种洞见。过了一千多年以后，宋代思想家李觏还写了两首诗讽刺俗儒："孝宣应是不知书，便谓先王似竖儒。若使周家纯任德，亲如管蔡忍行诛"；"君道乾刚岂易柔，谬牵文义致优游。高皇马上辛勤得，总被儒生断送休"[78]。

当然，儒、法、墨、道各家对政道的辩论也不是毫无意义。就治国理念来说，贵民、贵君（政治权威）、贵兼、贵己，各有各的道理；就治国方式来说，德治、礼治、法治、贤治、道治，各有各的优劣之处。围绕治国理念与治国方式的辨析与争论一定会影响权柄实际操作者的所作所为。因此，从先秦到满清，历代政治都或多或少受到儒、法、墨、道各家的影响。虽然从政体着眼，看似没有任何变化；但从政道角度看，中国政治史却跌宕起伏、斑斓多姿、引人入胜。

结　语

尽管政体思维已传入中国，但本土政治思想家还是往往自觉不自觉地运用政道思维来思考问题。

梁启超是最早把政体思维引入中国的思想家，但他最终转入政道思维。1897年左右，梁启超开始接触政体概念，并很快把它运用到政治分析中去。例如，他颂扬"自由民政者世界上最神圣荣贵之政体也"[79]。他自问："我中国自黄帝以来，立国数千年，而至今不能组织一合式有机完全秩序顺理发达之政府者，其故安在?"其答案是政体："吾国民以久困专制政体之故，虽有政治能力，不能发达"[80]。他并"视专制政体为大众之公敌"[81]。不过，梁启超后来发现运用政体思维方式思考现实政治难以行得通。

1903年2—10月，应美洲保皇会之邀，梁启超去美国考察了八个月。到美国不久，他就对这个自己不久前还赞誉过的"世界共和政体之祖国"大失所望，并得出结论："自由云，立宪云，共和云，如冬之葛，如夏之裘，美非不美，其如于我不适何!"[82]

从美国回到日本后，梁启超在《政治学大家伯伦知理之学说》一文中坦承："吾醉心共和政体也有年"，"吾今读伯立波两博士之所论，不禁冷水浇背，一旦尽失其所据，皇皇然不知何途之从而可也”[83]。也就是说，为了探求在中国建立“有机之一统与有力之秩序”的途径，梁启超开始认识到，政体未必有决定性的作用，并把视线转向影响实际政治的其他因素。

1905年出版的梁启超《开明专制论》开宗明义便说：“制者何？发表其权力于形式以束缚一部分人之自由也”。因为权力的形式不同，国家制度可以分为“专制”与“非专制”两类。他这里的“专制”概念已与孟德斯鸠完全不同：“专制者，一国中有制者、被制者，制者全立于被制者之外而专断以规定国家机关行动者也。以其立于被制者之外而专断也，故谓之专。以其规定国家机关之行动也，故谓之制”[84]。在梁启超看来，“专制”有三类，即：君主制，如当时的中国、土耳其、俄罗斯等；贵族制，如古代斯巴达、希腊、罗马的寡头政府等；民主制，如克伦威尔时代的英国、罗伯斯庇尔时代的法国等。[85]很明显，这里的“专制”实际上与“政体”是同义词，而不是政体的一类。那么“非专制”是什么东西呢？梁启超把它定义为“一国中人人皆为制者，同时皆为被制者是也”。在他看来，非专制也有三类：一是君主、贵族、人民合体；二是君主、人民合体；三是人民。用今天政治学术语来说，梁启超所谓的“专制”是指纯粹政体，“非专制”是指混合政体。

梁启超之所以划分这两类国家，是因为他认为亚里士多德、孟德斯鸠以及其他近世西方学者的政体分类“实多刺谬”[86]。“刺谬”之一是“专求诸形式”，忽略了“国家立制之精神”。而“精神”这个维度是用来评判政体的“良”与“不良”的标杆。梁启超举的例子是，说“朕即国家”的法王路易十四代表了野蛮专制之精神；说“国王者，国家公仆之首长也”的普王腓力特列代表了开明专制之精神。亦即“贵君”是“不良”的，“贵民”或“贵兼”是“良”的。换句话说，梁启超在这里正从政体思维转换到政道思维。

越往后，梁启超越重视政体以外的因素。辛亥前后，他开始强调政治好坏不能光看政体，更重要的是道德：“政在一人者，遇尧舜则治，遇桀纣则乱。政在民众者，遇好善之民则治，遇好暴之民则乱”[87]。辛亥革命后，政体换了，但善政不立。经过亲身从政，梁启超对民国政治大失所望，也对政体决定论更加怀疑，认定政治之根本不在政体。民国四年，他发出了这样的感叹："彼帝制也，共和也，单一也，联邦也，独裁也，多决也，此各种政制中任举其一，皆尝有国焉，行之而善其治者。我国则此数年中此各种政制已一一经尝试而无所遗。曷为善治终不可睹，则治本必有存乎政制之外者，从可推矣。盖无论帝制共和单一联邦独裁多决，而运用之者皆此时代之中国人耳。均是人也，谓运用甲制度不能致治者，易以乙制度即能致治，吾之愚顽，实不识其解"[88]。他的意思很清楚：改变政治的关键不在于改变政体；政体并非政治之本。

毛泽东在《新民主主义论》中也谈到过政体问题，即"政权构成的形式问题"。他同意"没有适当形式的政权机关，就不能代表国家"[89]。不过需要注意的是，他所说的"政体"并不是亚里士多德或孟德斯鸠意义上的政体，而是一种政道。例如，他把其理想政体称为"民主集中制"。显然，西式的政体理论决不会把"民主集中制"看作一种政体，它不过是中国共产党的一种治国之道。

同理，在与黄炎培的"窑洞对"中，当毛泽东说下面这段话时，他提到的"民主"并不是一种政体，而是一种政道："我们已经找到新路，我们能跳出这［历史］周期律。这条新路，就是民主。只有让人民来监督政府，政府才不敢松懈。只有人人起来负责，才不会人亡政息。"[90]可以说，中国共产党讲的"民主"从来都是政道层面上的民主，因此才会有诸如"民主作风"、"这个人比较民主"、"这次会议开得比较民主"之类的说法。如果仅从政体上理解民主，这些话毫无意义。

"民主"本来的意思是人民当家作主。既可以从政体的角度看民主，也可以从政道的角度看民主。从政体的角度看，民主与否的关键在于，政府是否有代表性（representativeness）。但从政道的角度看，民主与否的关键在于，政府能在多大程度上回应人民的需求（responsiveness）。

现在世界上最流行的民主观是政体思维的民主观，其依据是熊彼特1942年出版的《资本主义、社会主义和民主》。在这本书中，熊彼特批判了所谓"古典民主观"；因为在他看来，原来的民主观把人民当家作主放在首位而把他们对代表的挑选放在第二位是不对的。他把民主定义为：一些个人通过竞争人民选票来获得（公共）决策权的制度安排。这就彻底颠覆了民主的原意。他对此也毫不讳言，"民主不是，也不意味着任何明确意义上的'人民的统治'，民主仅仅意味着人民有机会接受或拒绝将要统治他们的人。但由于人民也可以用完全不民主的方式来决定谁做领导人，我们必须再加上另一个标准以收窄我们对民主的定义，即候选人自由竞争人民的选票”[91]。在熊彼特手里，“民主”完成了从“人民统治”向“人民选择统治者”的转型：“人民”变成了“选民”；“民主”变成了“选主”，即人民每隔四五年在几个相互竞争的精英团体中进行选择。从这种观点看，凡是存在竞争性选举的政体就是民主的，凡是不存在竞争性选举的政体就是专制的，因为据说人民在前一种政体下“被代表”了。

然而，从政道的角度看民主，政府政策对人民需求的回应性更重要。当代西方最著名的民主理论家罗伯特·道尔指出，“民主最关键的特征是政府对其公民偏好持续的回应性”[92]。因此，他认为现实世界中没有真正的“民主”，只有一批“多头政体”（polyarchy）而已。尽管道尔在西方学界名声很大，但他的这个观点在主流话语中几乎完全被遮蔽了。

从普通民众的角度看，是代表性重要还是回应性重要？当然，两者都重要，但老百姓最关心的恐怕还是政府出台的政策能否反映他们的需求。环视当今世界，我们不难发现，有些政治体制从形式上看，似乎有“代表性”，因为那儿有竞争性选举，但这类体制的回应性未必很高；有些政治体制没有多党竞争，但对人民需求的回应性比较高。[93]

本文之所以花这么大的篇幅对比西方的政体观与中国的政道观，目的是为了说明：把西式政体的视角换为中式政道的视角，无论是回顾中国历史上的政治、评判当代中国的政治，还是展望未来中国的政治，我们都会有不同的感受。

从政体的视角看，政治体制某一两项特征至关重要。例如，是君主治国还是贵族治国？是否存在多党竞争？似乎这几个特征可以决定政治体制其他方方面面的表现。从政道的视角看，政治体制内形形色色主体的行为模式以及他们之间的互动模式都非常重要，都可以影响政治体制的表现；某几种形式上的安排未必能左右全盘。

从政体的视角看，复杂的政治现实会被化约为几个简单的标签，如“民主政体”、“专制政体”等，仿佛它们决然不同、非此即彼。从政道的视角看，所有的政治体制都是混合体制，包含了各种成分，只不过成分的搭配各不相同。所谓"民主政体"都或多或少夹杂着一些非民主的成分；所谓"非民主政体"都或多或少夹杂着一些民主的成分。

从政体的视角看，某些政体必然优于另一些政体。从政道的视角看，不管是什么政体，它们都面临着种种挑战，其中相当多的挑战是类似的，完全可以相互借鉴治国之道，很难说这个政体优于那个政体。

从政体的视角看，只要它所关注的那一两项制度特征（如是否有多党竞争）没有变化，其他政治体制的变化（如决策过程的开放程度）都可以忽略不计，是以静态的眼光观察动态的现实。从政道的视角看，治国之道必须随着条件的变化而变化，一切治国之道的变化都意义重大，是以动态的眼光看待动态的现实。

从政体的视角看，人们往往会寻求一揽子解决方案：既然政体被看得那么重要，有人就会以为换个政体（如开放多党竞争），一切问题都会迎刃立解。从政道的视角看，具体问题必须具体分析，换个政体也许可以解决某些现存的问题，但也可能带来一些新的、也许更大的问题，切不可幻想用简单的方法对付复杂的世界。

政体思维与政道思维最关键的不同是视野的宽窄。西式政体思维重政体，而政体只是各种制度的一小部分。中式的政道思维并没有忽略"制度"，如上文所示，"治术"即包括各种制度安排，当然也包括政治制度的形式。但制度只是政道的一部分，因此中式的政道思维不会陷入制度决定论，更不会陷入政体决定论。从图 2—1 看，两者思维的差异高下立判。如此说来，摒弃狭隘政体思维难道不是顺理成章的吗？

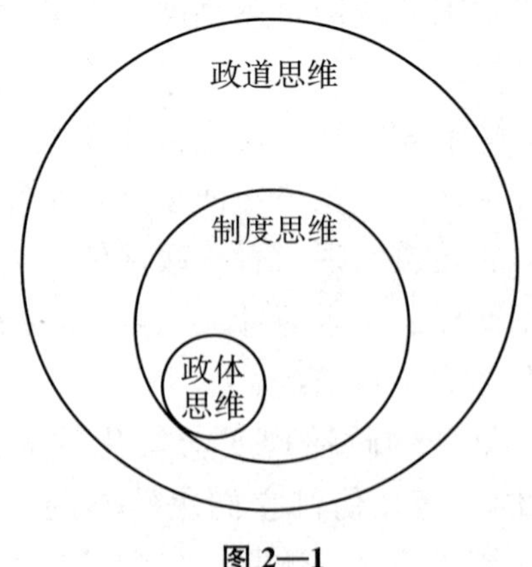

图 2—1

附表　　人均收入与人类发展指数（1980年）

国家或地区	人均GDP排序	HDI排序	两个排序之差
汤加	102	70	32
中国	131	103	28
亚美尼亚	94	67	27
越南	125	101	24
乌兹别克斯坦	103	80	23
吉尔吉斯斯坦	99	77	22
白俄罗斯	69	48	21
格鲁吉亚	60	42	18
爱沙尼亚	45	28	17
立陶宛	44	27	17
塔吉克斯坦	88	71	17
阿塞拜疆	77	61	16
日本	22	6	16
摩尔多瓦	84	68	16
拉脱维亚	49	33	16
保加利亚	63	49	14
圭亚那	96	82	14
蒙古	98	84	14
乌克兰	54	40	14
西萨摩亚	86	73	13
菲律宾	91	79	12
阿尔巴尼亚	73	62	11
老挝	123	112	11
波兰	46	35	11
智利	66	56	10
斐济	82	72	10
芬兰	23	13	10
法国	20	10	10
爱尔兰	33	23	10
俄罗斯	42	32	10
印度	117	108	9
印度尼西亚	107	98	9
肯尼亚	106	97	9
新西兰	25	16	9
西班牙	27	18	9
瑞典	16	7	9

续前表

国家或地区	人均 GDP 排序	HDI 排序	两个排序之差
津巴布韦	135	126	9
柬埔寨	132	124	8
加拿大	11	3	8
冰岛	17	9	8
牙买加	68	60	8
哈萨克斯坦	65	57	8
乌干达	129	121	8
美国	10	2	8
比利时	19	12	7
捷克	32	25	7
丹麦	15	8	7
以色列	28	21	7
莱索托	118	111	7
荷兰	12	5	7
挪威	8	1	7
英国	24	17	7
希腊	26	20	6
韩国	64	58	6
乌拉圭	50	44	6
阿根廷	41	36	5
刚果民主共和国	120	115	5
约旦	74	69	5
莫桑比克	133	128	5
奥地利	18	14	4
克罗地亚	34	30	4
加纳	113	109	4
马拉维	122	118	4
巴拿马	56	52	4
多哥	111	107	4
赞比亚	104	100	4
澳大利亚	14	11	3
孟加拉	128	125	3
布隆迪	134	131	3
哥斯达黎加	57	54	3
匈牙利	37	34	3
马达加斯加	108	105	3

续前表

国家或地区	人均 GDP 排序	HDI 排序	两个排序之差
尼泊尔	130	127	3
瑞士	7	4	3
意大利	21	19	2
马耳他	47	45	2
罗马尼亚	48	46	2
斯洛伐克	39	37	2
哥伦比亚	67	66	1
斯威士兰	95	94	1
刚果	85	85	0
中国香港	31	31	0
卢旺达	119	119	0
斯洛文尼亚	29	29	0
塞浦路斯	38	39	-1
厄瓜多尔	62	63	-1
洪都拉斯	87	88	-1
毛里求斯	76	78	-2
前南马其顿	51	53	-2
多米尼加共和国	78	81	-3
埃塞俄比亚	127	130	-3
尼加拉瓜	89	92	-3
巴拉圭	72	75	-3
黎巴嫩	55	59	-4
马来西亚	70	74	-4
喀麦隆	97	102	-5
巴基斯坦	109	114	-5
苏丹	112	117	-5
中非共和国	114	120	-6
秘鲁	59	65	-6
乍得	126	133	-7
埃及	92	99	-7
葡萄牙	35	43	8
尼日利亚	101	110	-9
玻利维亚	80	90	-10
博茨瓦纳	81	91	-10
布基纳法索	124	134	-10
马里	121	132	-11

续前表

国家或地区	人均 GDP 排序	HDI 排序	两个排序之差
墨西哥	40	51	—11
摩洛哥	93	104	—11
特立尼达和多巴哥	30	41	—11
委内瑞拉	36	47	—11
巴林	110	122	—12
巴西	52	64	—12
文莱	3	15	—12
卢森堡	9	22	—13
阿富汗	115	129	—14
突尼斯	79	93	—14
萨尔瓦多	71	86	—15
象牙海岸	90	106	—16
利比里亚	100	116	—16
塞内加尔	105	123	—18
尼日尔	116	135	—19
危地马拉	75	95	—20
科威特	5	26	—21
卡塔尔	2	24	—22
土耳其	61	83	—22
吉布提	83	113	—30
阿尔及利亚	58	89	—31
伊朗	53	87	—34
巴林	13	50	—37
阿拉伯联合酋长国	1	38	—37
利比亚	4	55	—51
阿曼	43	96	—53
沙特阿拉伯	6	76	—70

说明：(1) 用灰色标出的是当时的社会主义国家；(2) 如无特别说明，本书中所列举的“中国”统计数据均为中国大陆统计数据。

资料来源：UNDP，“2010 Report Hybrid-HDI data of trends analysis”，http：//hdr. undp. org/en/media/2010 _ Hybrid-HDI-data. xls。

注释

[1] 参见王绍光：《民主四讲》，北京，三联书店，2008。

[2] 梁启超：《中国专制政治进化史论》，见《梁启超全集》，第 3 卷，771 页，北京，北

京出版社，1999。

［3］梁启超：《论君政民政相嬗之理》，见《梁启超全集》，第1卷，96页，北京，北京出版社，1999。

［4］同上书，97页。

［5］1901年，梁启超发表的《尧舜为中国中央君权滥觞考》（见《梁启超全集》，第2卷，461～463页，北京，北京出版社，1999）把政体称为“级”，共分四级：野蛮自由时代、贵族帝政时代、君权极盛时代、文明自由时代。次年，梁启超发表《中国专制政治进化史论》（见《梁启超全集》，第3卷，771～787页），认为政体演进先后共分六级：族制政体、临时酋长政体、神权政体、贵族封建政体、专制政体、立宪君主或革命民主政体。

［6］参见1905年梁启超出版的《开明专制论》，见《梁启超全集》，第5卷，1451～1486页，北京，北京出版社，1999。本文的结语部分会论及梁氏此时对“专制”一词的特殊理解。

［7］参见［古希腊］柏拉图：《政治家》，70页，上海，上海人民出版社，2006。

［8］［古希腊］亚里士多德：《政治学》，84页，北京，中国人民大学出版社，2003。

［9］参见上书，85页。

［10］参见［古希腊］柏拉图：《法律篇》，148页，上海，上海人民出版社，2002。

［11］参见［古希腊］亚里士多德：《政治学》，103页。关于“专制”与“专制主义”这些概念的来源及其演变，参见R. Koebner，“Despot and Despotism：Vicissitudes of a Political Term，” *Journal of the Warburg and Courtauld Institutes*，Vol. 14，No. 3/4（1951），pp. 275-302。

［12］［意］马基雅弗利：《君主论》，18页，北京，商务印书馆，1986。

［13］Jean Bodin，Six Books of the Commonwealth，Book 2，Chapter 2，“Concerning despotic monarchy，” http：//www. constitution. org/bodin/bodin. txt.

［14］关于“专制”与“东方”的关系参见Franco Venturi，“Oriental Despotism，” *Journal of the History of Ideas*，Vol. 24，No. 1（Jan. -Mar.，1963），pp. 133-142；Joan-Pau Rubies，“Oriental Despotism and European Orientalism：Botero to Montesquieu，” *Journal of Early Modern History*，Vol. 9，No. 1-2（2005），pp. 109-180。

［15］以下有关孟德斯鸠的引文全部来自［法］孟德斯鸠：《论法的精神》，北京，商务印书馆，2007。

［16］许明龙：《孟德斯鸠不是封建叛逆：重读〈论法的精神〉》，载《政治学研究》，1988（6），69页。

［17］Michael Curtis，*Orientalism and Islam：European Thinkers on Oriental Despotism in the Middle East and India*（Cambridge：Cambridge University Press，2009），pp. 62-63.

[18] Ibid., p. 64.

[19] 除了 Michael Curtis 的新书外，另可见 Ervand Abrahamian, "Oriental Despotism: The Case of Qajar Iran," *International Journal of Middle East Studies*, Vol. 5, No. 1 (Jan., 1974), pp. 3-31; David Young, "Montesquieu's View of Despotism and His Use of Travel Literature," *The Review of Politics*, Vol. 40, No. 3 (Jul., 1978), pp. 392-405; Lisa Lowe "Rereadings in Orientalism: Oriental Inventions and Inventions of the Orient in Montesquieu's 'Lettres persanes'," *Cultural Critique*, No. 15 (Spring, 1990), pp. 115-143; Thomas Kaiser, "The Evil Empire? The Debate on Turkish Despotism in Eighteenth-Century French Political Culture," *The Journal of Modern History 72* (March 2000), pp. 6-21, 33-4; Frederick G. Whelan, "Oriental despotism-Anquetil-Duperron's response to Montesquieu," *History of Political Thought*, Vol. 22, No. 4 (Winter 2001), pp. 619-647; Asl1C, 1rakman, "From Tyranny to Despotism: The Enlightment's Unenlightened Image of the Turks," *International Journal of Middle East Studies*, No. 33 (2001), pp. 49-68。

[20] 参见许明龙：《并非神话：简论17、18世纪中国在法国的形象及其影响》，载《世界历史》，1992（3），22～31页；许明龙：《欧洲18世纪"中国热"》，太原，山西教育出版社，1999；龚鹏程：《画歪的脸谱：孟德斯鸠的中国观》，见《国学论衡》第三辑（2004年），243～299页；赖奇禄：《孟德斯鸠与魁奈对于传统中国专制政府思想之比较：一个方法论的反省》，中国台湾"中山大学政治学研究所"博士论文，2010年7月。

[21] 参见许明龙：《孟德斯鸠不是封建叛逆：重读〈论法的精神〉》，载《政治学研究》，1988（6）。

[22] Mogens Herman Hansen, "The Mixed Constitution Versus the Separation of Powers: Monarchical and Aristocratic Aspects of Modern Democracy," *History of Political Thought*, Vol. 31, No. 3 (Autumn 2010), pp. 509-531.

[23] 参见徐祥民等：《政体学说史》，19页，北京，北京大学出版社，2002。

[24] Kenneth Lieberthal, Michel Oksenberg, *Policy Making in China: Leaders, Structures, and Processes* (Princeton: Princeton University Press, 1988).

[25] Michel Oksenberg, "China's Political System: Challenges of the Twenty-First Century," *The China Journal*, No. 45 (Jan., 2001), pp. 21-35.

[26] 王绍光：《中国公共政策议程设置的模式》，载《中国社会科学》，2006（5），99页。

[27] 在英文中，"道"往往被译为"way"。例如，Jana S. Rosker, *Searching for the Way: Theory of Knowledge in Pre-modern and Modern China* (Hong Kong: Chinese University Press, 2008)。该书作者将中文书名叫作"求道"。

[28] "古之语大道者，五变而形名可举，九变而赏罚可言也。骤而语形名，不知其本也；

骤而语赏罚，不知其始也。倒道而言，迕道而说者，人之所治也，安能治人！骤而语形名赏罚，此有知治之具，非知治之道；可用于天下，不足以用天下。此之谓辩士，一曲之人也。”

[29] 参见黎红雷：《为万世开太平：中国传统治道研究引论》，载《云南大学学报》（社会科学版），第6卷（6），36～45页。

[30] 换句话说，“政道”既是关于政权的道理，也是关于治权的道理。牟宗三在《政道与治道》（台北，台湾学生书局，1987）一书中却把两者分离开来。他开宗明义便说：“政道是相应政权而言，治道是相应治权而言。中国在以前于治道，已进至最高的自觉境界，而政道则始终无办法”（1页）。这个结论是如何得出的呢？他首先把政道定义为“关于政权的道理”（1页），然后很快进入政体思维。他认为人类有史以来的政治形态，大体可以分为三种，即封建贵族政治、君主专制政治和立宪民主政治。在他看来，“唯民主政治中有政道可言”，“无论封建贵族政治，或君主专制政治，皆无政道可言”（21页）。既然中国传统政治形态要么是夏至秦汉以前的封建贵族政治，要么是秦汉以来的君主专制政治，那么结论只能是：中国传统政治形态没有“政道”。由此可见，牟宗三实际上是把“道”与西方的“理”挂上钩，而不是分析传统中国政治哲学如何讨论政道。仅仅因为中国的政道不合西方的“理”，他便断言，中国的政道算不上“真正的政道”。这是一种莫名其妙的逻辑。难道中国的先哲从来没有讨论过关于政权的道理吗？徐复观对“治道”的理解与牟宗三不同［见其《中国的治道》，收入李维武编《徐复观文集》第二卷《儒家思想与人文世界》（武汉，湖北人民出版社，2009）］。他把“治道”定义为“政治思想”，与笔者对“治道”的理解相似。他说，“中国的政治思想，除法家外，都可说是民本主义，即认定民是政治的主体。但中国几千年的实际政治，却是专制政治。政治权力的根源，系来自君而非来自人民；于是在事实上，君才是真正的政治主体。因此，中国圣贤，一追溯到政治的根本问题，便首先不能不把作为‘权原’的人君加以合理的安顿；而中国过去所谈的治道，归根到底便是君道”（272页）。显然，中国圣贤们一直都在讨论关于“政权”和“治权”的道理，即“政道”。只不过，中国的政道“一直是在矛盾曲折中表现，使人不便作切当明白的把握”（271页）。

[31]《陆九渊集》，263页，北京，中华书局，1980。

[32]《朱子文集》，17页，上海，商务印书馆，1947。

[33] 冯友兰：《中国哲学史》，下册，920页，北京，中华书局，1961。

[34] 参见黎靖德编：《朱子语类》，第7册，2678～2690页，北京，中华书局，1986。

[35] 参见《王阳明全集》，9～10页，上海，上海古籍出版社，1992。

[36] 康有为：《中国以何方救危论》（1913年3月），见汤志钧编：《康有为政论集》，下册，821～822页，北京，中华书局，1981。

[37] 康有为：《新世界只争国为公有，而种族君民主，皆为旧义，不足计说》，见汤志钧

编：《康有为政论集》，下册，662 页。

[38] 康有为：《中国以何方救危论》，见汤志钧编：《康有为政论集》，下册，820 页。

[39] 张岱年说："价值是后起的名词，在古代，与现在所谓价值意义相当的是'贵'。贵字的本义指爵位崇高，后来引申而指性质优越的事物。"（《张岱年全集》，第 6 卷，67 页，石家庄，河北人民出版社，1996。）

[40] 梁启超：《先秦政治思想史》，81 页，北京，东方出版社，1996。

[41] 康有为：《中华救国论》，见汤志钧编：《康有为政论集》，下册，702 页。

[42] 冯友兰：《中国哲学史》，上册，383 页，北京，中华书局，1961。

[43] 萧公权：《中国政治思想史》（一），178 页，沈阳，辽宁教育出版社，1998。

[44] 冯友兰：《中国哲学史》，上册，117 页。

[45] 从孟子、吕不韦到梁启超、张惠言都同意墨子"贵兼"。

[46] 子路批评隐者荷莜丈人"欲洁其身，而乱大伦"（《论语・微子》），依据的就是这个逻辑。

[47] 萧公权：《中国政治思想史》（一），155 页。

[48] 萧公权：《中国政治思想史》（三），824 页，沈阳，辽宁教育出版社，1998。

[49] 郭沫若：《先秦天道观之进展》，见《郭沫若全集・历史编》，第 1 卷，336 页，北京，人民出版社，1982。

[50] 可以归纳为十项：（1）敬天；（2）敬祖，继承祖业；（3）遵王命；（4）虚心接受先哲之遗教，包括商先王先哲的成功经验；（5）怜小民；（6）慎行政，尽力治民；（7）无逸；（8）行教化；（9）作新民；（10）慎刑罚。参见刘泽华：《中国政治思想史・先秦卷》，24 页，杭州，浙江人民出版社，1996。

[51] 郭沫若：《先秦天道观之进展》，见《郭沫若全集・历史编》，第 1 卷，336 页。

[52]《范文正公政府奏议》，卷上，"答手诏条陈十事"，见范能浚编：《范仲淹全集》，533 页，成都，四川大学出版社，2002。

[53] 关于汉儒的辩论，参见陈苏镇：《汉代政治与春秋学》，120～194 页，第二章"'以礼为治'和'以德化民'汉儒的两种政治主张"，北京，中国广播电视出版社，2001。

[54] 参见《仁学：谭嗣同集》，70 页，沈阳，辽宁人民出版社，1994。

[55] 梁启超：《论支那宗教改革》，见《梁启超全集》，第 1 卷，264 页。

[56] 吕思勉：《先秦学术概论》，83 页，上海，上海书店，1992。

[57] 参见瞿同祖：《中国法律与中国社会》，282 页，北京，中华书局，1981。

[58] 董仲舒：《春秋繁露》，卷第九，奉本第三十四。

[59] [60] 萧公权：《中国政治思想史》（二），252 页，沈阳，辽宁教育出版社，1998。

[61] 张岱年：《中国哲学大纲》，594 页，北京，中国社会科学出版社，1982。

[62] 萧公权认为，墨子的"义"是指公利。［参见萧公权：《中国政治思想史》（一），129～130 页。］从治术的角度看，"义"的具体含义并不重要，因此，这里不纠缠于

这方面的讨论。

[63] 由于这里“选择”没有主语，一些学者认为墨子主张民选制度。有关讨论可参见徐希燕：《墨子的政治思想研究》，载《政治学研究》，2001 (4)，45～56 页。

[64] 在这个意义上，任继愈说，“尚同是墨子政治理论中最薄弱的一个环节”。参见任继愈：《墨子与墨家》，68 页，北京，商务印书馆，1998。

[65] 实际上，先秦各家都曾憧憬某种“无为”之治。在中国远古政治观念与实践里，“垂拱之治”或“垂衣裳之治”就被当作一种治术。例如，《尚书·武成》中有这样的句子：“敦信明义，崇德报功。垂拱而天下治。”[参见王中江：《老子治道历史探源：以“垂拱之治”与“无为而治”的关联为中心》，载《中国哲学史》(3)，87～95 页。] 冯友兰说：“无为是道家的观念，也是法家的观念。韩非和法家认为，君主必需具备一种大德，就是顺随无为的过程。”(参见冯友兰：《中国哲学简史》，见《三松堂全集》，第 6 卷，142 页，郑州，河南人民出版社，2001。) 例如，《韩非子·主道》曰：“明君无为于上，群臣竦惧乎下”；《韩非子·扬权》曰：“权不欲见，素无为也。事在四方，要在中央。圣人执要，四方来效。虚而待之，彼自以之”。儒家当然也不例外，《论语·卫灵公》有这样的话：“子曰：无为而治者，其舜也与？夫何为哉？恭己正南面而已矣”。不过，其他各家理论中君王的“无为”之治只能在“有为”条件下，即实行了德（礼）治、法治、贤治以后，才能实现。

[66] 庄子在《盗跖》、《马蹄》篇中对儒家礼教规范进行了鞭挞。

[67] 庄子在《胠箧》篇中指出，本来意图用于防止犯罪的设计反倒会被盗贼利用。

[68] 庄子在《天下》、《齐物论》篇中批评了墨家。

[69] 关于“道治”这个提法的讨论，参见商原李刚：《“道治文化”说》，载《安徽大学学报》(哲学社会科学版)，第 29 卷 (6) (2005 年 11 月)，30～34 页。

[70] 陈鼓应：《老子评传》，99 页，南京，南京大学出版社，2001。

[71] 参见牟宗三：《政道与治道》，34 页。

[72] 据刘笑敢分析，“无为”一词在《老子》中一共出现 12 次，其主体基本上都是“圣人”，“是老子对理想的社会管理方式的一种表达”。参见刘笑敢：《老子之自然与无为：古典意含与现代意义》，载《中国文哲研究集刊》，第 10 期 (1997 年 3 月)，25～58 页。

[73]《老子》共有 244 个“不”字，101 个“无”字。

[74] 参见王船山：《庄子解》，卷二十四，“徐无鬼”，见《船山全书》，第 13 册，386 页，长沙，岳麓书社，1993。

[75]《庄子》并非一时一人之作，未必只反映庄子本人的思想。本文讨论的是《庄子》的治术思想，不是庄子的治术思想。在讨论《庄子》的治道观时，有论者认为，内篇继承发挥了老子的思想；《天地》、《天道》、《天运》等篇近于黄老之学；而《胠箧》、《马蹄》则表达出一种反治思想。参见陈政扬：《庄子的治道观》，载《高雄师大学

报》，2004（16），255～272页。

[76] 参见崔大华：《庄学研究》，233～237页，北京，人民出版社，1997；刘笑敢：《庄子哲学及其演变》，281～298页，北京，中国人民大学出版社，2010；刘荣贤：《〈庄子·外杂篇〉中的无君思想》，载《静宜人文学报》，2000（13），81～105页。

[77] 参见萧公权：《中国政治思想史》（二），345～350页、394～400页；萧公权：《中国政治思想史》（三），852～857页。

[78]《李觏集》，438～439页，北京，中华书局，1981。

[79] 梁启超：《尧舜为中国中央君权滥觞考》，见《梁启超全集》，第2卷，461～463页。

[80] 梁启超：《新民说》，见《梁启超全集》，第3卷，728～735页，第20节"论政治能力"。

[81] 梁启超：《论专制政体有百害于君主而无一利》，见《梁启超全集》，第3卷，788～794页。

[82] 梁启超：《新大陆游记》，见《梁启超全集》，第4卷，1125～1229页，北京，北京出版社，1999。

[83] 梁启超：《政治学大家伯伦知理之学说》，见《梁启超全集》，第4卷，1065～1076页。

[84] 梁启超：《开明专制论》，见《梁启超全集》，第5卷，1451页。

[85] 有意思的是，梁启超这里的"专制"与美国学者迈可·曼的"专断性权力"（despotic power）相当接近。迈克·曼认为有必要区分两种类型的国家权力：专断性权力和基础性权力。前者指的是国家精英"无须同市民社会群体进行正常的协商"就可以实施的权力。国家的专断性权力以其干预性和广泛性来衡量。这种权力干预的范围可以非常宽泛，并且在非民主环境下有时毫无节制；但是在民主制度下，它往往程度不同地受到更多的制约。参见 Michael Mann，*The Sources of Social Power：The Rise of Classes and Nation-States*，1760－1914（Cambridge：Cambridge University Press，1993），p. 59。

[86] 梁启超：《开明专制论》，见《梁启超全集》，第5卷，1453页。

[87] 梁启超：《宪法之三大精神》，见《梁启超全集》，第9卷，2560页，北京，北京出版社，1999。辛亥前一年，他还发表过《立宪政体与政治道德》，见《梁启超全集》，第7卷，2066～2068页，北京，北京出版社，1999。

[88] 梁启超：《政治之基础与言论家之指针》，见《梁启超全集》，第9卷，2793～2797页。

[89]《毛泽东选集》，2版，第2卷，677页，北京，人民出版社，1991。

[90] 转引自黄炎培：《延安归来》，65页，重庆，国讯书店，1945。

[91] [美] 熊彼特：《资本主义、社会主义与民主》，269页，北京，商务印书馆，1999。

[92] Robert A. Dahl，Polyarchy：*Participation and Opposition*（New Haven ：Yale Uni-

versity Press，1971)，p. 1.

[93] 在这段话中，笔者使用的概念是“需求”（needs），它与“要求”（wants）不同。“需求”是指满足人类生存与体面生活必需的那些东西，如消除贫困、教育、健康、环保等。当然，随着时代变化，人们的“需求”也会变化。“要求”则不同，它是指人们想要的东西，可以是任何东西，远远超出人类生存与体面生活的必要，比如“我想买一个 LV 牌的挎包”、“我想要一部法拉利跑车”。在消费主义盛行的当代，“要求”可以是被诱发、被制造出来的，是虚幻的，又是无止境的。可以说，以代表性为特征的“民主”至多有助于迫使政客回应选民（不是人民，因为投票率未必是百分之百，且各社会阶级的投票率相去很大）的“要求”。而以回应性为特征的“民主”着眼点是最广大人民群众，尤其是普通老百姓的“需求”。联合国开发署的“人类发展指数”（human development index，HDI）测量最基本的人类需求，如教育、健康。如果用各国人均 GDP 的排序减去各国 HDI 的排序，其差额可以测量在一定发展水平下，各国对人民基本需求的回应性强弱。以 1980 年为例，富得流油的中东石油国家回应性最弱，而当时几乎所有社会主义国家的回应性都很强，这不可能是偶然的巧合，详细数据见附表。

三、“王道政治”是个好东西？*
——评“儒家宪政”

蒋庆的“王道政治”

俞可平有句话现已传遍海内外，即“民主是个好东西”[1]。然而，并不是每一位认真思考中国未来的论者都同意这个断语。在当代中国思想界，蒋庆可以称得上是“群居不倚，独立不惧”。虽然不曾明说，但他一定确信“王道政治才是个好东西”。

在过去20年里，从阐发“公羊学”入手[2]，蒋庆致力于构筑“政治儒学”的理论架构[3]，继而倡导“王道政治是当今中国政治的发展方向”[4]。最近，他又开始推动“儒教宪政”，其核心依然是“王道政治”。[5]蒋庆之所以如此孜孜不倦、用志不分，其目的据说是为了处理所谓“合法性问题”。在他看来，政治最根本的问题是政治权力的合法性问题或“政道”问题。而不管是在中国还是在被某些人奉为楷模的西方，这个问题都

---

* 2010年5月3—5日，在香港城市大学召开了一次题为“儒家宪政与中国未来”的国际学术研讨会，主要讨论蒋庆提出的政治儒学主张。本文是为会议提供的论文。中文版曾收入范瑞平编《儒家宪政与中国未来》（上海，华东师范大学出版社，2012）；英文版曾收入 Daniel A. Bell and Ruiping Fan，eds.，*A Confucian Constitutional Order*：*How China's Ancient Past can Shape Its Political Future* (Princeton，NJ：Princeton University Press，2013)。

解决得不好，甚至存在严重危机。王道政治是蒋庆为解决合法性问题开出的药方。

中国的问题据说是“合法性缺位”。为什么会出现“合法性缺位”问题呢？蒋庆认为，近百年来“中国固有文化崩溃，完全以外来文化——或自由主义文化或社会主义文化——作为中国的主导性文化，即僭越了儒家文化在政治与社会中的正统主导地位，偏离了中国文化的发展方向”[6]。

西方的问题则是“合法性失衡”。在蒋庆看来，“西方政治由于其文化的偏执性格，在解决合法性问题上往往一重独大，从一个极端偏向另一个极端，即在近代以来是偏向民意合法性一重独大，在中世纪则是偏向神圣合法性一重独大”[7]。由于“民意合法性一重独大”，西式民主政治已变得“极端世俗化、平庸化、人欲化与平面化”[8]。

有没有办法可以既解决中国的“合法性缺位”问题又解决西方的“合法性失衡”问题呢？蒋庆的答案是“有”，那就是“王道政治”。“王道政治”当然并不是儒教政治的理想形态，因为如果进入“大同”世界，则“天下为公，讲信修睦，民免有耻，无讼去刑，人人有士君子之行，远近大小若一”，根本不需要“王道政治”。然而，在依然存在权力支配的现实世界（“小康之世”），“王道政治”不失为人类社会的最佳选择，它应该成为中国政治与西方政治的发展方向。[9]

“王道政治”的关键在于如何理解“王”字。儒家经典采取“音训”和“形训”的方式来阐释这个字的意义。从发音看，《白虎通德论》解释说，“王者，往也，天下所归往”。从字形看，孔子指出“一贯三为王”；董仲舒则强调，“王道通三”，他的解释是“三书而连其中，谓之王。三书者，天地与人也，而连其中者，通其道也”[10]。正是依据儒家经典，蒋庆断言，王道政治的合法性必须有三个组成部分，即天道合法性（超越神圣合法性）、地道合法性（历史文化合法性）和人道合法性（人心民意合法性）。

人道合法性最容易理解，蒋庆把它定义为“以民意（人心归向）为根本”。

地道合法性的基础是儒家的“大一统”说。蒋庆的解释是，各国的政治秩序必须遵循本国的文统、道统；在中国，就是必须遵循儒家的文统、道统。

天道合法性最难理解。冯友兰曾指出，中国古代的“天”有五义，即物质之天、主宰之天、命运之天、自然之天、义理之天。[11]在写作《政治儒学》时，蒋庆似乎同意冯友兰的说法，但只强调“天”有四义，即主宰之天、意志之天、自然之天、义理之天。[12]不管是五义还是四义，“天”的内涵都不清楚，很容易引起歧义。也许是为了避免不必要的歧义，蒋庆在最近的文章中把天道这种“超越神圣的合法性”解释为“道德”或“实质性道德”。[13]

在2003年出版《政治儒学》时，蒋庆将人道合法性摆在首位，把它称为“王道政治第一义”[14]。不过在最近的文章中，蒋庆已将天道合法性移至首位，“其根本理据是：天与地和人相比，处在乾道‘首出庶物’而为‘百神大君’的主宰性优先地位，天与地和人之间不是平面化的对等关系或者说平等关系”[15]。

“政道”层面的“王道政治”必须落实到“治道”层面上，否则它不免有点虚无缥缈。蒋庆建议，王道政治在“治道”上实行议会制，行政系统由议会产生，对议会负责。乍听起来，这样的制度安排似乎与近世西方政治体制很相似。不过，蒋庆构思的议会却很不一样。议会实行三院制，每一院分别代表一重合法性。“通儒院”代表超越神圣的合法性，由推举与委派的儒士构成，这些儒士必须对“四书”、“五经”等儒家经典融会贯通。“庶民院”代表人心民意的合法性，由普选与功能团体选举产生。“国体院”代表历史文化的合法性，由孔府衍圣公指定历代圣贤后裔、历代君主后裔、历代历史文化名人后裔、历代国家忠烈后裔、大学国史教授、国家退休高级行政官员、司法官员、外交官员、社会贤达以及道教界、佛教界、伊斯兰教界、基督教界等人士产生。三院中每一院都拥有实质性的议会权力，法案须三院或二院通过才能颁行，最高行政长官与最高司法长官也必须由三院共同同意才能产生。[16]

蒋庆的理论自成一家，冲击性很强，迫使人们思考一系列有关中国政治的理论与实践问题、历史与现实问题。蒋庆展开“政治儒学”研究、宣扬“王道政治”和“儒教宪政”不仅出于学术兴趣，更是为了对症下药，“为中国未来的政治改革提供一个理论上可能的选择维度”[17]，并解决人类社会面临的政治困境，下文将集中讨论他把脉认定的“病症”以及他苦心孤诣下的“处方”。

病症：合法性危机?

蒋庆之所以围绕合法性做文章，是因为他假设存在合法性危机。

姑且把合法性是不是政治最根本的问题放在一边，我们首先应该明确，任何政治体制都会面临合法性问题，因为没有一个政治体制会受到所有人全心全意的拥戴。例如，共和取代帝制后，有一批前清遗老遗少质疑民国的合法性；中华人民共和国已经成立 60 多年了，还有一些人认为它不具有合法性。但是，某些人质疑一个政治体制的合法性并不构成合法性危机。那么，到底在什么意义上，蒋庆认为中国和西方的政治体制都面临合法性危机呢?

对合法性可以作两种理解。规范层面上的合法性涉及政治权力的来源是否正当（rightful，justifiable）[18]；实证层面上的合法性涉及政治制度是否有能力让人们相信现行体制对本国是最适当的体制[19]。很明显，实证层面上的合法性是个政治学问题。当人们普遍认为现行体制对本国不是最适当的体制时，就会出现合法性危机。规范层面上的合法性则是个道德哲学问题。然而，如果道德哲学家（或以道德哲学家面目出现的政客）对某类政治体制合法性的否定不能影响生活于其中的人们的想法与行为，则他们的判断只具有学术意义，并不构成合法性危机。因此，归根结底，一种体制是否面临合法性危机要看生活于其中的人们是否认为其权力来源正当、是否相信现行体制对本国是最适当的体制。用儒家的语言来说，判断是否存在合法性危机的关键在于“天下”是否“归往”。

由是观之，中国存在合法性危机吗?

蒋庆认为“中国政治合法性长期缺位”。无独有偶，西方主流舆论也一直坚称中国的政治体制缺乏合法性。这种说法反反复复说了几十年，现在几乎被当作铁板钉钉的事实。很多西方、港台的学术文章、新闻报道、政客演讲都把中国政治体制缺乏合法性作为推演他们“理论”的出发点。久而久之，中国大陆也有人接受了这种观点。

如果采取规范层面的合法性作为衡量尺度，蒋庆当然有理由认为，中国“合法性缺位”问题很严重，因为他所倡导的“王道政治”或“三重合法性”在当代都付诸阙如。问题是，蒋庆自己也承认，所谓“王道政治”是儒家以传说中三代圣王之治为原型建构起来的理想模型；三代以后，这种理想在现实中一直未能完全落实。换句话说，中国的“合法性缺位”问题由来久矣，至少已存在了两千多年。同样道理，如果在规范层面采用西方的合法性尺度，中国也一定存在合法性危机，因为中国的政治体制不符合熊彼特的“民主”标准，没有竞争性选举。[20]

然而，如果以“天下归往”为尺度，局面就大不一样。自从 20 世纪 90 年代以来，西方学者（或中国出生、在西方工作的学者）就中国政权的合法性进行了很多次大型问卷调查。最初，当有研究发现中国“天下归往”的程度很高时，西方学者的普遍反应是：被调查者不敢说实话。因此，其后的调查都加入了防止被调查者说谎的机制（如允许他们选择“不知道”或“不回答”），但每次调查的结果仍然一样。[21]有一段时间，得出这样结论的论文很难在西方学术刊物上发表，因为匿名评审人先入为主的偏见让他们毫不留情地“枪毙”了这些研究成果。[22]不过，铁一样的事实毕竟难以抵赖。现在，熟悉这个领域的学者几乎达成了一个共识：中国政治体制的合法性程度相当高。[23]

Bruce Gilley 对 72 国在世纪之交的合法性进行了排序（见图 3—1），这些国家共有 51 亿人口，占世界总人口的 83%。Bruce Gilley 的合法性有两个维度：态度与行为。有关人民对政权态度的数据来源于“世界价值调查”（World Value Survey），有关人民的行为是否显示对政权支持的数据由三个指标构成：选举投票率，公民抗议中使用暴力的频率，以及所得税、利得税、物业税占中央政府财政收入的比重。图 3—1 显示，如果只看态度维度，中国在 72 个国家中排列第二（8.5），大大高过美国（7.12）和印度（5.89）。应该说，Bruce Gilley 设计的行为维度对中国不太公平，因为中国引入所得税的时间不长，且中央政府与地方政府之间对它进行五五分成；另外，中国还没有开征物业税；而这些制度安排与老百姓是否支持政权毫无关系。但即便如此，按照 Bruce Gilley 的行为指标，中国也在 72 个国家中排在第 13 位，大大高于许多所谓“民主国家”。[24]

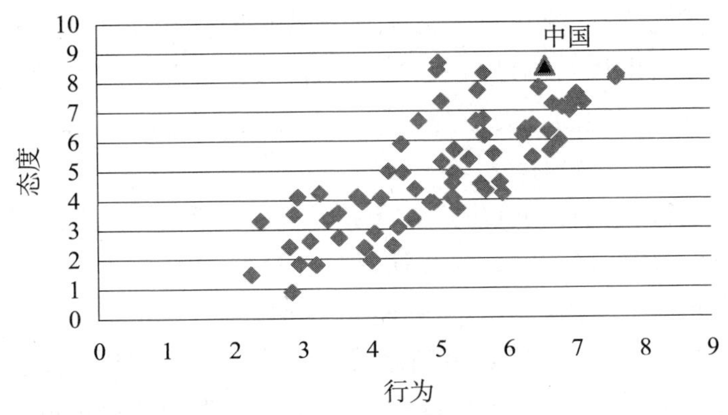

图 3—1　72 国合法性排序

美国哥伦比亚大学出版社在 2008 年出版了一本很有意思的书，书名是《东亚怎样看待民主》。[25]该书涵盖了东亚八个国家或地区，书中所有个案研究都是基于全面的、严格的随机抽样问卷调查。在所有问题中，有两个与政治体制的合法性相关，即人们对中央政府与地方政府的信任度。依据该书提供的数据，图 3—2 显示，用这两个指标衡量，与其他国家和地区相比，中国大陆政治体制最接近“天下归往”的理想。

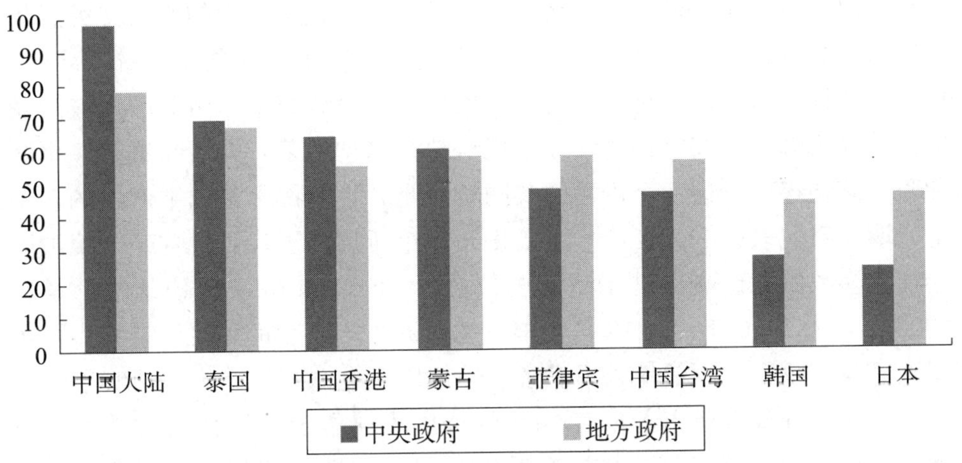

图 3—2　东亚各国、各地区对中央政府与地方政府的信任度

综上所述，中国似乎并不存在严格意义上的“合法性缺位”问题。

蒋庆对西式自由民主制度（即资本主义民主制度）的批评是，它“民意合法性一重独大”。这种批评似乎意味着蒋庆接受了西方主流意识形态的说法：西式自由民主制度享有“民意合法性”。只不过，蒋庆认为仅有这一重合法性是偏颇的、失衡的。但西式自由民主制度果真享有“民意合法性”吗？

在欧美进行的民意调查中经常包括这样一个问题：“您是否满意民主的表现？”这些调查得到的结果往往是，在那些国家中70%以上的民众表示“满意”或“比较满意”。[26]由此，不少人得出结论：欧美国家享有“民意合法性”。不过，“您是否满意民主的表现？”这种问题意义太含糊，它可以被理解为（1）满意现任政府、（2）满意现行政治体制、（3）满意民主这种理想形态的政治体制，也可以被理解为满意上述三种选择的任意组合。因此，它实际上是个类似“垃圾桶”的问题，没有太大意义，不必认真对待。[27]

如果改问“您对政府有多大信心？”情况就大不一样了。在90个有调查数据的国家中，越南与中国高居榜首，人民对政府的信心最强，而大部分欧美国家就排到后一半去了，如美国排58，英国排68，法国排77，德国排87。[28]假如相当大一部分国民对政府没有什么信心，这种政治体制能有多大“民意合法性”？

在西式自由民主制度中，代表民意的是经过选举产生的所谓“民意代表”，即国会议员或议会议员。正如美国《新闻周刊》主编 Fareed Zakaria 指出的那样，具有讽刺意味的是，在无数个民意调查中，当美国人被问及他们最尊敬哪些公共机构时，三个机构总是名列前茅，即最高法院、军队和联邦储备银行。这三个机构的共同特点是，它们都不是选举产生的，不是所谓民意代表机构。恰恰相反，正是那个所谓民意代表机构——美国国会在大多数民意调查中处于垫底的位置。[29] Fareed Zakaria 说这番话是在2003年，而2010年4月18日美国皮尤研究中心发表的民意调查报告《美国人民与其政府：不信任、不满意、愤怒以及党派积怨》再次证实了这个观察。该调查报告指出，只有24%的美国人对国会的所作所为持肯定态度，高达65%持否定态度；国会的声誉仅比因金融海啸而搞得臭名昭著的银行与金融机构略高一点。[30]

不仅美国的民意代表机构没有多少“民意合法性”，在欧洲多数国家，情况也大同小异。图3—3依据“欧洲指标”（Eurobarometer）2005调查数据绘制而成。[31]除了两个弹丸小国（只有 50 万人口的卢森堡和只有 100 万人口的塞浦路斯）以外，民众对象征暴力的警察比较信任，而对头戴“民主代议士”桂冠的所谓“民意代表”很不信任。在 3—3 图中列举的 29 国中，对“民意代表”的信任度平均只有 37%，虽然比美国要高一些，但还是十分低。而对警察与“民意代表”信任度的差距平均值为 25.9%。在英国、法国、德国三大国，对两者信任度的差距更高达 40%～50%。

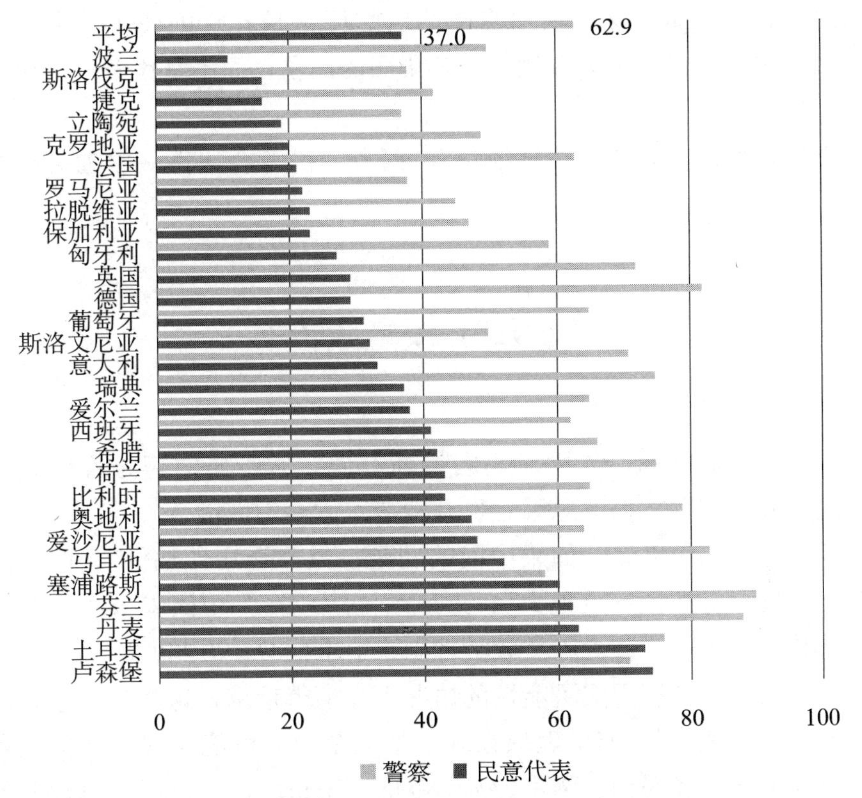

图 3—3 民众对民意代表与警察的信任度（2005）

如果选举出来的“民意代表”被大多数人认为不能代表民意，得不到大多数人的信任，那么以竞争性选举为特征的西式自由民主制度似乎并没有多大“民意合法性”，更不用说什么“民意合法性一重独大”了。

与蒋庆批评西式自由民主制度过于“民主”不同，笔者认为这种制度的问题是不够民主。近代以来，“民主”二字之前平添了不少修饰词，如“自由”、“宪政”、“代议”、“选举”、“多元”等，其目的都是为了限制民主。“自由”和“宪政”把大量与人们福祉息息相关的事物排挤到民主决策以外；“代议”将民主变成了几年一次的仪式，限制了普通民众直接参与决策的机会；“选举”实际上剥夺了大多数人的被选举权，使选举产生的体制不可避免地带有亚里士多德所说的“寡头”色彩[32]或弗朗西斯科·圭恰迪尼（Francesco Guicciardini，1483—1540）所说的“贵族”色彩[33]；“多元”则掩饰了经济、社会、政治资源分布严重不均衡的现实及其后果。总之，加上这一系列修饰词后的民主是异化的民主、去势的民主、无害化的民主，是更多代表强势集团的民主，而不是代表广大民意的民主。[34]

看来，断言中国“合法性缺位”、西方“民意合法性一重独大”并不准确。

“处方”：王道政治？

看病要对症下药。如果对病因诊断有误，所给出的药方难免效用不彰。这既有“理”方面的原因，也有“势”方面的原因。

从“理”的角度看，如果中国的问题不是“合法性缺位”，西方的问题不是“民意合法性一重独大”，王道政治还应作为中国未来政治改革的一个选择吗？还应“作为人类政治理想来追求的政治”吗？[35]

理想只有在具有现实可能性的情况下才值得追求，这就是罗尔斯所说的“现实的乌托邦”。如果理想在现实中完全没有可能实现，那不过是空想而已。上文已经提到，儒家先贤讴歌的“王道政治”是以“三代”圣王之治为原型建构起来的理想模型，而“三代”本身是东周时期生造出来的“古代黄金时代的代号”，考古资料至今不能证明夏代的存在，只是传说而已。[36]且“三代”以后，按蒋庆的说法，这种理想在现实中一直未能完全落实。再好的理想，如果两千多年都无法实现，人们都有理由怀疑，它到底是不是仅为一个虚无缥缈的空想而已。人们更有理由质疑，如果这个理想在等级观念占主导的古代社会都实现不了，在经过社会主义革命、平等观念深入人心的现代中国怎么会有实现的可能？

即使经过蒋庆的重新解读，以“三重合法性”为特征的蒋氏王道政治（或“儒教宪政”）也未必是值得追求的“现实的乌托邦”。

体现在制度安排上，蒋庆的“儒教宪政”由儒教宪法制（司法形式）、虚君共和制（国体形式）、议会三院制（议会形式）、太学监国制（监督形式）、士人政府制（政府形式）构成，其中关于议会三院制设想较为成熟。一言以蔽之，“儒教宪政”是一种精英主义的构想；而且它不是一般的精英主义，而是儒士精英主义，或以儒士为核心的精英主义。[37]倡导这种精英主义必然是基于两个假设：(1) 中国与西方现行体制都不够精英主义；否则就没有必要进一步倡导精英主义了。(2) 只有（儒士）精英才能洞悉“政道”、通晓“治道”，代表“天道”与“地道”；而广大人民群众没有能力洞悉“政道”、通晓“治道”，也没有能力代表“天道”与“地道”。

但这两个假设都不能成立。

先说他的第一个假设。毛泽东时代的中国也许没有太多精英主义色彩，因为自 20 世纪 50 年代后半期起，毛泽东便开始探索如何破除“资产阶级法权”，即改变人与人之间不平等的关系，后来这种探索也被叫作“反修防修”。[38]1957 年，毛泽东提出，虽然生产资料所有制方面的社会主义改造完成了，但“人的改造则没有完成”[39]。次年，在评论斯大林《苏联社会主义经济问题》一书时，他进一步指出：经过社会主义改造，基本上解决了所有制问题以后，人们在劳动生产中的平等关系，是不会自然出现的。资产阶级法权的存在，一定要从各方面妨碍这种平等关系的形成和发展。在人与人之间的相互关系中存在着的资产阶级法权，必须破除。例如，等级森严，居高临下，脱离群众，不以平等待人，不是靠工作能力吃饭而是靠资格、靠权力，干群之间、上下级之间的猫鼠关系和父子关系，这些东西都必须破除，彻底破除。破了又会生，生了又要破。[40]那时，他用来破除资产阶级法权的手段是搞整风，搞试验田，批判等级制，下放干部，两参一改（干部参加劳动，工人参加管理，改革不合理的规章制度），等等。其后，1963—1966 年在全国城乡开展的社会主义教育运动也是为了解决这个问题。但在他看来，这些措施都不足以打破“资产阶级法权”、消除“资本主义复辟”的危险。

毛泽东于“文化大革命”前夕发表的《五七指示》是他晚年的理想宣言，从中我们可以看出毛泽东憧憬的是一个逐步消灭社会分工，消灭商品，消灭工农、城乡、体力劳动和脑力劳动这三大差别的扁平化社会，其目标是实现人们在劳动、文化、教育、政治、物质生活方面全方位的平等。[41]“文革”前期对所谓“走资派”的批判以及“文革”后期对“新生事物”（“五七”干校，知识青年上山下乡，革命样板戏，工农兵上大学、管大学，工宣队，贫宣队，赤脚医生，合作医疗，老中青三结合，工人—干部—知识分子三结合，等等）的扶持都可以看作实现毛泽东理想的途径。

不过，经过八年“文革”后，毛泽东认为，靠一次“文革”还不能实现他的目标。在1974年关于理论问题的谈话中，他透露出壮志未酬的感慨：中国属于社会主义国家。解放前跟资本主义差不多。现在还实行八级工资制，按劳分配，货币交换，这些跟旧社会没有多少差别。所不同的是所有制变更了。我国现在实行的是商品制度，工资制度也不平等，有八级工资制，等等。[42]这也成为他“继续革命”的理论依据。毛泽东逝世前，于1975年10月至1976年1月间又多次谈到“资产阶级法权”问题，他的结论是：一百年后还要革命，一千年后还要革命。[43]

简而言之，由于毛泽东晚年一直致力于破除“资产阶级法权”，用种种方式促进人们在经济、社会、政治、文化地位上的平等（当然“阶级敌人”除外），中国没有形成森严的等级制，解放前遗留下来的“旧精英”与解放后形成的“新精英”都受到了抑制。

然而，改革开放是以反对“平均主义”起步的。30多年过去后，亿万普通工人、农民的生活条件有了改善，但他们的政治地位却一落千丈。与此同时，在政治精英的扶持下，原来政治上处于底层的资产阶级和知识分子重新回到社会上层，他们也利用手中的资源与知识向政治领域渗透。现在，政治精英、经济精英、知识精英已形成某种三角同盟，并有刚性化的趋势。[44]

各阶层政治地位的变化也反映到全国人大代表的构成上。在毛泽东激烈主导破除“资产阶级法权”的“文革”后期，工农兵成为全国人大代表的主体，占2/3以上，其中工农代表超过一半。“文革”以后，工农人大代表的比重逐步下滑，从1975年四届人大的51.1%滑落到2003年十届人大的18.46%（见图3—4）。在2008年召开十一届全国人大时，据说“一线工人和基层农民代表大幅增加”，但工农代表具体占多大比例并不清楚。

我们知道的是，各级领导干部与知识分子的代表现在是全国人大代表的主体，约占 2/3。[45]至于全国政协，那更是汇聚了各路“精英”，它的2 237位委员分别代表 34 个界别。虽然全国政协里也有“全国总工会”和“农业界”的代表，但他们多为专职工会干部和农业专家，鲜有普通工农的代表。[46]

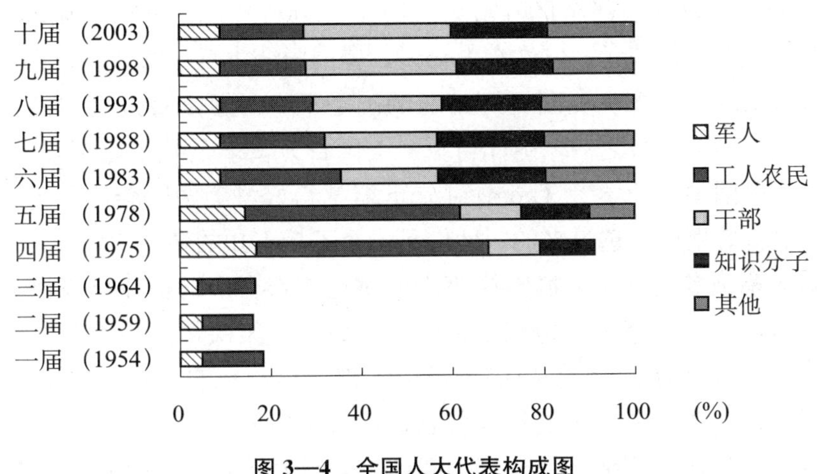

图 3—4 全国人大代表构成图

资料来源：http：//www. people. com. cn/GB/14576/15117/2350775. html；http：//www. people. com. cn/GB/shizheng/1026/2369476. html。

而西方的自由（资本主义）民主政治体制从一开始就是一种精英政体。早在 19 世纪末 20 世纪初，当多数人统治的理论开始被广泛接受时，加塔诺·莫斯卡就提出了“统治阶级理论”[47]，维弗雷多·帕累托也提出了“精英理论”。他们预料，普选时代会产生一种幻觉，似乎人民成了统治阶级，但实际上，社会还是会由一批精英统治，而这批新精英几乎毫无例外地都是资产阶级分子。[48]不管他们出于什么动机提出“精英理论”，欧美各国后来一个多世纪的发展都证实了他们的预测。

在自由民主制度下，民众参与的主要形式是选举。而在选举时，占有不同社会资源的人，参与的可能性非常不一样。大量跨国历年数据表明：占有资源越多，投票率越高；占有资源越少，投票率越低。换句话说，社会精英阶层比下层民众参与选举的频率高出很多。[49]

不仅社会精英阶层投票更积极，绝大多数在选举中胜出的人也来自精英阶层。有关欧美各国政治精英的背景研究，在 20 世纪五六十年代还不少，因为那时马克思主义的分析思路影响比较大。60 年代以后就比较少了，到当今已是凤毛麟角了，但是还是可以看到一些蛛丝马迹。在美国国会，众议院 435 个成员里面，至少有 123 个人是百万富翁，也就是说 435 个里面有将近 1/3 是百万富翁。在参议院 100 个人中，至少有 50 人是百万富翁，也就是一半。[50]说这些人是百万富翁其实并不完全准确，因为其中不少人是千万富翁甚至亿万富翁。例如，2004 年总统候选人克里，他的家庭资产达 3.4 亿美元。也许有人会说，美国国会中百万富翁多，那是因为美国百万富翁比较多。美国百万富翁的确是不少，但是百万富翁的数量绝对超不过人群的百分之一。由此可见，美国百万富翁是扎堆出现在政坛上。一位研究美国国会的学者 Thomas Mann 概括得好：美国国会议员绝对不是从一般老百姓里面挑选过来的。他们是一个不折不扣的精英团体。[51]

除了积极参与选举，影响决策者的挑选或亲自出马担任公职以外，社会精英阶层也会不遗余力地用游说的方式影响政策决策过程。西方主流的“多元主义”试图说服大家相信：任何人都可以组成自己的团体，提出自己的诉求；无数个的团体的存在使它们不仅可以有效制衡政府，而且能互相牵制、避免任何团体独大，从而形成多元政治格局。然而，实际情况是，代表精英阶层的特殊利益集团的能量比代表普通民众的团体的能力大不知多少倍。[52]

政治参与的不平等导致各阶层的政治影响力严重不平等：精英阶层对政府政策的影响力远远大于下层民众。2008 年美国总统大选选战正酣时，普林斯顿大学 Larry M. Bartels 教授出版了一本题为《不平等的民主》的专著。[53]当时有报道说，奥巴马也读到了这本书。[54]这本书分析了第 101、102、103 届三届国会期间，参议院决策对不同收入群体诉求的回应性。它发现：参议院对高收入群体的回应性最强；对中等收入群体的回应性次之；对低收入群体的回应性最低，甚至是负的，意味着对他们的利益是有害的。这种回应性的差异在三届参议院的情况大同小异。有人也许会说，美国是两党制。如果一个党嫌贫爱富的话，另一个党会平衡这个政策偏向。事实证明这个想法是虚幻的。共和党和民主党这两个党有没有差别呢？的确有。共和党更倾向于富人，但民主党对穷人也不客气，两个党对穷人的回应性都是负的。很显然，这两个党是有差别，但是差别不太大，都是以代表精英阶层利益为己任。[55]

西方自由（资本主义）民主过于精英主义，这恐怕是它“民意合法性”不高的根本原因。

如果中国和西方的政治体制已经具有很强的精英主义色彩，人们不禁要问，蒋庆倡导进一步强化精英主义到底是有助于实现“政道制衡”，还是会加剧他所担心的政治结构失衡呢?

再看蒋庆的第二个假设。精英或大儒能够代表“超越神圣的合法性”吗?这首先要看“超越神圣的合法性”的内涵是什么?如果它是指抽象的“实质性道德”，那么所谓“实质性道德”是普世价值吗?蒋庆似乎并不承认普世价值或“全球伦理”，那么它只能是“本土伦理”。[56]问题是，用蒋庆否定“全球伦理”的论证方式，人们也可以论证儒家伦理只是中国本土伦理的一支，而不能垄断本土伦理，尤其是在当代中国，否则就犯了与“西方中心论”一样的“儒家中心论”的错误。如果儒家不能垄断本土伦理，那么成立一个“通儒院”来代表“超越神圣的合法性”本身似乎就没有什么“合法性”。

哪怕接受本土伦理等同于儒家伦理，回顾中国儒学史，人们也会从另一个角度对大儒能否代表“超越神圣的合法性”产生疑问。蒋庆本人对“政治儒学”、“心性儒学”（“新儒学”）与“政治化的儒学”做过区分。在他看来，未能开出新外王的“新儒学”不过是“诱人玩赏的无谓光景”，而且它还带来一系列严重后果。[57]他对“政治化的儒学”的批评更严厉，指责它“完全放弃了对崇高价值理想与未来大同希望的终极关怀，丧失了批判现存体制与自我批判的能力，与现实统治秩序彻底一体化，异化为纯粹的意识形态，沦为完全为现存体制与统治者利益辩护服务的政治工具”[58]。

在儒学发展史中，汉代的儒生曾把儒学神学化，弄得儒学乌烟瘴气、鬼话连篇。魏晋期间，士人又“大畅玄风”，把儒学玄学化。隋大业年间引入科举考试制度，在随后的1 300年间，儒学则成了一代又一代儒生出人头地、进入仕途的“敲门砖”。汉语中流行的说法，如“满嘴仁义道德，满肚子男盗女娼”、“假道学”之类不就是基于对儒士们言行不一的观察吗?中国历代贪污猖獗，那些贪赃枉法之徒不都曾是“一心只读圣贤书”的儒士吗?一部《儒林外史》让我们看到多少唯唯诺诺、蝇营狗苟的儒士?其实，大儒也概莫能外。野史中非议理学大师朱熹的记载未必完全没有依据。[59]而抗日战争期间，伪“华北政务委员会”中“三巨头”汉奸之一的王揖唐就是一位满腹经纶的“国学大师”。他一边配合日本人在华北大搞“强化治安运动”屠杀和残害抗日民众，一边开办“国学院”，举办幼儿国学训练班，把国学当成奴化灌输的工具。以研究儒家出名的原中国社会科学院哲学研究所中国哲学史研究室主任郑家栋大概也够得上“当代大儒”的称号，而 2005 年他却因涉嫌偷渡六位女子出国而被捕判刑。[60]虽然事后有人说，郑家栋犯罪与儒学无关，但问题是事前人们如何能辨别哪些儒士是真儒士、哪些儒士是伪儒士呢？

如果蒋庆对“心性儒学”与“政治化的儒学”的批评成立，如果儒学确曾在很长的时间里步入歧途，如果相当多的儒生言行不一，那么我们有什么理由相信，仅凭熟读《四书》、《五经》，儒士就有把握代表“超越神圣的合法性”呢？是不是有必要对儒士进行甄别，像以前区别真伪“马克思主义者”一样，对真伪儒士进行考察？谁又有资格来实施这种甄别呢？

如果未经筛选的儒士不能代表“超越神圣的合法性”，他们与其他文化精英能代表“历史文化的合法性”吗？这就涉及对“历史文化”的理解了。“文化”这个概念很难定义。早在 1952 年就有两位学者收集了 164 个不同的定义。[61]蒋庆所说的“历史文化”应该是指“历史文化传统”，亦即世代相传的社会价值系统的总和。如果的确如此，这种历史文化传统应该既包括经典记载的、由社会精英传承的“大传统”，也包括社会大众在日常生活中实践的、口口相传的“小传统”。[62]这里我们不必去纠缠“大传统”与“小传统”到底哪一方决定另一方。但可以肯定的是，两者都是活的、随时代变化不断演变；它们之间的关系是互补互动。不过，蒋庆似乎有将“历史文化传统”“本质化”（essentialization）的趋向，好像它是一部先贤早已写就的“天书”，只有掌握“密码”的儒士和文化精英才能解读。如果“历史文化传统”是活的“大传统”与“小传统”的总和，对它的解读就应该有普通民众参与，不能成为儒士与文化精英的禁脔。

上面从“理”的角度讨论王道政治的“可欲性”，现在转向“势”的角度讨论王道政治的“可行性”。

蒋庆很清楚，要在中国实现王道政治或儒教宪政，“最起码需要三个方面的条件配合：一是以儒教为主体的中国文化在中国社会全面复兴，二是中国朝野自发形成具有共同儒学信仰与行动意识的规模巨大的‘士群体’，三是‘孔孟之道’入宪”[63]。他同时又乐观地断言，“这三个条件在将来的中国不是不可能实现的”[64]。这里，也许谈“可能性”（possibility）不如谈“或然性”（probability）。当然，谁也不能完全排除实现这三个条件的可能性；不过，儒教回到正统地位、成为“王官学”的几率似乎很低。贝淡宁（Daniel A. Bell）对中国的观察是“几乎没有任何人真正相信马克思主义应该是思考中国政治未来的指导原则”[65]。如此说来，相信儒教应该是这种指导原则的人恐怕更少。

我借助“百度指数”来支持这个判断，而不是仅仅依靠个人的直觉。“百度指数”是以百度网页搜索和百度新闻搜索为基础的海量数据分析服务，用以反映不同关键词在过去一段时间里的“用户关注度”和“媒体关注度”，它能直接、客观地反映社会热点和网民兴趣。[66]对比互联网用户对三个关键词“儒教思想”、“自由主义”和“毛泽东思想”的关注度，我们发现：2006年以来，网民对“儒教思想”的关注度一直大大高于对“自由主义”的关注度；而网民对“毛泽东思想”的关注度又一直大大高于对“儒教思想”的关注度。如果换另外三个相关的关键词“孔子”、“胡适”、“毛泽东”，我们发现：网民对中国“自由主义”的旗帜“胡适”的关注度最低，儒家老祖宗“孔子”稳居第二，而“毛泽东”则高高在上。2010年初，“孔子”突然大热，一度超过“毛泽东”，这是因为电影《孔子》正在上映，而不是因为趋势发生了根本性的改变。如果用“Google搜索解析”分析这些关键词的搜索量，结果也是一样的。这说明，儒学的确复兴了，但这并不意味着它将成为享有独尊地位的意识形态。因此，实现王道政治或儒教宪政恐怕并不是一个“现实的乌托邦”。

结语：中华社会主义民主

蒋庆主张精英政治、“圣贤政治”，是因为他从根本上否定政治上人人平等。他确信，“人在现实的道德层面……差别非常大，有圣贤凡人与君子小人之别，并且这种道德的差别具有政治统治的意义”[67]。这意味着，他完全接受“唯上智与下愚不移”（《论语·阳货》），“民可使由之，不可使知之”（《论语·泰伯》），“劳心者治人，劳力者治于人”（《孟子·滕文公上》）这些论断。大概任何论辩都不足以动摇他这种根深蒂固的信念。

其他主张政治儒学的学者未必走得像蒋庆那么远。如在论证精英政治必要性时，白彤东似乎并不否认圣贤与凡人在参政潜能上的平等，他强调的则是一般民众（包括今天大多数的白领、“小资”或中产阶级，比如科研人员、工程师、医生、金融业人员、教师等）没有时间、精力、兴趣或能力参与国家治理。[68]不过，如果是因为凡人没有机会实现他们的参政潜能，大可不必拥抱精英主义，更重要的事情是创造制度条件，让人民大众把参政潜能发挥出来。

在笔者看来，“中华社会主义民主”就是实现“六亿（今为十三亿）神州尽舜尧”的制度条件。限于篇幅，本文不可能详尽地讨论什么是“中华社会主义民主”的理念。笔者只想指出，这里的“社会主义”是中国在过去 60 年实践里左一脚、右一脚不懈探索的那种社会主义[69]，是全球进步力量在过去一个多世纪的理论争辩中不懈探索的那种社会主义[70]；“民主”必须超越“选主”，用商议、抽签、现代电子互动技术促进广泛的大众参与，并把参与范围从政治领域扩展到包括经济在内的其他领域[71]；“中华”则意味着它比“儒家社会主义民主”更具包容性，在文化上植根于“多元一体”、革故鼎新的中华文明（不仅仅是汉文明，更不仅仅是儒家思想）之上。“中华社会主义民主”的目标是实现“大同”，而不仅仅是“小康”。即使按蒋庆的说法，王道政治对“大同世界”也是不适用的。

假设我们借用蒋庆的用语，这里的“社会主义”是天道（超越神圣的合法性），“民主”是人道（人心民意的合法性），“中华”是地道（历史文化的合法性）。这种具有三重合法性的模式不是一个比王道政治“更现实的乌托邦”吗？

注释

[1] 转引自闫健：《民主是个好东西：俞可平访谈录》，北京，社会科学文献出版社，2006；Keping Yu, *Democracy is a Good Thing: Essays on Politics, Society, and Culture in Contemporary China* (Brookings Institution Press, 2008).

[2] 参见蒋庆：《公羊学引论》，沈阳，辽宁教育出版社，1995。

[3] 参见蒋庆：《政治儒学》，北京，三联书店，2003。

[4] 蒋庆：《王道政治是当今中国政治的发展方向》，见《原道》，第 10 辑，北京，北京大

学出版社，2005。

[5] 参见蒋庆：《“儒教宪政”主题参考文稿——缘起》，未刊稿。

[6] 蒋庆：《儒教宪政的义理问题与议会形式：回应贝淡宁教授对“议会三院制”的批评》，未刊稿，3页。

[7] 蒋庆：《“历史终结”背景下“中国政治”的重建：“儒教宪政”的义理基础》，未刊稿，3页。

[8] 蒋庆：《王道政治是当今中国政治的发展方向：“儒教宪政”的义理基础与“议会三院制”》，未刊稿，6页。

[9] 参见蒋庆：《王道政治是当今中国政治的发展方向：“儒教宪政”的义理基础与“议会三院制”》，未刊稿，12～13页。

[10] 转引自蒋庆：《政治儒学》，202～205页。

[11] 参见冯友兰：《中国哲学史》，上册，55页，北京，中华书局，1961。

[12] 参见蒋庆：《政治儒学》，206～207页。

[13] 参见蒋庆：《王道政治是当今中国政治的发展方向：“儒教宪政”的义理基础与“议会三院制”》，11页。

[14] 蒋庆：《政治儒学》，205页。

[15] 蒋庆：《王道政治是当今中国政治的发展方向：“儒教宪政”的义理基础与“议会三院制”》，3页。

[16] 参见上文，14～16页。

[17] 蒋庆：《“儒教宪政”主题参考文稿——缘起》，未刊稿，1页。

[18] Rodney Barker, *Political Legitimacy and the State* (Oxford: Clarendon Press, 1990), p. 11.

[19] Seymour Martin Lipset, *Political Man: The Social Bases of Politics* (2nd ed.) (London: Heinemann, 1983), p. 64.

[20] 参见［美］熊彼特：《资本主义、社会主义与民主》，北京，商务印书馆，1999。在19世纪以前，绝大多数人理解的民主，是与抽签联系在一起的，而不是选举。不管是民主的拥护者，还是反对者，他们都是这样理解的。变化发生在19世纪。从19世纪开始，越来越多的人开始把民主与选举联系起来。最终把民主与竞争性选举连在一起，是1942年熊彼特出版《资本主义、社会主义与民主》这本书以后。在这本书中，熊彼特辩称理想的民主是不可能实现的，能够实现的民主就是两个或几个精英集团之间的竞争。他把竞争性选举称为“民主”，其实与民主的原意相差十万八千里，但他的理论能够被资产阶级接受。此后，经过几代人的包装，熊彼特的概念就变成当代西方社会所谓“民主”的根基。与此同时，这套东西也被第三世界（包括中国）的很多人不由自主地接受下来，变成了天经地义的神物。

[21] Jie Chen, Yang Zhong, Jan Hillard, “Assessing Political Support in China: Citizens’

Evaluations of Governmental Effectiveness and Legitimacy," *Journal of Contemporary China*, Vol. 6, No. 16 (November 1997), pp. 551 - 566; Shi Tianjian, "Cultural Values and Political Trust: A Comparison of the People's Republic of China and Taiwan," *Comparative Politics*, 33, 4, (July, 2001), pp. 401-419; Tang Wenfang, "Political and Social Trends in the Post-Deng Urban China: Crisis or Stability?" *The China Quarterly*, 168 (2001), pp. 890 - 909; Chen Jie, *Popular Political Support in Urban China* (Washington, D. C.: Woodrow Wilson Center Press, 2004); Li Lianjiang, "Political Trust in Rural China," *Modern China*, Vol. 30, No. 2 (Apr., 2004), pp. 228 - 258; Wang Zhengxu, "Political Trust in China: Forms and Causes," in White, Lynn (ed.), *Legitimacy: Ambiguities of Political Success of Failure in East and Southeast Asia* (Singapore: World Scientific, 2005); Tang Wenfang, *Public Opinion and Political Change in China* (Stanford: Stanford University Press, 2005); Joseph Fewsmith, "Assessing Social Stability on the Eve of the 17th Party Congress," *China Leadership Monitor*, 20 (2007), pp. 1 - 24; Shi Tianjian, "China: Democratic Values Supporting an Authoritarian System," in Yun-han Chu, Larry Diamond, Andrew J. Nathan, and Doh Chull Shin (eds.), *How East Asian View Democracy* (New York: Columbia University Press, 2008), pp. 209-237; Bruce Gilley, "Legitimacy and Institutional Change: The Case of China," *Comparative Political Studies*, Vol. 41, No. 3 (2008), pp. 259-284; Bruce Gilley, *The Right to Rule: How States Win and Lose Legitimacy* (New York: Columbia University Press, 2009).

[22] 如史天健一篇题为"Establishing Evaluative Criteria: Measuring Political Stability and Political Support in the PRC"的文章从未公开发表。

[23] Heike Holbig, Bruce Gilley, "In Search of Legitimacy in Post-revolutionary China: Bringing Ideology and Governance Back," *GIGA Working Papers*, No 127 (March 2010), p. 6.

[24] Bruce Gilley, "The Meaning and Measure of State Legitimacy: Results for 72 Countries," *European Journal of Political Research*, Vol. 45 (2006), pp. 499 - 525.

[25] Yun-han Chu, Larry Diamond, Andrew J. Nathan, and Doh Chull Shin (eds.), *How East Asian View Democracy*.

[26] 参见 Comparative Study of Electoral Systems 历次调查的数据，见 http://www.umich.edu/~cses/resources/results/CSESresults_SatisfactionWithDemocracy.htm。

[27] Damarys Canache, Jeffery J. Mondak, and Mitchell A. Seligson, "Meaning and Measurement in Cross-National Research on Satisfaction with Democracy," *The Public Opinion Quarterly*, Vol. 65, No. 4 (Winter, 2001), pp. 506 - 528.

[28] http://www.jdsurvey.net/jds/jdsurveyActualidad.jsp? Idioma = I&SeccionTexto

=0404.

[29] Fareed Zakaria, *The Future of Freedom: Illiberal Democracy at Home and Abroad* (New York: W. W. Norton, 2003), p. 241.

[30] Pew Research Center for the People & the Press, “The People and Their Government: Distrust, Discontent, Anger and Partisan Rancor,” April 18, 2010, http://people-press.org/reports/pdf/606.pdf.

[31] 见 http://essedunet.nsd.uib.no/。

[32] 参见［古希腊］亚里士多德：《政治学》，卷四，219 页，北京，商务印书馆，2001。在亚里士多德的分析框架中，选举是寡头政治的特征，与民主毫无关系。

[33] John P. McCormick, “Contain the Wealthy and Patrol the Magistrates: Restoring Elite Accountability to Popular Government,” *American Political Science Review*, Vol. 100, No. 2 (May 2006), pp. 149 - 150.

[34] 参见王绍光：《警惕对民主的修饰》，载《读书》，2003 (4)。

[35] 参见蒋庆：《王道政治是当今中国政治的发展方向：“儒教宪政”的义理基础与“议会三院制”》，11 页。

[36] 参见许倬云，《万古江河：中国历史文化的转折与开展》，49 页，上海，上海文艺出版社，2006。

[37] 其他倡导政治儒学的学者似乎都主张某种精英主义。参见 Daniel A. Bell, *Beyond Liberal Democracy: Political Thinking for an East Asian Context* (Princeton: Princeton University Press, 2006), pp. 152 - 179；康晓光：《中国归来：当代中国大陆文化民族主义运动研究》，第四章，新加坡，世界科技出版公司，2008；白彤东：《旧邦新命》，56～65 页，北京，北京大学出版社，2009。但贝淡宁（Daniel A. Bell）和白彤东似乎并不强力倡导儒士精英主义。

[38] 参见胡乔木：《毛主席在追求一种社会主义》，见《胡乔木传》编写组：《胡乔木谈中共党史》，70～72 页，北京，人民出版社，1999。

[39] 毛泽东：《对〈这是政治战线上和思想战线上的社会主义革命〉一文的批语和修改》，1957 - 09 - 15。

[40] 参见毛泽东：《读社会主义政治经济学批注和谈话（简本）》，40～41 页。

[41] 参见《建国以来毛泽东文稿》，第 12 册，54 页，北京，中央文献出版社，1998。

[42] 参见《建国以来毛泽东文稿》，第 13 册，413 页，北京，中央文献出版社，1998。

[43] 参见《中共中央通知：毛主席重要指示》（中共中央 1976 年四号文件），1976 年 3 月 3 日。该文件根据毛泽东 1975 年 10 月至 1976 年 1 月多次重要谈话整理，并经毛泽东审阅批准。

[44] 参见康晓光：《未来 3～5 年中国大陆政治稳定性分析》，载《战略与管理》，2002 (3)，1～15 页。

[45] 参见孙承斌、田雨、邹声文:《更多新面孔“亮相”中国政治舞台:十一届全国人大代表构成特色评析》,新华社北京 2008 年 2 月 28 日电,见 http://news.xinhuanet.com/politics/2008-02/28/content_7687622.htm。

[46] 参见《中国政协的构成》,见 http://www.cppcc.gov.cn/page.do?pa=402880631d247e3e011d24ad4ee60072&guid=4625e9e517e64bddac0d3ea06e09fb8f&og=402880631d2d90fd011d2de66e59027e。

[47] 参见[意]加塔诺·莫斯卡:《统治阶级》,南京,译林出版社,2002。

[48] 参见[意]维弗雷多·帕累托:《精英的兴衰》,58~59 页,上海,上海人民出版社,2003。

[49] 参见王绍光:《祛魅与超越》,227~233 页,北京,中信出版社,2010。

[50] Sean Loughlin and Robert Yoon, "Millionaires populate U.S. Senate: Kerry, Rockefeller, Kohl among the Wealthiest," CNN Washington Bureau, June 13, 2003, http://www.cnn.com/2003/ALLPOLITICS/06/13/senators.finances/; Paul Singer, Jennifer Yachnin and Casey Hynes, "The 50 Richest Members of Congress," *Roll & Call*, September 22, 2008, http://www.rollcall.com/features/Guide-to-Congress_2008/guide/28506-1.html?type=printer_friendly.

[51] "Millionaires Fill US Congress Halls," Agence France Presse, June 30, 2004, http://www.commondreams.org/headlines04/0630-05.htm.

[52] 参见王绍光:《祛魅与超越》,241~242 页。

[53] Larry M. Bartels, *Unequal Democracy: The Political Economy of the New Gilded Age* (Princeton, NJ: Princeton University, 2008).

[54] Mark Murray, "Obama Blasts GOP for Ignoring Economy," MSNBC, September 3, 2008, http://firstread.msnbc.msn.com/archive/2008/09/03/1334964.aspx.

[55] Larry M. Bartels, *Unequal Democracy*, pp. 260-270.

[56] 参见蒋庆:《政治儒学》,341~358 页。

[57] 参见上书,18~23 页。

[58] 同上书,109 页。

[59] 宋人叶绍翁的《四朝见闻录》指责朱熹:“虐待老母,不孝其亲;与尼偕行,诱之为妾;开门授徒,厚素来;四方馈赂,动以万计。”其中“不孝其亲”是指朱熹有好米不给母亲吃。朱熹承认自己“私故人财”、“纳其尼女”等等数条,说“深省昨非,细寻今是”,表示要悔过自新。洪迈《夷坚志》也记录了朱熹的虚伪与小心眼儿。

[60] 参见龙灿:《“学者蛇头”郑家栋》,载《三联生活周刊》,2005(25)。

[61] Alfred Kroeber and Clyde Kluckhohn, *Culture: A Critical Review of Concepts and Definitions*, Harvard University Peabody Museum of American Archeology and Ethnology, Vol. 47 (1952).

[62] "大传统"与"小传统"是美国芝加哥大学人类学教授罗伯特·雷德菲尔德在《乡民社会与文化》一书中提出来的，参见 Robert Redfield, *Peasant Society and Culture: An Anthropological Approach to Civilization* (Chicago: University of Chicago Press, 1956)。

[63] [64] 蒋庆:《儒教宪政的监督形式：关于"太学监国制"的思考》，未刊稿，30 页。

[65] Daniel A. Bell, *China's New Confucianism: Politics and Everyday Life in a Changing Society* (Princeton: Princeton University Press, 2008), p. 22.

[66] "Google 搜索解析"提供类似的服务。

[67]《王官学、政治保守与合法性重建：〈南都周刊〉蒋庆专访》，见 http://www.rjfx.net/dispbbs.asp?boardID=25&ID=7051&page=1。

[68] 参见白彤东:《旧邦新命》，第三章"一个儒教版本的有限民主：一个更现实的乌托邦"，北京，北京大学出版社，2009。

[69] 参见王绍光:《坚守方向、探索道路：中国社会主义实践六十年》，载《中国社会科学》，2009 (5)。

[70] 例如"现实乌托邦项目"(The Real Utopias Project)，见 http://www.ssc.wisc.edu/~wright/RealUtopias.htm。

[71] 参见王绍光《祛魅与超越》和《民主四讲》。

四、传统政道思维与当代治国理念*

二百年治国的三个阶段

玛雅：随着全球化的不断深入和互联网技术在全球的普及，中国作为一个崛起的大国，成为现实世界和网络世界的一个“关键词”。2009年底，美国媒体监测机构“全球语言观察”对全世界的纸媒、电子媒体以及互联网进行检索发现，“中国崛起”是10年来全球最热门的新闻主题，被关注度超过了美国的“9·11”事件和伊拉克战争。“中国崛起”成为当今世界一个关键词，那么中国崛起这个事实本身的关键词是什么？用最通俗的话来说，中国为什么能成功，为什么能行？请谈谈你的看法。

王绍光：我先从远一点说起。中国为什么能行？实际上是这60年才行，之前的大概150年并不太行。当然，再往前还是行的，19世纪以前中国在世界上是比较发达的，19世纪以后落后了。2012年4月，我在美国康奈尔大学作了个演讲，是谈过去200年里，中国关于怎么治理国家走过了三个阶段。我划分时段和通常不一样，第一个阶段从1800年到1956年，这个跨度包括了1949年建国；第二个阶段从1956年到1990年前后；

---

* 本文是《凤凰周刊》副主编玛雅2012年9月对笔者的采访稿，曾发表在《决策与咨询》，2014（1）。

第三个阶段从1990年代至今。这三个阶段有三个关键词，如果用英文表达，这三个关键词既有关联，又有差别。第一个关键词英文叫governability，就是有没有治国的能力，有没有一个政治力量可以治理这片国土。1949年以前的150年时间里，这是一个大问题，一直没有解决，所以第一个要解决的问题，就是有没有一种政治力量可以治国的问题。第二个阶段的关键词叫government，就是政府管理，由政府出面统管国家，不让其他力量参与。这个阶段大概是新中国60年中的前30年，或者更长一些，到1985年甚至1990年。第三个阶段的关键词叫governance（治理），就是我们现在经常讲的国家治理。

这三个词听起来有相同之处，我把它们概括一下，另外用了一个福柯的词作为“帽子”，叫governmentality（治国理念），就是一个国家治国的理据。过去200年中国最关键的治国理念是什么？什么是各个阶段治国的特点？这三个词——治国能力、政府管理和国家治理，就体现了三个阶段的治国理念，就是要解决什么问题、如何解决。

玛雅：这三个词之间是一种发展和递进的关系？

王绍光：对。如果第一个阶段的问题不解决，后面两个阶段都不会出现。第一个阶段中国遇到的问题是，治理这个国家的中央政府不具备治国能力，也就是我们常说的，遭遇了内忧外患。内忧是从18世纪末开始出现在各地的农民起义——捻军、白莲教、太平天国……到处都在起义。这当中，太平天国在1850年代几乎打遍了整个中国。外患从1840年的鸦片战争开始。这种内忧外患的情况在咸丰登基后不久有个转折点，清政府第一次说，我的军队不行，得让湖南曾国藩自组湘军来帮我救国。这是以前从来没有过的，清朝建立以来一直不准汉人指挥军队，汉人绝对不能染指军权。但是现在没辙了，只好让湘军以及后来的淮军帮助镇压农民起义。用今天的概念来说，就是军队不行了，找黑帮来打仗，可见危机有多严重。湘军淮军打了几年后，咸丰皇帝自己被打跑了，去了热河。1860年八国联军打到了紫禁城，把圆明园也给烧了。这两件事——让汉军帮助打仗和八国联军打进紫禁城，是非常有象征意义的，说明清政府受到内外两方面的挑战，这个国家没法治了。

从那个时候一直到1956年，中国面临的最大问题就是治国，就是谁有能力、用一种什么方式把这个国家hold（维系）住。在湘军淮军把农民起义镇压下去，清政府签下一系列不平等条约后，局面大致维持住了，国家表面上看还可以。但是很快，湘军淮军本身，包括后来的北洋军阀，实际上不是北京政府真正能够控制住的。真能控制住的话，就不会形成后来军阀割据的局面。武昌起义其实是个偶发事件，并没有任何真正的计划，也不是孙中山领导的。孙中山那时在美国丹佛，根本不知道国内发生了什么事。武昌起义枪一响，全国各个省纷纷宣布独立，国将不国。再往后，孙中山回来，他也治不了国，只能借助于袁世凯。袁世凯能不能治国？袁世凯从1912中华民国元年到1916年6月6日死去，其间有护国战争，有二次革命，两次都有不同的省份宣布独立于北京政府，还是一个国将不国的局面。袁世凯死后，天下大乱，军阀混战，没有一个政治势力能把国家hold住，没有人能够治国。

1927年南京国民政府成立，但真正能控制住的只有上海周边的几个省份：浙江、江苏、安徽。到1930年代控制的省份多了一些，但还是有一些控制不了。不要说日本人占领东北，华北开始要自治，它也管不了，云南、广西、山西的军阀它都管不了，更不要说还有共产党的革命。抗战开始后，日军入侵，重庆政府能够管的地方很小，就是大后方一带。北边所谓的敌后，共产党的势力和日本人的势力犬牙交错。国共都在打仗，还是没有一个政治势力能够治国。抗战结束后，有很短的一个时间，蒋介石的声望如日中天，全国拥戴他为领袖。但是国共和谈没谈成，不到一年时间，1946年又开始打内战，还是没人治国。从1800年到1949年前后这么长的时间，中国面对的首要问题，都是如何解决治国的问题。

玛雅：1949年中共建政，是一个全新的开始，你为什么把第一阶段的时间延伸至1956年？

王绍光：1949年10月1日中华人民共和国成立，治国的问题看似解决了，但我认为，还没完全解决。1928年底“东北易帜”以后，国民党在形式上统一了全国，实际上控制不住，帮蒋介石打仗的那些人各有各的打算。共产党在跟国民党和日本人打仗的时候，实际上也有非常多的山头。从红军时期就有，各个解放区发行各自的钞票，有各自的法律体系、管理体系。这些山头一直到七八十年代才抹平。

对这个问题，共产党领导人是很清楚的，所以从1948年初开始，毛泽东、周恩来以及党中央就意识到，全国胜利之日就快到了，共产党不仅要把敌人打败，而且要把自己统合起来。毛泽东当时最重要的一篇文章今天大概被忽略了，叫《关于建立报告制度》，在《毛泽东选集》第四卷里。文章内容规定，各大根据地和军队要定期向中央报告，每两个月一次。一开始有些人不当回事，林彪是最典型的。当时东北解放区最大、最完整，林彪没按规定报告，毛泽东专门批评了他。从 1948 年《关于建立报告制度》后，一系列文章都能看出中央要把共产党统合起来的努力，包括统一解放军的番号，把以前的西北野战军、中原野战军、华东野战军、东北野战军改为一野、二野、三野、四野，各野战军的建制开始标准化；统一解放区的货币、军票体制，等等，一直到 1949 年建国。

建国后，各地情况仍然不利于治国。当时，各地还有大量的土匪需要清剿。实际上消除匪患是新政权一项了不起的成就，解决了过去上百年困扰中国的一大难题。从 1950 年到 1956 年期间，中央政府做了大量工作，把军事统起来，把行政统起来，把经济统起来，包括统一财政，建立中国人民银行、发行人民币等。中央划分了东北、华北、西北、华东、中南、西南六大军政区，是六个大的集团，每个集团都有上百万兵力，既是行政主管，又是军事主管，林彪、邓小平、彭德怀、高岗等人分别担任领导。

这中间出了高饶事件，也是因为山头太厉害。高岗是东北局的，饶漱石是华东局的，都非常有实力。高岗有“东北王”之称，也是中央人民政府的副主席。1950 年代初有件事叫“五马进京，一马当先”，是一种收藩策略，就是把各地的军政领导调到北京来，给个副主席、副总理的职位，同时不让他辞去本地的职位，因为马上让他辞会有抵触，所以还兼着。出了高饶事件后，中央下决心整顿，一直到 1956 年。1955 年 2 月国务院作出《关于全国军区重新划分的若干问题的决定》，将原来的六大军区改划为十二个大军区。中国真正统一的标志恐怕是这次十二大军区的成立。

党国体制解决了治国能力问题

玛雅：如果没有抗美援朝，这个过程是不是能快一点？

王绍光：不一定。抗美援朝其实有利于把军队整合起来，把全国整合起来。从 1949 年建国到 1956 年建立起一种高度集中的制度，可以说是矫枉过正。矫什么枉？矫前 150 年的枉——那么长一段时间没有人能够治国。到 1956 年这个问题终于解决了，全国范围内，除了台湾还没解放，香港、澳门还没有收回，不再有割据势力。中国 150 年来第一次解决了治国能力的问题，这是历史性的。

今天的人不太在意这些事情，其实这是非常重要的一个问题。社会学者黄纪苏有一篇写他祖父的文章，那一代知识分子所考虑的就是：国将不国了，中国怎么办？当时政治家考虑的是同样的问题，不管是孙中山、袁世凯，还是蒋介石。一开始他们有些人想得非常好、非常理想化，就是把西方模式搬过来，也许就能解决治国的问题。比如孙中山就说，也许我们采用美国联邦制，就可以把中国治好。辛亥革命前他在美国讲了很多话，要分权，中央政府不要管太多。可是回到中国一看就懵了，开始讲五个统一，把权力都统一在中央政府手里，否则国家没法治。到了 1920 年代又有一些军阀讲联省自治、联邦制，甚至毛泽东年轻时也鼓吹建立湖南共和国。但是他们后来都认识到，用西式联邦制的方法来解决中国的问题是行不通的，所以才会有 1949 年以后权力高度集中的制度。

现在有些人从理念出发，认为中国当初学的苏联模式，太过了。其实和苏联模式不相干，当时就是要解决中国的问题：能不能治国，有没有一个政府能够治理这个有着 960 万平方公里土地、6 亿人口的大国。要治理这个大国，就得有一个权力高度集中的政府。而且从国民党时期就开始探索把党和国家统一在一起。共产党后来建立的体制，就是一个党国体制。这个党国体制你认可也罢，不认可也罢，它确实解决了中国的第一个问题，就是治国能力。到 1956 年几乎没有人再怀疑，中国共产党建立的这套体制可以治理这么一片国土。

玛雅：它是历史的产物。

王绍光：是历史的产物。这个要说清楚，否则大家觉得是观念的产物，是从苏联舶来的共产党的理念。它有观念的因素，但更重要的是历史的产物，是为了解决能不能治国的问题，才建立了这样一个党政合一、高度统一的体制。毛泽东本人未必喜欢这个高度统一的体制，因为他年轻时是无政府主义者，鼓吹湖南和各个地方要有更多的权力。所以到 1956 年，一旦治国能力的问题解决了，毛泽东本人第一个出来说，要分权。他著名的文章《论十大关系》，十大关系中一个很重要的关系是中央和地方的关系。他说，要分权，发挥两个积极性，而且用了一个词叫“虚君共和”。虚君共和本来是康有为讲的，意思是皇帝虚一点；毛泽东的意思是，中央政府要虚一点。

从1956年下半年毛泽东就开始部署分权，治国能力的问题解决后，就要解决积极性的问题了。发挥两个积极性，一个是中央的积极性，一个是地方的积极性，所以要把权力分出去。1957—1958年大规模分权，把大量的国有企业下放给地方政府管。1956年农业和工商业社会主义改造后，企业基本上都成为国有的，或是集体的，不管是中央的还是地方政府的。所以我说，第二个阶段的关键词叫government（政府管理）。治国能力问题解决了，政府开始起关键作用，在国家经济、政治、文化生活中扮演最重要的角色。这也是我们常说的计划经济阶段。这个阶段，经济是政府管，文化是政府管，政治生活更不用说，都是政府管。所有的产业都是国有制或集体制，集体所有的也要服从地方的计划经济，统一调配。

第二个阶段的好处在于，它把非常有限的资源集中起来。当时中国很穷，哪怕所有的人都节衣缩食，按最低生活标准生活，积累也还是很少。国家发展要打基础，需要大量的资源，不管是人力的、物力的，还是财力的。这个时候，靠市场来调节是完全没有可能的，基本靠政府来进行强制性的积累，把各种人力、物力、财力资源集中起来，集中力量办大事。

前30年打基础，后30年起飞

玛雅：那个时期是我们过去常说的“社会主义建设高潮”时期，那个时期最主要的成就是什么？

王绍光：是打基础。1956年到80年代中期，中国办了很多大事。比如，建立了一个基本完善的工业体系，在农村进行了大规模的水利建设和农田基本建设。中国8万多个水库绝大多数是在这个时期修建的，如果在今天用给钱的方式来做，不知道要花多少万亿。农田基本建设绝大部分也是在这个时期完成的，以后30年没有太多的改造，直到最近一两年中央政府才花大价钱来重新修水利，进行农田基本建设。

独立的工业体系基本建立起来，水利和农田基本建设的基础打好了，还有一件更重要的事，就是人力资源：健康和教育。

新中国刚刚成立时人力资源的质量非常差。人的健康水平很低，1949年以前人均预期寿命只有35岁，婴儿死亡率非常高。受教育水平也非常低，只有10%左右的人识字，还不是受过好的教育。也是在前30年，中国的人力资源有了巨大改善。人均预期寿命从35岁提高到68岁，这是一个了不得的成就，印度今天也没到68岁。受教育水平也大幅度提高。工人农民能读一些基本的工业基础、农业基础课本，大量的人开始受教育。初中、高中教育大面积普及，在册中学生的数量在1978年达到顶峰。你可以批评那时候的教育质量不高，老师水平不高，没有学化学、物理，学的是工业基础、农业基础，但是这种普及使大量的人掌握了一些最基本的技能——读书的技能、做事的技能，这是了不得的成就。

这三件事都是打基础的，打基础的事情不能马上见成效。我所在的香港中文大学修建一个新书院，打基础用了两三年，很长时间看不到效果，地上挖了个坑，到处都是泥土。可是基础打好后，就几个月的时间，楼已经盖起来了。我用这个来比喻，新中国前30年打下的基础相当雄厚。这个恰恰可以和很多发展中国家对比，尤其是和发展中大国对比。打基础是政府的事，政府集中力量办大事，用党政合一的方式动员各种资源，全力以赴地提升中国的国力。当时出于军事的目的、政治的目的，当然也有经济的目的，都要举全国之力提升国力，国家要富，国家要强。

更早以前的思想家就讲富强，严复讲富强，毛泽东、蒋介石都有这个梦想，再到邓小平。所以，这个阶段由政府全面管理国家，也不完全是理念的产物。不仅仅是共产主义理想、是学了苏联，更重要的是，中国在这个阶段需要强大的政府力量把基础打好。没有这个基础，后30年的起飞几乎是不可能的。

玛雅： *厚积薄发，后30年的起飞，前30年功不可没。就像习近平说的，改革开放前后的历史决不是彼此割裂的，更不是根本对立的。*

王绍光： 这个阶段我把它延伸到1985年，很多数据都表明这样划分是合理的。比如，农村改革在1983年出现一个新的转折，城市改革1984—1985年才真正起步。国有企业总人数在这个时候达到顶峰，以后慢慢下降。1986 年最重要的一个改革是开始实施《劳动合同法》，采用合同制。原来职工的“铁饭碗”还保留，但新增人员就不再给“铁饭碗”了。城市开始允许个体户出现，后来慢慢开始鼓励外资进来。原来政府大包大揽所有事情，从这个时候开始大规模地让其他力量参与进来。这是一个新的转折，这个转折在全世界范围几乎是同步的。

第三个阶段的关键词是 governance（治理），这个词在中文里早期的意思和今天是非常不一样的。1980 年代的出版物中，“治理”这个词出现都不是用于人，而是用于物，比如治理黄河、治理三废，是处理的意思。今天所说的 governance 出现在 1990 年代初期，到 1996—1997 年才真正被广泛使用，意思是不要什么事都政府管，也要让其他力量来管，这就叫“治理”。1980 年代新自由主义从西方蔓延到全世界，从撒切尔夫人到里根、到世界银行，都鼓吹政府要少管事，把权力下放给所谓的公民社会，下放给私营企业。这个理念大概从 1980 年代中期开始在中国蔓延。俞可平写过相关文章，他说，governance is to govern without a government（所谓治理，就是没有一个政府来管理）。意思是说，政府不能大包大揽了，经济让市场来管，所有制要多元，不要仅仅是国有和集体，还要私有、外资。

中国的所有制结构发生大规模变化是在 1997 年邓小平去世后（邓小平去世前公有经济——国有和集体，仍然占中国经济的大半江山）。这时候开始国企改革，“减员增效、下岗分流”，用一系列方法使中国的经济结构发生巨大变化。政府不用全面管理经济、经营经济了，政府只需要规划。以前中国没有多少活跃的社团，这时候开始出现大量的社团，还有所谓的民间非营利性机构，如养老院。这种理念一直延续到今天。

国家治理与国家能力

玛雅：从治国能力到政府管理，再到国家治理，这三个阶段的治国理念发生变化，主要在于中国自身的因素，除此之外有没有世界的因素？

王绍光：这当中也有世界大势。中国共产党是在第一阶段中华民族面临最大威胁——国内军阀混战、帝国主义列强在一战后加紧瓜分中国——的时候成立的。20 世纪上半叶，也是国际共产主义在全球范围内快速扩张的时期，包括一些欧洲国家也不例外，如法国、意大利都存在势力庞大的共产党。

在第二个阶段，为了富国强兵，中国通过强势政府来提升国力。放眼那个年代的全球其他国家，趋势也大同小异。比如，大量的亚非拉国家在以前被殖民化了，国都被灭了。它们这时要实现独立，这个过程从 1940 年代开始，到 1960 年代前后完成，即所谓的去殖民化。在 1960 年代前后，全世界各国都是由政府来管理，只不过程度不同。这也是世界大势，不仅苏联、东欧国家如此，西欧国家也有大量的国有企业，经济上开始讲计划。即使是美国，因苏联卫星上天而感到很大威胁，也认为政府要起更大的作用。直到 1970 年代末，新自由主义兴起，全世界又慢慢走向治理，中国也步入第三个阶段。

三个阶段中，中国在相当程度上与世界是同步的。不同的是，中国是在一个政治势力的主导下走过了这三个阶段。第一阶段，中国共产党通过武装斗争，建立起一个统一的人民共和国，解决治国能力的问题。第二阶段用政府统管的方式，为建设一个富强的国家打基础。第三阶段用治理的方式，释放活力，快速发展。这种转折不能说非常平稳，但是在一个政治体系下，就是在中国共产党领导的体制下，完成得是不错的。

玛雅：这说明，政治上的稳定，对国家经济社会的稳定和发展至关重要。

王绍光：2012 年夏天我去了一趟土耳其。土耳其 1961 年就加入了 OECD，即所谓的富人俱乐部，目前人均 GDP（按汇率计算）是中国的 2 倍。土耳其大部分地方确实相当不错，但是看宏观指标，中国和土耳其已经差不多，甚至更好，比如人均预期寿命，中国已经超过土耳其。土耳其的条件其实不差，有大量的平原，可耕种土地占国土面积的 26%。气候非常好，两边靠水，一边是黑海，一边是地中海。地势也非常好，交通要冲，是发展经济最好的地方。但是，土耳其只有 7 000 万人口，中国有将近 14 亿人口，是土耳其的 20 倍。中国在这么短的时间里快速发展起来，土耳其现在人均 GDP 只是我们的 2 倍，其他很多地方不比我们强。这样来看中国的发展水平，不仅可以和印度等发展中大国比，和 OECD 中的低端国家都有得一比，我觉得这是了不得的成就。这是放到一个更大的时空里来看中国的成功，来回答你的问题：中国为什么能行？

玛雅：前面你谈到，在共产党最终解决治国能力问题以前，中国在150年的时间里没有人能够治国。如果第一个阶段的问题不解决，后面两个阶段都不会出现。这从根本上印证了，没有共产党，就没有新中国，就没有中华民族今天的复兴。

王绍光：共产党解决了治国能力的问题，这是非常关键的。在中国今天有这个能力的时候，如果我们假设这个能力不重要，这是非常错误的。世界上很多国家至今没有解决治国能力的问题，解决不了这个问题就不能达到第二个阶段，因为如果没有一个政治力量能够治国，就更不可能有一个有效的政府来管理国家。有了一个有效的政府才能过渡到治理阶段，在这个前提下，国家管一些事、不管一些事，不必一手遮天，大包大揽一切事情。

这里需要指出一点。进入治理阶段后，一方面，全世界都在讲，国家要少管，让其他力量来管，但是另一方面又出现了一个 state capacity（国家能力）的问题。国家可以放权，但是放权必须有度，超过一定的度，就存在很大的危险，即国家基本能力被削弱。中国就有这个情况。1980 年代中期走向治理阶段后，有一段时间放得太多，一些政府希望由其他力量来解决问题，其实是一种虚幻的、不切实际的假设。比如，把医疗放给市场管，把教育也放给市场管，甚至有一段时间希望军队自己能挣钱、公安自己能挣钱、政府机关搞三产，自己养活自己。但是到 1990 年代上半期，发现这样做有很大的问题，于是开始纠正。所以谈治理的问题，政府一方面要放权，另一方面还要保持与巩固国家能力，两者结合才能真正做到政府该管的管好、不该管的不管，才能避免出现乱局。

玛雅：你在 1990 年代初写了《建立一个强有力的民主国家》一文，论证国家能力问题，你当时是怎么认识到这个问题的？

王绍光：我从 1991 年开始谈国家能力的问题，这与当时全球流行的观念是相悖的。我认识到这个问题是因为去了一趟俄罗斯，看到苏联和东欧国家虽然转型了，但是国家一塌糊涂、一片乱象。1993 年我和胡鞍钢一起出版了《中国国家能力报告》，那时候没有多少人讲国家能力。曾经一度坚称“历史已经终结”的福山后来在 2004 年写了《国家构建》一书，也讲国家能力问题，其实就是我90年代初那些认识。所以在第三个阶段，治理和国家能力要结合起来，才会是一种比较好的状态。中国曾经走了一段弯路，政府过多地把权力放掉，很多事情该管的也不管了。

最近这些年发生了一个巨大变化，我称之为中国“福利国家”的崛起。2012年7月我去新西兰讲演，题目叫“中国的新跃进”，就讲这个问题。中国以前没有福利体系，但是过去10年左右，医疗做到了95%以上的人被覆盖。养老，以前国家只管城镇职工，现在城镇居民也管。农村有新农保，已经有一亿多人拿到了退休金，钱不多，一个月几十块，但是出现这个势头是不得了的。这和新农合一样，开始每人每年国家只给10块钱，现在已经280块了，增幅非常快，而且城市居民和农村居民是一样的。新农保今后比新农合的增幅只会大不会小，因为养老是非常昂贵的。还有最低收入保障，即低保，再加上各种各样的社会救济。在短短不到10年的时间里，建立起这么一整套福利体系，没有国家的参与是根本不可能的。而在八九十年代流行那个错误假设的时候，国家把这些责任都放弃了。1990年代有一段时间，农村已经有8 000万人有养老保障，但是有领导人说，这不符合中国特点，政府不要干预，致使已经有的养老保障机制一下子就垮掉了。农村合作医疗也彻底垮了，只有大概不到5%的村庄还保留着。一直到2002年底以后国家重新参与，才又都建立起来。所以，中国在第三个阶段实际上经历了这两种张力的矛盾冲突，最后达到一个平衡，出现了今天的局面。

中国体制的四个优势

玛雅：如你所言，中国在探索经略国家的过程中所建立起的体制，更多不是意识形态的产物，而是历史的选择，是针对各个阶段的现实需要应运而生的，同时也折射出一种世界大势。但是，中国体制毕竟不同于其他体制，我们是在一个政治势力的主导下走过三个阶段。在你看来，中国体制的特点和优势是什么？

王绍光：我认为有四个优势。第一个优势是，有一个稳定的政治核心，而且这个核心能够做决策。这一点很重要，有很多国家不可避免地会出现一种局面——无法做决策。政治学最近几年有一个非常有名的理论叫veto player，就是“有否决权的玩家”。现在做决策分析大量用这个概念，代替了以前总统制、议会制、联邦制、单一制的分析框架。在一个政治体系中，如果有否决权的玩家很多，就没法做决策，因为决策不可能在一个点上完成，而是一个阶段一个阶段地推进，如果有很多的人在不同的阶段有否决权，这一关否不掉，下一关也否掉了，决策就会无疾而终。如果套用这个理论，中国“有否决权的玩家”很少。中国在非常重大的决策上，真正的“有否决权的玩家”恐怕只有政治局常委。权力高度集中可能会产生问题，有潜在的危险，这个我们下面再讲。它的优势是减少了太多的“有否决权的玩家”掣肘的局面，在重大问题上可以做出决策。

第二个优势是，有一个解决问题的思维方式。中国的决策者也好，各级干部也好，老百姓也好，有一种不像哲学的哲学，比如邓小平的“白猫黑猫”理论，它是一种problem solving（解决问题）的态度。因为有这样的态度，遇到问题时，大家不是抽象地卷入意识形态争论，而是认为：出现问题了，我要解决问题。这种意识非常重要，使得我们的体制有回应社会需求和要求的动力。

第三个优势也很重要，就是diversity（多样性），中国的体制允许多样化。中国立法跟西方国家非常不一样，西方立法往往是议会通过一个几百页甚至上千页的法律，要求全国各地按照这个法律来实施，美国的医改法案就有上千页。这样只能让律师非常活跃，其他人全都不知道怎么办。这种立法方式有个基本假设，就是有一群人非常聪明，什么事情都知道，什么可能性都能预测到，而且每种预测到的可能性他们都有解决方案。这种假设是错误的。

中国立法的思维方式和西方是非常不一样的。我们不是一上来就由全国人大立个法，这个法事无巨细、包罗万象，然后强制全国去实施。我们是，有问题了，允许各地去试着解决，这就叫各地的实践。还有一种方法是，当中央也不确定该怎么办，那就先搞个试点，抓点带面是共产党历来的方法。这是一种非常务实的实事求是的方法，先搞一个或几个试点，用不同的方法解决问题。这些试点成功了，推广；不成功，对全国的影响也不大。当年办特区就是这样做的，最早办人民公社也是如此。一种叫实践，中央说，要做这个，具体怎么做，各地去摸索；一种叫试验，中央确定几个试点，取得经验再推广。这样就造成一种多样性，多样性不管在自然界还是在人类社会都是非常重要的。比如农作物，在一个国家里，如果只种老玉米，突然有一种病虫害，那就很危险。同样，解决问题的方式方法也需要有多样性。比如农村看病问题，新农合的方向是一致的——给农民提供基本的、几乎平等的医疗保障，但是实现这个目标的做法不止一种，怎么做，各地可以去实践。中国从 1950 年代到今天，一直都是这么做的。这种多样性成了我们最好的 learning sources（学习源）。

一般来说，学习是从书本上学、从意识形态中学。比如苏联东欧的改革，要搞私有化，就在一夜之间大规模私有化，这种方式就是从意识形态来的，或者从某种教科书来的。而中国最好的学习源，就是我们多样性的地方性实践和地方性试验。改革越深入，政府越应注重试验。比如，中国现在有十几个解决各种问题的试验区，有城乡一体化发展的成都、重庆试验区，有滨海试验区等各种各样的试验区。这些试验区不仅仅是要解决本地的问题，而且要解决全国的问题。它们可能失败，失败也不要紧，影响的范围很小；它们能成功最好，经验可以推广。即使推广也不是一刀切，允许各地因地制宜做出调整。所以说，这种多样性成了我们的学习源，也构成我们一种独特的学习方式。

玛雅：我记得你有一个观点，善于学习是中国体制的活力所在。把多样性当作学习源，从干中学，从成功和失败的经验教训中学，这也体现出中国人善于学习的一面。

王绍光：第四个优势是，中国体制有比较强的回应性。正因为有各种来自地方的经验帮助解决中国的实际问题，所以能够回应社会需求。最近几年出现的政策变化是个很好的例子。比如 1990 年代末，大家谈论最多的是“三农”问题，《读书》杂志连续几年发表相关文章。到了 2003—2004 年，国家先是减少农业税，后来取消农业税，老的“三农”问题如农民税赋过重，基本上解决了。然后大家开始讲看病贵、看病难，上学贵、上学难。这几年看病贵、看病难的问题正在解决，上学贵、上学难的问题也在解决。现在大家又开始讲养老问题，希望得到妥善解决。你看这个变化过程，以前谈论的问题现在不再谈了，因为有些已经解决了，有些正在解决。这说明，这个体制对社会需求具有回应性。

这个可以对应另外一种体制，英文叫 representative，就是所谓代议制，我们这个体制叫 responsive，有回应性。代议制只是在理论上或者程序上有代表的意味，但是代表的最终含义是要有回应性。中国这个体制显然具有回应性，每当大量的问题出现，人们呼吁某些政策领域发生变化的时候，过不了几年，我们就看到这个领域的变化开始出现。

以上四点概括起来，是中国经验非常重要的一部分。像中国这样一个地广人多、情况复杂的大国，只迷信用某一种方法来解决问题是不可能的，所以这种中国经验对治理我们这个大国是非常适应的。这是中国为什么能行的非常重要的四点。

四个优势都是一个铜板的两面

玛雅：前面你谈到，我们的体制有优势，可能也会产生问题。在你看来，我们的主要问题是什么？

王绍光：主要问题也就存在于这四个优势之中。第一个优势，没有很多否决玩家，有一个能做决策的领导核心。这是优势，但同时也可能是问题，如果这个否决玩家最后变成一个人，问题就大了。比如毛泽东晚年，几乎所有重大事情都由他拍板，其他人都同意的事他也可以否决，这是很大的问题。即使现在有个中央政治局，20 多人，有个政治局常委会，7 个人，也可能会存在这个问题。这个问题不是存在于决策的过程中，而在于这 7 个人的群体怎么形成。过去 60 年中，领导人接班的问题一直没有解决好。本来我们以为十六大交接班是比较顺利的，慢慢开始走向制度化，但是从近年的情况看，好像不完全是那样。"有否决权的玩家"这个群体怎么形成，这个问题一直没解决好。

从好的方面看，一旦形成集体决策，还是不错的。国情问题专家胡鞍钢讲了一个概念——"集体总统制"，这是个非常有意思的理解方式。瑞士就是一种"集体总统制"，中国的七常委也是一种"集体总统制"。但是这个群体是怎么形成的，通过什么机制，到现在还没有找到一个好的办法。用选举的方法产生，会带来很多问题；用现在的方法产生，也会带来问题。所以，有一个能决策的领导核心，既是优势，也可能是个弱点。每一次接班接好了，优势就发挥很好；每一次接班出现危机，整个体制都摇摇欲坠。过去 60 年每一次重大危机都出现在交接班的转折点，所以中国要么不出事，出事往往是最高层的事。

第二个方面，解决问题的思维方式。如果从上到下有一个明确的大目标，这种思维方式就是个好东西。比如，长远来说我们要建立一个全体人民共同富裕的社会，中国共产党作为一个整体，全国人民作为一个整体，在这个大目标比较清晰的情况下共同努力解决问题，这样就很好。但是如果目标本身变得模糊了，仅仅是解决问题的话，就会变得非常事务主义，经常会迷失方向。现在有很多官员能力很强，解决问题很有办法，但是他们把这种能力和办法用在自己身上，用在自己家人身上，为自己谋取私利，这种优势就成了问题。现在讲"顶层设计"，我不太赞成这个说法，因为顶层设计的基本假设是有一些聪明人什么都知道、什么都能行，我不认为存在这样一群聪明人。如果不解决党的领导核心、8 000 多万党员和中国大多数人对一个大目标的认同问题，解决问题这种思维方式本身也会带来问题，因为只知道如何解决问题，却不知道应该解决什么问题。

玛雅：这让我想起一句话：只顾低头拉车，不顾抬头看路。迷失方向的问题，如果发展到背离社会主义本质，执政党变成了利益集团的代表，不再追求全体人民共同富裕的目标，那么解决问题的能力再强，也只能危害国家和人民的利益。

王绍光：第三个方面，多样性。它是优势，但也会有问题。在任何时候，它都会看着非常乱，因为允许多样化的结果一定是非常杂乱。如果乐观看待，这也许不是问题。但是在有些时候，尤其是出现一些新问题，从上到下，不论从实践还是从试验，都还没有任何经验的时候，就会显得很乱。过去 30 年间我们就看到，有几个时间段大家都心烦意乱，感到局面非常混乱，这种情况和我们允许多样性是有关系的。多样性从自然科学来讲，不能过度，过度就会产生 chaos（乱局），完全没有多样性就叫 monoculture（单一经营），也是问题。所以，多样化的度要把握好，不能让它变成混乱状态，又不能变成完全一体化的状态。这个度掌握不好，多样性的优势就成了劣势。

最后一个是回应性。总体来说，中国过去 60 多年在回应性方面做得是不错的。但是这种回应性是建立在前三个优势的基础上，如果前三个方面出现问题，回应性就失去了依托。比如，领导人接班出现问题，解决问题的思维方式遇到大方向迷失，或者允许多样化的度没有把握好，造成了混乱局面，在这些情况下，回应性也就无以为继了。

总之，这四个优势都有潜在的可能变成问题，而且在不同的阶段、不同的程度上，这四个方面也都是中国的问题。所以，它们都是一个铜板的两面，都具有矛盾性。怎么去处理这些矛盾，把握好应有的度，这是很困难的事情。

西方政体思维与中国政道思维

玛雅：治理中国这样一个大国从来都是一件很难的事。令人疑惑的是，有些人不考虑这种艰巨性和复杂性，把中国的一切问题都归咎于体制。

王绍光：很多人批评中国的体制，其实并不知道自己在说什么。他们说的体制其实只有一样，就是政治体制，即政体。政体被他们归结到哪儿呢？就是有没有自由的多党竞争式选举。他们把中国所有的问题归咎于体制，就归到这个问题上，没有归到别的问题上。最后，他们的解决方案都是一个，就是推翻现行的政治体制，建立一个多党竞争选举的体制。

这是一种典型的西式思维方式，我称之为“政体思维”，2012 年我编的一本书《理想政治秩序：中西古今的探求》，就讲这个问题。政体思维在西方是有传统的，觉得政体是最重要的，英文叫 form of government（政府的形式）。几千年前古希腊人就这么看，从亚里士多德、柏拉图，甚至比他们更早的人开始，一直到后来的西塞罗、马基雅弗利，这一系列的人都强调政体。在西方读政治学，最重要的就是讲政体。西方政治学研究的大量问题都是和政体相关的问题，比如，民主能不能带来经济增长呀，能不能实现公平呀，能不能让人幸福呀，等等。

你可以把这叫作“政体决定论”，中国那些动辄讲体制的人实际上就是持有政体决定论的思维方式。在他们眼里，一切问题都与政体相关，诸如经济增长、社会公平、腐败、幸福等等，不一而足。政体好，其他什么都会好；政体不好，其他什么都好不了。欧美、印度的政体好，因此那里不管存在什么问题，长远来讲都可以解决；中国的政体不好，因此不管取得了多大成就，长远来讲都是靠不住的，迟早必须转换轨道。

政体思维和政体决定论到底对不对呢？它们听起来似乎很有道理，其实似是而非。比如，在一些人看来，“民主”政体的特征是不同政党之间的竞争性选举，而这种政体是一个好东西。我在《民主四讲》一书中提供的大量证据表明，这种政体与经济增长、社会平等、人的幸福其实都没有什么必然联系。换句话说，政体未必有传说中那种神乎其神的决定性作用。

经常有人说，如果有了自由竞争选举制度，国家就会变得多好多好。他们只讲这种体制带来比较好的结果的例子，比如西欧、北美。他们忘了，这些地区的国家也正是当年的帝国主义国家、殖民主义国家，它们今日的富裕很可能与帝国主义、殖民主义有关。但是被西方政体思维方式忽悠，同样采取这种体制的国家中，不成功的例子也是大量的。这也就是为什么做大数据的、长时段的比较研究，得不出任何结论说政体是决定性的。不管是政治体制对经济发展的影响、对社会公平的影响，还是政治体制对人民幸福感的影响，大量的统计，跨时段、跨国家的研究，只能得出一个结论：不相关。所以，政体不是一个决定性的要素。

讨论任何问题，一定要跳出别人圈定的框框，包括流行的概念、分析框架、理论体系。尤其是政治问题，在这个领域里流行的概念、分析框架、理论体系都是意识形态的产物，一不小心就会陷入其中隐形预设的结论。

玛雅：西方是政体思维方式，中国是什么思维方式？

王绍光：如同我在《理想政治秩序》中分析的，中国传统的分析政治的方式，从来不讲政体。它完全不是政体思维，而是政道思维。与西方哲人不同，中国历代的先哲考虑最多的不是政体或政治体制的形式，而是政道或政治体制运作的目标与途径。

玛雅：你对“政道”如何定义？政道思维与政体思维的不同何在？

王绍光：所谓政道，就是为政之道，包括治道与治术，英文叫 the Dao of governance，就是治理的“道”。在中国古代典籍中，“政道”一词并不常见，但与为政之道相关的言语随处可见，例如，“政不得其道”、“无道之君”、“有道之君”、“君有道”、“君无道”、“国有道”、“国无道”等等。庄子在《天道》篇中区分了“治之道”与“治之具”，前者指治世的原则，后者指治世的手段。我把“治之道”简称为“治道”，把“治之具”简称为“治术”。我理解的“治道”是指治国的理念，是政治之最高目的，是理想的政治秩序。我理解的“治术”是指治国的方式，包括古代典籍中所谓“治制”，即治理国家的法制、体制；“治具”，即治理国家的各项措施；“治术”，即治理国家的方针、政策、方法。治道与治术，一个是最终的目标，一个是达到最终目标的方式，我统称二者为“政道”。

政体思维与政道思维的不同在于，前者关注的只是政治秩序的形式，而后者的着眼点是政治秩序的实质。“横看成岭侧成峰”，如果我们把西式政体的视角换为中式政道的视角，那么无论是回顾中国历史上的政治，评判当代中国的政治，还是展望未来中国的政治，我们都会有不同的感受。

玛雅：中国人为什么会形成与政体思维方式完全不同的政道思维方式？是因为忽视了西方政体的存在及其优长，还是中国独特的政治文化使然？

王绍光：现在中国人并非不关注西方政体、不了解政体思维。最早注意到西方政体、把政体思维引入中国的是梁启超，但是他后来发现运用政体思维方式思考现实政治难以行得通，最终转回了政道思维。19 世纪最后几年，梁启超读了一些西方的书，发现西方讲政体，非常兴奋。他很快把政体概念运用到政治分析中，采用西方的说法，说中国是个专制的国家，把专制推翻，问题就解决了。例如，他颂扬“自由民政者世界上最神圣荣贵之政体也”。他自问：“我中国自黄帝以来，立国数千年，而至今不能组织一合式有机完全秩序顺理发达之政府者，其故安在?”其答案是政体，“吾国民以久困专制政体之故，虽有政治能力，不能发达”。并且他“视专制政体为大众之公敌”。

但是梁启超也是中国最早放弃和批判政体思维的人。1903 年他去美国走访了 8 个月，那时正是美国的“镀金时代”，是问题最多的时候。他很快就对这个自己曾经大加赞誉的“世界共和政体之祖国”大失所望，并得出结论：“自由云，立宪云，共和云，如冬之葛，如夏之裘，美非不美，其如于我不适何!”他后来又读了西方其他一些书，还读了很多中国古书，辛亥革命后又在中华民国政府当了几年官，有实践，又有中西比较的经验，这使他认识到政体决定论是错误的。为了探求在中国建立“有机之一统与有力之秩序”的途径，他把视线转向政体以外的其他因素，开始强调政治好坏不能光看政体，更重要的是道德。“政在一人者，遇尧舜则治，遇桀纣则乱。政在民众者，遇好善之民则治，遇好暴之民则乱”。就这样，他从政体思维转换到政道思维。

共产党讲的“民主”是政道层面上的

玛雅：梁启超发现舶来的政体思维不好使，于是回归传统的政道思维，这种转变过程和今天很多西行归来的“中国派”学者如出一辙。你能不能举几个例子，来说明政道思维是中国传统的分析政治的方式?

王绍光：把中国古代最有影响的几种思想流派做个分析，就能看出，政道是中国传统的思维方式。从治理国家的最终目标来看，儒家、法家、道家、墨家，目标是不一样的。儒家讲贵民，贵是崇尚，就是孟子讲的，老百姓是最重要的，民为贵，社稷次之。法家讲贵君，君王至上，要治理好国家，一定要尊君。墨家讲贵贤。道家讲贵己。他们执政的最终目的是不一样的。

治术方面也不一样，儒家讲礼治或者德治，法家讲法治，墨家讲贤治，道家讲无为而治。这些争论延续了几千年，从春秋战国时期这几家兴起时就开始了，后来历朝历代的君王、臣子和士大夫从他们的典籍里吸收了不少有用的思想，形成了一套治国方式。这种治国方式，该用什么的时候用什么，有时候强调无为而治，有时候强调有为而治；有时候强调礼，有时候强调贤。

所以，中国和西方这两种思维方式是不一样的。中国人，尤其是中国的思想大家，当他们把问题想清楚后，解决问题的方式都不是集中在政体上，都是集中在政道上。比如，毛泽东在《新民主主义论》中也谈到政体问题，即“政权构成的形式问题”，他认同“没有适当形式的政权机关，就不能代表国家”。但是他所说的“政体”并不是亚里士多德或孟德斯鸠意义上的政体，而是一种政道。例如，他把“民主集中制”称作理想的政体。显然，西式的政体理论决不会把“民主集中制”看作一种政体，它不过是中国共产党的一种治国之道。

同样，在与黄炎培的“窑洞对”中，毛泽东讲的“民主”也不是一种政体，而是一种政道。或者说，他讲的是政道的概念，不是政体的概念。他说：“我们已经找到新路，我们能跳出这周期律。这条新路，就是民主。只有让人民来监督政府，政府才不敢松懈。只有人人起来负责，才不会人亡政息。”

玛雅：毛泽东的民主观是政道的概念，不是政体的概念，是因为“让人民来监督政府”这条新路是一个方式方法的概念吗?

王绍光：可以说，中国共产党讲的“民主”从来都是政道层面上的民主，因此才会有诸如“民主作风”、“这个人比较民主”、“这次会议开得比较民主”之类的说法。如果用政体思维方式来理解，这些话似乎没有道理，因为跟竞选、多党制没关系。但是从政道的角度来理解，这些说法就很有道理，因为只要能让大多数老百姓的意愿在施政中得到体现，就是政道要达到的最终目的。

“民主”本来的意思是人民当家作主。民主既可以从政体的角度看，也可以从政道的角度看。从政体的角度看，民主的关键在于，政府是否由竞争性的选举产生。从政道的角度看，民主的关键在于，政府能在多大程度上回应人民的需求。从这个意义上说，中国的体制对人民的需求具有回应性，就是政道思维所理解的民主。

玛雅：在我的概念中，“人民当家作主”是中国式民主的表述，是中国人特有的民主观。

王绍光：其实这是“古典民主观”。英文是 rule by the people，就是“人民统治”，和“人民当家作主”意思是一样的。现在世界上最流行的政体思维的民主观，其依据是熊彼特 1942 年写的《资本主义、社会主义和民主》。在这本书中，熊彼特批判了所谓的“古典民主观”，认为这种民主观把人民当家作主放在第一位，把对代表的挑选放在了第二位，是不对的。他把民主重新定义为，允许少数精英分子通过竞争人民的选票来获得（公共）决策权的制度安排，这就彻底颠覆了民主的本意。他对此也毫不讳言，声称“民主不是，也不意味着任何明确意义上的‘人民的统治’，民主仅仅意味着人民有机会接受或拒绝将要统治他们的人。但由于人民也可以用完全不民主的方式来决定谁做领导人，我们必须再加上另一个标准以收窄我们对民主的定义，即候选人自由竞争人民的选票”。

熊彼特的理论使“民主”完成了从“人民统治”向“人民选择统治者”的转型，“人民”变成了“选民”，“民主”变成了“选主”，即人民每隔四五年在几个相互竞争的精英团体间进行选择。用这种观点来看，凡是存在竞争性选举的政体就是民主的，否则就是专制的，因为人民在前一种政体下“被代表”了。

然而，从政道的角度看民主，政府在政策上对人民需求的回应性更为重要。当代西方最著名的民主理论家罗伯特·道尔指出，“民主最关键的特征是政府对其公民偏好持续的回应性”。道尔认为，现实世界中没有真正的“民主”，只有一批“多头政体”（polyarchy）而已。尽管道尔在西方学界名声很大，他的这个观点在主流话语中却几乎完全被遮蔽了。

对于普通老百姓来说，是竞争性选举重要还是政府政策具有回应性重要？当然，两者都重要。但是老百姓最关心的，恐怕还是政府制定政策能否反映他们的切实需求。环视当今世界，我们不难发现，有些政治体制从形式上看，因为采用竞争性选举，似乎具有“代表性”，但是回应性未必高；有些政治体制没有多党竞争，但对人民需求的回应性却比较高。

摒弃政体决定论思维方式

玛雅：西方有学者对比印度和中国的政治体制，作出这样的评价：印度虽然有竞争性选举，但是在“权贵主导的民主”（elite-dominated democracy）之下，执政者在制定和推行经济政策中，利用国家有限的资源为权贵集团的利益服务，不愿意进行真正的、实质性的改革来扭转广大民众的命运。这正是印度民主60年，老百姓仍然极度贫困的根本原因。反之，中国没有多党竞选，但是中国政府由于不被权贵集团所制约，得以大力推行改革，改善民生，使得中国在发展经济和提高人民生活水平方面均领先于印度。

王绍光： 把中国的一切问题归咎于体制的人，是他们没有想清楚，这种政体思维方式本身有什么问题。政体思维是一种非常简单的思维方式，认识不到政治现实的复杂性，把复杂的政治现实简约为几个标签：民主、专制，非此即彼，截然对立。网上最近有篇文章，说中国的问题是一党制，是政体的问题。那么变成几个党好吗？很多人想搞两党制。但是他们没有想到，他想搞两党制，别人也想有两个党，最后可能出现几百个党、几千个党。

玛雅： 苏联解体后，出现了几百个政党。1995 年俄罗斯国家杜马选举，258 个社会联合组织参加竞选。普京于 2000 年提出《政党法》草案，对政党的组建及其活动范围加以限制。俄罗斯只有 1.4 亿人口，是中国的十分之一，按这个比例，中国如果实行多党制，将会出现几千个政党。

王绍光： 这种局面完全有可能出现。就像加拿大出现魁北克党、英国出现苏格兰党一样，中国会新疆成立一个党，西藏成立一个党，或者四川省里川南成立个党、川北成立个党。苏联 1991 年解体前就有争论：开放不开放？有人说，理想的改革方向是变成一个北欧式的国家，但是当时就有人指出，改革以后更可能跟非洲国家一样。事实上，在过去 20 年中很长一段时间，俄罗斯走过的政治道路确实不像北欧，而更像非洲，陷入混乱和贫困。普京上台后才把残局收拾起来，人均 GDP 从谷底爬出来，现在也只是比 1989 年的水平略高一点点。这个曾经的第二大世界超强国家的遭遇让人不胜唏嘘。所以，政体思维是非常简单的方式，沿着这个思维方式走下去，很多问题是不确定的，尤其结果是不确定的。以为政体一旦改变，好的结果就会出现，这样的逻辑思维是没有任何根据的。

玛雅： 尤其是中国，人口这么多，地区差异这么大，不确定性就更强。

王绍光： 所以，不能拿这件事做试验。中国 1912 年就有过这种试验，当时一开放，从政体的角度来看，非常像西方——多党制，有几百个党，有宪法，有议会，有总统，有选举，也有言论自由，表面上看什么都有。但是 1912—1916 年那段时间，中国到底怎么样？尤其后来造成的结果——军阀混战、一盘散沙，我们看得很清楚。那时候就有政体思维在作祟。梁启超在 1916 年写道，中国这些年什么都试过，多党、议会、联邦，西方来的理念都试过，但都不奏效，都不像我们想象的那么起作用。

政体思维这种非常简单的方式，在一个小的政治体里也许可行。像古希腊那样的小政治体，只有几千人、几万人，了不起 10 万、20 万人，相当于中国一个村或一个乡，用那种思路治理也许可以，但是要治理一个现代国家，仅仅强调政体的形式是绝对不行的。其实，按照真正的政体理论，西方国家也没有一个实行的是标准的民主制，它们都是混合政体，这种混合有大量的非民主因素，这样才能解决它们的实际问题。中国要是用非常简单的政体思维方式来解决问题，那就把国家带到沟里去了。

我讲“政体与政道”的问题，写文章，组织研讨会，目的就是要否定政体决定论这种思维方式，使更多的人采取一种新的思维方式，就是政道思维的方式。我认为，应该多考虑考虑治理的目标是什么、有多少种不同的治理方式，具体问题具体分析，这样来解决中国的问题可能会更好。

民主要谈，更重要的是谈社会主义

玛雅：政体决定论者诟病中国体制，是因为中国没有西式民主。不可否认，中国目前存在的一些问题确实与体制缺乏民主性有关系，比如民众政治参与度不高、对政府的监督力不够。2007 年我们曾经讨论过民主社会主义的问题，你认为，中国有没有可能通过对民主社会主义的摸索和实践，来完善现行的政治体制？

王绍光：这更多涉及社会主义的问题，不是民主的问题。现在在这个问题上，大家对社会主义反而谈得比较少，有些人甚至说，把所有的国有成分都去掉以后，只要政府还为老百姓谋福利，就是社会主义。我认为这是诡辩。

玛雅：这不就是俄罗斯式的转型吗？试图采用北欧模式。苏联改旗易帜后，整个国家性质都变了，但是俄罗斯把社会主义时期的福利体系保留下来，包括医疗、教育、基本住房等等。

王绍光：国内一些人心目中的样板也是北欧国家，有一整套社会福利。但是那并不是社会主义的，它只是一种福利而已。老百姓变成了消费者，不能真正决定国家的未来，也不能在最基层解决与自己利益相关的问题。所以，北欧国家不是民主社会主义，而是社会民主主义，这二者是有本质区别的。民主社会主义，英文是 democratic socialism，首先是社会主义，这个社会主义是民主的，不是专制的。社会民主主义，英文是 social democracy，是资本主义的，但是推行一整套的福利政策，从摇篮到墓地，来缓和阶级矛盾，资本家的利益得到保护，工人的利益也受到一些照顾。

很少人知道，北欧国家虽然国有制成分比较少，但是相当多的人是在国有机构工作。有些国家 30%的人是政府雇员，中国都没有这么高的比例。中国就是把农村基层干部也包括进来，国有企业的职工、3 000 万事业单位人员，再加上 1 000 多万公务员，怎么也到不了 30%，可能有 10%。中国要讲民主社会主义。民主社会主义很重要的一条是，先从基层开始，与你日常生活、工作相关的事务，你都有民主参与的权利，就是所谓的经济民主，这是民主社会主义最重要的成分。如果没有社会主义，根本不可能存在民主社会主义。

中国现在工业占 GDP 45%左右，工业生产总值大概只有 20%是国有企业生产的，商业就更少了，农业更是微乎其微。社会主义倒不是说一定得是国有的，但至少是公有的，是集体所有、共同所有。在公有成分已经非常少的情况下谈民主社会主义，要更多谈社会主义。怎么能够建立一种新的社会主义模式，这个比较难，全世界都没有答案。现在左翼对资本主义和新自由主义有很多批评，但是还拿不出一个替代方案。怎么去建立一种新的，为大多数人所能接受，同时在实践中又有比较好的效果的社会主义，现在大家不知道。在这种情况下，仅仅去谈民主参与，当然也可以谈，但是思路要开阔，就是我说的：民主并不是只有一个轮子，就是选举。

玛雅：你讲的“民主的四轮驱动”在互联网上传播很广，能不能简单介绍一下？

王绍光：“民主的四轮驱动”是说，民主可以有多种实现方式，我提到的有四种：选举、抽签、政治参与和群众路线。选举就不说了，说说其他方式。

先说抽签。抽签就是随机挑选，所以也叫抽选，即以随机抽取的方式选拔代表或官员。很多人不知道，抽选原本是古代雅典民主最重要的特征之一，曾经被罗马共和国以及文艺复兴时期的意大利城邦共和国广泛运用，以防止政治权力被少数豪强把持。直到 18 世纪末，西方思想家几乎一致认为，抽选是民主制的特征，而选举是寡头制或贵族制的特征。从 19 世纪开始，选举取代了抽选，成为所谓“民主”的标志。但是在以选举为特征的代议制民主下，政治权力实际上掌握在少数精英手中。近年来，在世界各地对新型民主的探索中，抽选再次引起人们的兴趣。讨论抽选在民主中的作用的文章和会议越来越多，而且出现了一系列抽选的试验。包括欧洲、加拿大、美国，都在进行这方面的试验。但国内没有人介绍抽选，我可能是唯一在谈这个问题的人。

还有政治参与。政治参与不要说在中国很少，在西方也一样很少。西方除了四年一次的选举之外，老百姓几乎不参与政治，也不了解政治。西方比较激进推进民主的人大力鼓吹政治参与，希望老百姓在四年一次的选举之间用各种各样的方式参与决策。但是西方老百姓，或者叫利益相关群体，参与决策的程度未必比中国高。我和胡鞍钢教授以及两位青年学者做了两个大的案例研究，准备出两本书，一个是有关“十二五”规划是怎么做出来的《大智兴邦：中国如何制定五年规划》（即将由中国人民大学出版社于 2014 年底出版），一个是有关中国医改方案是怎么做出来的《中国式共识型决策》（已由中国人民大学出版社于 2013 年 6 月出版）。我们发现，在中国的决策过程中，涉及的利益相关群体非常广，参与程度也挺高。如果从五年规划或各国医改的决策过程看，中国的政治参与程度不比美国低，和印度比，更是只高不低。

最后是群众路线。这是中国特色，尤其是中国共产党特色的一种方式。群众路线的逻辑正好和政治参与相反。政治参与的逻辑是：我是决策者，你是老百姓，我坐在房子里决策，你们愿意进来就进来，告诉我你们想要什么，不愿意进来就不进来。群众路线的逻辑是：我是决策者，你是老百姓，我有义务走到你跟前，了解你心里想要什么，尤其是到贫困的、没有参与能力的群体那里去，了解他们需要什么。所以，群众路线是民主非常重要的一部分。

玛雅：群众路线也是传统的中国式民主。

王绍光：我举一个例子说明群众路线的必要性。中央电视台有个报道，叫“皮里村的孩子们”。那是个很边远的地方，孩子们每天上学要走很远。没有路，沿着河边一个陡坡走，河水湍急，很危险。这些孩子有切切实实的需求，但是要让他们到北京去反映，参与政治决策，几乎没有可能。解决这个问题，只能用群众路线的方式。中央电视台“走基层”栏目走到那里，了解到这种情况，才能反映上去。包括决策者，也应该走出去，了解老百姓的需求。重庆前两年做了大量这种工作，三进三同，干部大下访，而不是等着老百姓来上访。这是群众路线的真髓。

所以我说，民主要谈，更重要的是谈社会主义。谈民主也不能只谈一种方式，要探索各种方式。我提的四种方式都应该谈，四个方面都要加强。现在一谈民主好像只有一件事，就是选举，这种思维方式太简单化了。

玛雅：说到重庆，重庆 2011 年出台了一个《共富 12 条》，提出 12 条具体措施，来促进实现共同富裕。十八大报告明确提出：必须坚持走共同富裕道路，坚定不移走中国特色社会主义道路。这种立场深得民心。你对这个问题怎么看？对中国的未来是否有信心？

王绍光：共同富裕是邓小平所讲的社会主义最重要因素中的一个。邓小平在 1990 年说：“共同致富，我们从改革一开始就讲，将来总有一天要成为中心课题。社会主义不是少数人富起来、大多数人穷，不是那个样子。”他在 1992 年视察南方谈话中又说：“走社会主义道路，就是要逐步实现共同富裕。”“如果富的愈来愈富，穷的愈来愈穷，两极分化就会产生，而社会主义制度就应该而且能够避免两极分化。”邓小平说得很清楚，社会主义首先要发展生产力，但是最终要实现共同富裕。如果我们今天把这个目标放弃了，把国有企业私有化，使得公有制慢慢消失，社会主义就所剩无几了。如果社会主义的本质丧失了，那我前面讲的那几个体制优势就都变成劣势了。

我对中国未来的发展更多是持乐观的态度。我已经经历了中国的几次剧变，1976 年一次，1989 年一次，我当时感到很悲观，但是中国都过来了。

玛雅：说明共产党有自我纠偏的能力。

王绍光：共产党有纠偏的能力，是因为中国老百姓能够产生巨大的压力，所谓得民心者得天下。十八大召开前，党内有些人想丢掉共同富裕目标，进一步往资本主义道路上走，这是一个危险的信号。那期间有外国学者跟我说，他在中国访问过的不少“精英分子”都确信，十八大后，中国会不得不大步走向资本主义。我的回应是，他们一定会非常失望，因为他们错把自己的愿望当成了中国未来的走向。我认为，中国全面走向资本主义的可能性不大，因为这会伤害大多数人的利益，所以阻力会非常大。大多数人不会接受这种选择，从底层到党内，再到党的最高层，都不会接受。十八大和刚刚结束的全国人大会议都明确提出，坚持社会主义道路，坚持共同富裕，向全党和全国人民指明了中国发展的方向和目标。所以从长远来看，我对中国的未来有信心。

五、坚守方向、探索道路*

——中国社会主义实践60年

“一个幽灵，共产主义的幽灵，在欧洲游荡”。当《共产党宣言》最初用德文在1848年出版时，“共产主义者同盟”还是一个秘密团体，其影响局限在英、法等欧洲国家。过了半个世纪，到19世纪末叶，这个“幽灵”出现在中华广袤的大地上。又过了半个世纪，到20世纪中叶，社会主义已经变成滚滚洪流，席卷全球。以共产主义为最终奋斗目标的中国共产党也在此时夺取了全国政权，中华儿女开始英姿勃发地迈向社会主义。再过半个世纪，到20世纪末叶，一度红红火火的社会主义陷入前所未有的低谷，以至有人大胆断言：历史已经终结，人类社会只有资本主义一途，别无选择。

在过去20多年里，“市场原教旨主义”甚嚣尘上。它的许诺很简单，也很诱人：只要将财产权交给私人，将决策权交给追求自身利益最大化的私人业主，将政府干预降至最低程度，市场这只“看不见的手”就会源源不断地创造出无尽的财富，“下溢效应”最终会让所有人受益。

然而，正如卡尔·波兰尼指出的那样，“这种自我调节的市场的理念，是彻头彻尾的乌托邦。除非消灭社会中的人和自然物质，否则这样一种制度就不能存在于任何时期；否则，它将摧毁人类并将其环境变为一片荒野”[1]。20世纪末，在“华盛顿共识”肆意蔓延的同时，穷国与富国、穷人与富人之间的鸿沟越拉越大，致使贫富差距最大的拉丁美洲国家纷纷向

---

* 本文是为庆祝中华人民共和国成立六十周年而作，曾发表于《中国社会科学》，2009(5)。

左转。到21世纪初，市场原教旨主义的危害已变得如此明显，以至于它的一些有良知的信徒也看不过眼。香港《信报》创办人林行止先生自称写了30多年政经评论，在2007年10月16日的专栏里，他开始对于自己“年轻时是盲目的自由市场信徒……一切讲求经济效益，认为企业的唯一功能在替股东牟取最大利润”表示反省。[2]2008年4月28日，他又发表专栏文章，重申“对过去理直气壮地维护资本主义制度颇生悔意”，因为“看到了太多不公平手段和欺诈性活动，而一些本以为‘放诸四海而皆准’的理论则经不起现实考验”。他恳切地希望“中国不要彻底走资”，认为“社会主义的确能够维系社会公平”[3]。

林行止转向不久，一场严重的经济危机从美国蔓延至全世界，作为资本主义象征的大型企业一个接一个面临破产倒闭的厄运。迫不得已，从冰岛到爱尔兰，从澳大利亚到日本，从英国到美国，政府纷纷出手将银行、保险公司、汽车企业国有化。难怪美国《新闻周刊》封面文章不无揶揄地惊呼：“我们都是社会主义者了！”[4]

“沧海横流，方显英雄本色。”虽然世界经济危机也拖累了中国经济，但现在全世界都承认，社会主义的中国经济将维持正增长，成为全球经济复苏的火车头之一。在这种强烈的反差对比之下，重新审视中国坚守的方向和走过的道路，意义非同寻常。

前30年的探索

在全国解放前夕，毛泽东就指明了新中国未来的方向，即“经过人民共和国到达社会主义和共产主义，到达阶级的消灭和世界的大同”[5]。在他看来，只有社会主义才能救中国，使中华民族不再是“一个被人侮辱的民族”，而是一个“站起来”的民族。[6]

建立人民共和国以后，毛泽东反复强调，我们的总任务是，“建设一个伟大的社会主义国家”，“要实现社会主义工业化，要实现农业的社会主义化、机械化”[7]，要“改变我国在经济上和科学文化上的落后状况，迅速达到世界上的先进水平”[8]。到1957年，他把这个目标清楚地概括为

“建设一个具有现代工业、现代农业和现代科学文化的社会主义国家”[9]。为实现这个目标，首先必须大力发展生产力。20 世纪 50 年代，中国还十分贫穷、十分落后，毛泽东非常重视生产力的发展。他指出：“韩愈有一篇文章叫《送穷文》，我们要写送穷文。中国要几十年才能将穷鬼送走”[10]。他还提醒全国人民“现在我们能造什么？能造桌子椅子，能造茶碗茶壶，能种粮食，还能磨成面粉，还能造纸，但是，一辆汽车、一架飞机、一辆坦克、一辆拖拉机都不能造”。他认为，要经过三个五年计划，即 15 年左右，才可以打下一个基础；要经过大约 50 年即十个五年计划，才能建成一个富强的中国。[11]当然，作为社会主义国家，“这个富，是共同的富，这个强，是共同的强，大家都有份”[12]。

既然方向是明确的，因此渡过 1949—1952 年的国民经济恢复时期以后，毛泽东便开始探索一条适合中国情况的社会主义改造道路。

所有制方面的探索

如表 5—1 所示，1952 年，公有经济在整个国民经济中所占的比重还不大，非公有经济仍占统治地位。社会主义改造就是要将农业和手工业的个体所有制改变为社会主义的集体所有制，将私营工商业的资本主义所有制改变为社会主义的全民所有制，使生产资料的公有制成为我国唯一的经济基础。在毛泽东看来，社会主义改造的目的也是解放生产力[13]，因为只有先解决所有制问题，才能使生产力大大地获得解放，为发展新生产力开辟道路，为大大地发展工业和农业生产创造社会条件。[14]经过四年，中国于 1956 年基本完成了社会主义改造。到 1957 年，公有经济已一跃占据国民经济的支配地位。

表 5—1　　各种经济成分比重变化表（%）

年份	公有经济			非公有经济	
	国有经济	集体经济		资本主义经济	个体经济
		合作经济	公私合营		
1952	19.1	1.5	0.7	6.9	71.8
1957	33.2	56.4	7.6	0	2.8
1978	56.2	42.9		0	0.9

续前表

<table>
<tr><th rowspan="3">年份</th><th colspan="3">公有经济</th><th colspan="2">非公有经济</th></tr>
<tr><th rowspan="2">国有经济</th><th colspan="2">集体经济</th><th rowspan="2">资本主义经济</th><th rowspan="2">个体经济</th></tr>
<tr><th>合作经济</th><th>公私合营</th></tr>
<tr><td>1997</td><td>41.9</td><td colspan="2">33.9</td><td colspan="2">24.2</td></tr>
<tr><td>2005</td><td>31.0</td><td colspan="2">8.0</td><td colspan="2">61.0</td></tr>
</table>

资料来源：国家统计局：《伟大的十年》，36 页，北京，人民出版社，1959；《数字看变化：国有经济地位稳固 非公经济比重上升》，见 http://www.jiaodong.net/news/system/2002/10/08/000532129.shtml；李成瑞：《关于我国目前公私经济比重的初步测算》，见 http://www.wyzxsx.com/Article/Class4/200605/6832.html。

不少人认为，1957 年以前，中国曾完全照搬苏联模式。这完全是误解。在这一点上，毛泽东很清醒，“我们信仰马列主义，把马列主义普遍真理同我们中国实际情况相结合，不是硬搬苏联的经验。硬搬苏联经验是错误的。我们对资本主义工商业的改造和农业的合作化是跟苏联不同的”[15]。苏联对资本家采取了剥夺政策，甚至试图在肉体上消灭资本家；中国则通过赎买的方式将私人资本转化为公有资本，力图将资本家改造成自食其力的社会主义劳动者。苏联采取命令主义和专横的方式进行农业集体化，并对富农采取以暴力手段彻底剥夺和消灭的政策；中国的农业集体化则不带有苏联那样的强制性，过程也没有苏联那么混乱。结果当然也不一样，“苏联农业集体化后几年是减产的，而我们农业合作化后是增产的”[16]。

虽然毛泽东希望有朝一日实现所有生产资料全民所有制，但他特别强调，在现阶段全民所有制和集体所有制这两种社会主义所有制形式的界限“必须分清，不能混淆”。“苏联宣布了土地国有，我们没有宣布土地国有。斯大林不卖拖拉机等生产资料给集体农庄，我们卖给人民公社。所以在我们这里，劳动、土地及其他生产资料统统都是集体农民的，是人民公社集体所有的。因此，产品也是集体所有的”[17]。苏联在 1936 年宣布建成社会主义。次年，国家所有制已占到全部工业成分的 99.97%；国营农业在农业固定基金中所占的份额也高达 79.2%。此后，在苏联，这种生产资料高度集中于国家的状况不仅没有削弱，反而被不断强化。[18] 中国则不同，1956 年以后，虽然国有企业在国民经济中扮演越来越重要的角色，但直到改革开放前夜的 1978 年，国有企业在国民经济中的比重也才刚刚过半（见表 5—1）。同一年，在全国工业总产值中，国有企业占 77.16％，集体企业占 22.14％。但从工业企业数目上看，国有企业只有 83 700 家，而集体企业多达 264 700 家。[19]除此之外，中国还在“大跃进”和“文革”后期大力扶植一种新型企业，即农村“社队企业”（1984 年后改称“乡镇企业”）。1978 年，全国社队企业达 152 万家，社会总产值 491 亿元，占全社会总产值的比重为 7.17％，占农村社会总产值的比重为 24.10％，并安置农村劳动力 2 827 万人，占农村劳动力总量的 9.2％。[20]企业数目如此之多，使得严格的中央计划难以实现，也为改革开放后出现竞争的局面奠定了基础。

计划方面的探索

如果说 1956 年以前有“照抄”苏联的地方，那主要是指在制定五年计划方面。大规模推进社会主义工业化是一项极其艰巨的任务，牵涉到一系列复杂的问题。毛泽东承认：“对于政治、军事，对于阶级斗争，我们有一套经验，有一套方针、政策和办法；至于社会主义建设，过去没有干过，还没有经验”[21]。由于解放初新中国领导人对建设还是懵懵懂懂，唯一的出路便是向苏联学习。中国从 1951 年初就开始着手编制第一个五年计划（1953—1957 年），前后共编制了 5 次。期间，毛泽东还派出以周恩来为团长，陈云、李富春为副团长的政府代表团到苏联取经。周恩来和陈云在苏联长达一个多月，李富春则率代表团在苏联逗留达 10 个月之久。[22]

虽然“一五”是向苏联学习的产物，但它却不是一个苏式计划。主持制定该计划的陈云便坦承：“这个计划，有比较准确的部分，即国营经济部分。也有很不准确的部分，如农业、手工业和资本主义工商业，都只能做间接计划【即不是指令性计划】，而这些部分在我国国民经济中又占很大比重。我们编制计划的经验很少，资料也不足，所以计划带有控制数字的性质，需要边做边改”[23]。另外，这个 1953 年开始的计划，直到 1955 年 7 月才经第一届全国人民代表大会第二次会议正式通过；1955 年 11 月 9 日和 12 月 19 日，国务院才先后发布命令，要求各地、各部门执行它。

而到1956年，计划规定的任务已经提前完成了。[24]可见这个计划并不像苏式计划那么死板。

基于有关矛盾普遍性的哲学观和对“一五”的观察，毛泽东并不相信严格的苏式计划。他在读苏联《政治经济学教科书》下册时，对第26章“国民经济有计划按比例发展的规律”批评最多。他认为，“有不平衡，有比例失调，才能促使我们更好地认识规律。出了一点毛病，就以为不得了，痛哭流涕，如丧考妣，这完全不是唯物主义者应有的态度”[25]。因此，“计划常常要修改，就是因为新的不平衡的情况又出来了”[26]。毛泽东更多的是强调统筹兼顾，综合平衡，两条腿走路，在优先发展重工业的条件下，实现几个“同时并举”（包括工农业同时并举、轻重工业同时并举、大中小企业同时并举、洋法土法同时并举、中央与地方同时并举）。在这种指导思想下，“二五”（1958—1962年）计划开始执行不久，就被接踵而来的“大跃进”打乱。其后出现的国民经济主要比例关系失调使得经济建设不能按原来的部署继续进行，只得于1961年实行国民经济调整、充实、巩固、提高的“八字方针”。这次调整一直持续到1965年，致使“三五”延迟到1966年才开始。[27]

但“三五”（1966—1970年）开始之际正是“文革”爆发之时。在翻天覆地的“文革”最初三年，任何计划工作都难以进行。1967年虽然定出了年度计划，但无法传达到基层；1968年干脆就没有计划；而1969年，除原油产量外，几乎完全没有实现计划指标。[28]

“四五”计划（1971—1975年）指标直到1971年4月才下达。而到1973年，毛泽东认为，计划工作仍没有走上正轨，有必要拟定《第四个五年国民经济计划纲要（修正草案）》。[29]

由此可见，毛泽东时代的计划体制远不像苏联体制那么僵化，而总是变动不居。不过，变动不居的代价是经济增长呈现剧烈的波动性（见图5—1）。

中国计划体制与苏联更大的不同是其分权的程度。毛泽东从来不喜欢苏式中央计划体制，这主要是因为他从骨子里厌恶官僚体制。早在1953年，他就反对地方工业上缴利润太多，因为这意味着“用于扩大再生产的投资就太少了，不利于发挥地方的积极性”[30]。到1956年谈《论十大关系》时，他反复强调，“有中央和地方两个积极性，比只有一个积极性好

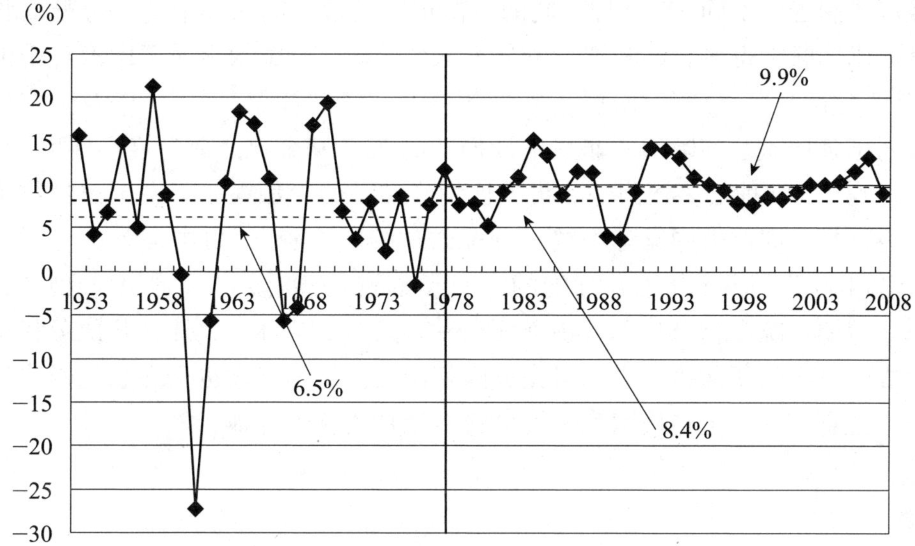

图 5—1 中国 GDP 增长率（1953—2008 年）

得多。我们不能像苏联那样，把什么都集中到中央，把地方卡得死死的，一点机动权也没有”[31]。1958 年 2 月，他又提出在中国搞“虚君共和”的设想。[32] 此后，只要一有机会，他就会极力推行权力下放。第一次是 1957—1958 年，中央大规模下放了财权、计划管理权、企业管理权。[33] 由于“大跃进”受挫，1961 年后，在刘少奇、陈云主持下，中国恢复了对国民经济的集中统一管理，收回了前几年下放的权力。然而对毛泽东来说，收权仅仅是摆脱暂时困难的权宜之计。一旦经济好转，他决心再一次打碎苏式的中央计划体制。1966 年 3 月，毛泽东在杭州政治局会议上再次提出“虚君共和”的口号，批评中央收权收得过了头，指示凡是收回了的权力都要还给地方。用他的话说就是“连人带马全出去”[34]。不过，几个月后开始的“文革”延迟了他的分权计划。70 年代初，形势刚刚稳定下来，毛泽东再一次发起了分权运动。这次，他要求所有“适合”地方管理的企业统统将管理权下放到地方，连鞍钢、大庆油田、长春第一汽车制造厂、开滦煤矿这些巨型企业也不例外。与此同时，财政收支权、物资管理权也再次下放。[35]

虽然，其后周恩来、邓小平加强了中央政府的主导权，但到“文革”结束时，中国已经是一个相当分权化的国家，与苏式高度中央集权的计划经济体制迥然不同。[36]这种不同的一个重要表现是国家集中统一分配的物资远比苏联少得多。苏联把物资分为三种，即：分配权限属于国家计委的“基金化产品”，分配权限属于中央各部的“集中计划产品”，以及分配权限属于各加盟共和国的“非集中计划产品”。“基金化产品”在50年代初就达到2 370种之多；而“非集中计划产品”的份额很小。中国也把物资分为三类，即：由国家计委统一分配的“统配物资”，由中央各部分配的“部管物资”，以及由地方分配的“三类物资”。如图5—2所示，到“文革”后期，统配物资与部管物资加在一起只有217种。此外，几次分权让地方政府尝到了甜头，它们对完成国家调拨指标的态度也未必总是唯唯诺诺；更有甚者，拒绝按国家调拨价将本地物资卖给外地。[37]

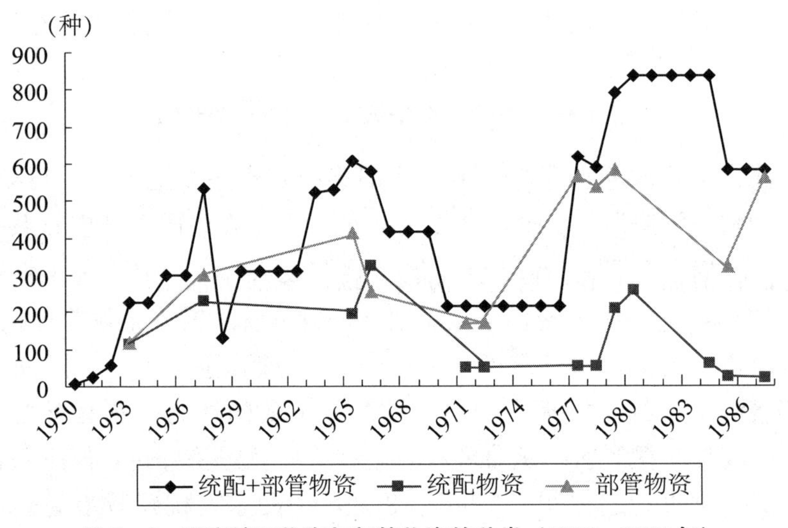

图5—2 国家统配物资与部管物资的种类（1950—1988年）

破除“资产阶级法权”方面的探索

毛泽东对社会主义道路的探索20世纪50年代中期以前集中在所有制上，50年代中期以后开始转移到计划体制上。50年代后期，他还开始了另一方面的探索，即破除“资产阶级法权”，改变人与人的关系，后来也被叫作“反修防修”。[38]

实际上，早在1957年，毛泽东就提出，虽然生产资料所有制方面的社会主义改造完成了，但“人的改造则没有完成”[39]。次年，在评论斯大林《苏联社会主义经济问题》一书时，他进一步指出，经过社会主义改造，基本上解决了所有制问题以后，人们在劳动生产中的平等关系，是不会自然出现的。资产阶级法权的存在，一定要从各方面妨碍这种平等关系的形成和发展。在人与人之间的相互关系中存在着的资产阶级法权，必须破除。例如，等级森严，居高临下，脱离群众，不以平等待人，不是靠工作能力吃饭而是靠资格、靠权力，干群之间、上下级之间的猫鼠关系和父子关系，这些东西都必须破除，彻底破除。破了又会生，生了又要破。[40]那时，他用来破除资产阶级法权的手段是搞整风、搞试验田、批判等级制、下放干部、两参一改（干部参加劳动，工人参加管理，改革不合理的规章制度）等。其后，1963—1966 年在全国城乡开展的社会主义教育运动也是为了解决这个问题。但在毛泽东看来，这些措施都不足以打破“资产阶级法权”、消除“资本主义复辟”的危险。

毛泽东于“文革”前夕发表的《五七指示》[41]是他晚年的理想宣言，从中我们可以看出毛泽东憧憬的是一个逐步消灭社会分工，消灭商品，消灭工农、城乡、体力劳动和脑力劳动这三大差别的扁平化社会，其目标是实现人们在劳动、文化、教育、政治、物质生活方面全方位的平等。“文革”前期对所谓“走资派”的批判以及“文革”后期对“新生事物”（“五七”干校，知识青年上山下乡，革命样板戏，工农兵上大学、管大学，工宣队，贫宣队，赤脚医生，合作医疗，老中青三结合，工人—干部—知识分子三结合，等等）的扶持都可以看作实现他理想的途径。

不过，经过 8 年“文革”后，毛泽东认为，靠一次“文革”还不能实现他的目标。在 1974 年关于理论问题的谈话中，他透露出壮志未酬的感慨：中国属于社会主义国家。解放前跟资本主义差不多。现在还实行八级工资制，按劳分配，货币交换，这些跟旧社会没有多少差别。所不同的是所有制变更了。我国现在实行的是商品制度，工资制度也不平等，有八级工资制，等等。[42]这也成为他“继续革命”的理论依据。毛泽东逝世前，于 1975 年 10 月至 1976 年 1 月间又多次谈到“资产阶级法权”问题，他的结论是：一百年后还要革命，一千年后还要革命。[43]

简而言之，毛泽东对社会主义道路的探索集中在三个方面：在所有制问题上，中国没有偏重纯而又纯的大型国有企业，而是造就了上百万集体所有制的中小企业；在计划问题上，中国没有实行中央集权的计划体制，而是在很大程度上将财政收支权、计划权、物资管理权下放给各级地方政府；在“资产阶级法权”问题上，中国没有形成森严的等级制，而是用种种方式促进人们在经济、社会、政治、文化地位上的平等，当然“阶级敌人”除外。

前30年探索的成就

与苏式体制相比，中国成百万中小企业的存在、各地相对完整的产业体系以及分权的计划体制为改革开放后的市场竞争创造了有利的制度条件。除此之外，尽管历经波折，毛泽东时代取得的不俗的经济增长速度（1953—1978年间，GDP年均增长速度达6.5%）[44]，也为改革开放后的高速经济增长奠定了坚实的“硬件”与“软件”基础。

从“硬件”方面讲，毛泽东时代为中国建立起一个独立的、比较完整的工业体系（包括国防工业体系）和国民经济体系，一个由铁路、公路、内河航运、民航空运构成的交通运输网络，为80年代以后的经济起飞创造了有利条件。更重要的是，这一时期投入了大量人力物力治理大江、大河、大湖，修建了长达20多万千米的防洪堤坝和8.6万个水库，大大减少了肆虐千年的旱涝灾害；进行了大规模农田基本建设，使灌溉面积比例由1952年的18.5%大幅提高到1978年的45.2%，基本上保证了10亿中国人吃饭、穿衣的需求。[45]

从“软件”方面讲，首先，土地改革、社会主义改造以及限制“资产阶级法权”的种种措施使中国变成一个十分扁平化的社会，不存在任何势力强大的“分利集团”。直到80年代初，中国的不平等程度仍远远低于世界平均水平。[46]大量跨国实证性研究证明，平等往往有利于经济增长，而不平等往往导致经济停滞不前。[47]因此，平等的社会结构是改革开放后经济高速增长的制度保障之一。“分利集团”是美国著名经济学家曼库尔·奥尔森（Mancur Olson）在1982年出版的《国家兴衰探源》一书中提出的概念。他认为，过于稳定的政体容易滋生出势力强大的“分利集团”，它们不关心社会总收益，而是一心一意地“寻租”，想方设法要从现有社会总收益中多分几杯羹。[48]奥尔森的潜台词是，隔一段时间来场“运动”

是件好事，可以打烂“分利集团”，有利于其后的经济增长。在2000年出版的遗著《权力与繁荣》中，奥尔森更直接拿中国与前苏联作比较，认为中国改革成功的原因之一在于毛泽东的“文革”打破了凝固的制度，使当时的中国不存在任何强势“分利集团”，为日后的改革扫平了道路。[49]正是在这个意义上，耶鲁大学法学院教授苏珊·萝丝-艾克曼（Susan Rose-Ackerman）提出一个有意思的问题：“奥尔森是不是个毛主义者？”[50]

此外，毛泽东时代强调公共消费，而不是个人消费，尤其是在医疗与教育领域。[51]那时，中国还很穷，但几乎所有的城乡人口都享有某种形式的医疗保障，使中国人民的健康指标大幅改善，平均预期寿命从解放前的35岁增加到1980年的68岁，婴儿死亡率也从解放前的约250‰减少到1980年的50‰以下。当时中国医疗卫生服务的公平性和可及性受到了联合国妇女儿童基金会、世界卫生组织和世界银行的高度赞誉。[52]中国低成本、广覆盖的卫生保健模式也在1978年的阿拉木图会议上受到推崇，成为世界卫生组织在全球范围内推广初级卫生服务运动的样板。[53]在毛泽东时代，各级教育也高速发展。学龄儿童入学率由解放前的20%左右迅速增加到1976年的97.1%，成人文盲率由1949年的80%急剧下降至1982年的22.8%。[54]表5—2显示，共和国前30年，基础教育发展很快。小学在校生人数增长了5倍，初中生增长了54倍，高中生增长了61倍。即使是“文革”中曾一度停办的大学，其在校生人数也比1949年增加了好几倍。[55]

表5—2　　主要年份各级各类学校在校学生数（万人）

年份	大学	高中	初中	小学
1949	11.7	20.7	83.2	2 439.1
1959	81.2	143.5	774.3	9 119.9
1969	10.9	189.1	1 832.4	10 066.8
1979	102.0	1 292.0	4 613.0	14 662.9
1989	208.2	716.1	3 837.9	12 373.1
1999	413.4	1 049.7	5 721.6	13 548.0
2007	1 884.9	2 522.4	5 720.9	10 564.0

不仅让人们活得健康、有知识是发展的目的，健康和知识也提高了人力资本的素质，反过来有利于促进经济增长。[56]对于经济增长，这种

“软”基础设施与“硬”基础设施一样重要。假如没有共和国前 30 年在“软”、“硬”两方面打下的坚实基础，后 30 年经济的腾飞是难以想象的。这一点，印度裔诺贝尔经济学奖得主阿玛蒂亚·森看得很清楚。他了解，“1949 年政治变革时中国的生活条件与当时印度的情况大致相差无几。两个国家都属于世界上最穷的国家之列，死亡率、营养不良和文盲程度都很高”[57]。但到改革前，“印度和中国所处的相对地位就决定性地确立了”，因为中国在初级教育和初级卫生保健方面取得了非同寻常的进步。[58] 因此，他得出结论：“改革前中国在教育、保健、土地改革和社会变化方面的成就，对改革后的成绩做出了巨大的积极贡献，使中国不仅保持了高预期寿命和其他相关成就，还为基于市场改革的经济扩展提供了坚定支持”[59]。刚刚去世的乔万尼·阿里吉（Giovanni Arrighi）更是用大量跨国数据证明，后 30 年，中国经济之所以能够快速增长，其奥妙就在于中国的劳动力素质比其他发展中国家高。[60]

近年来，人们往往用联合国开发署的“人类发展指数”作为衡量各国社会发展水平的综合指标。如图 5—3 所示，1950 年，中国是世界上人类发展指数最低的国家之一，仅为 0.16，与印度不相上下；到 1975 年，中国的指数已提升至 0.53，远远超过印度的 0.42。

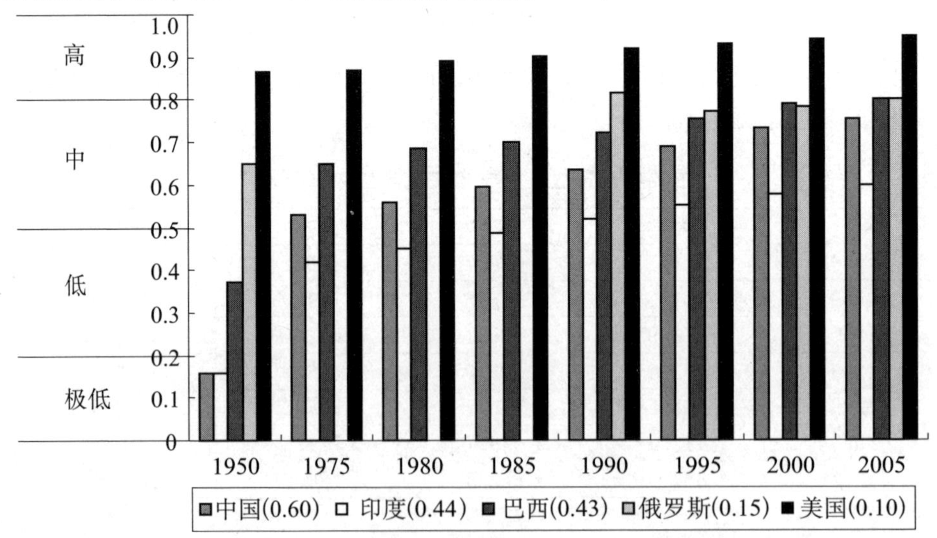

图 5—3 人类发展指数的变化：五大国比较

说明：国家名称后面的数字代表 1950—2005 年间，该国人类发展指数的增加值。

万丈高楼平地起，最关键的是要打牢基础。北宋的苏辙在《新论中》有一段很精辟的话："欲筑室者先治其基，基完以平，而后加石木焉，故其为室也坚"[61]。共和国的前 30 年就是打基础的 30 年。打基础是很艰苦、耗费时日的，而且打基础的人当时未必能马上享受高楼大厦的舒适。但是，如果没有前 30 年打下的坚固基础，就不可能有后 30 年那些拔地而起的宏伟楼群。

后 30 年的探索

尽管共和国前 30 年取得的成就超过以往任何时代[62]，但到第二个 30 年开始的时候，中国还是一个穷国。1978 年，全国 7.9 亿农村居民中有 2.5 亿生活在贫困线以下（人均年收入 100 元），相当于当时农村人口的 30.7%。当年，农村居民人均年收入才 133.6 元，城镇居民人均年收入也不过区区 343.4 元。[63]这种状况离社会主义的理想显然相去甚远，用邓小平的话说，"现在虽说我们也在搞社会主义，但事实上不够格"[64]。

邓小平的探索

毛泽东逝世后，邓小平在总结前 30 年经验教训的基础上对社会主义道路进行了新的探索。

为了替下一步的探索扫除思想障碍，在 1978—1980 年间，邓小平首先强调解放思想、实事求是[65]；强调马克思主义也要发展，毛泽东思想也要发展，否则就会僵化[66]。这与当年毛泽东倡导摆脱苏联模式的桎梏有异曲同工之妙。邓小平特别指出，"不解放思想不行，甚至于包括什么叫社会主义这个问题也要解放思想"[67]。与毛泽东一样，邓小平也把社会主义道路的探索看作一个开放的过程；他不止一次坦承，"我们总结了几十年搞社会主义的经验。社会主义是什么，马克思主义是什么，过去我们并没有完全搞清楚"[68]；"什么叫社会主义，怎样建设社会主义，还在摸索之中”[69]。

不过，有一点从一开始就是清楚的，“我们不要资本主义，但是我们也不要贫穷的社会主义，我们要发达的、生产力发展的、使国家富强的社会主义”[70]。既然“贫穷不是社会主义”[71]，社会主义的主要任务就是发展生产力，使社会物质财富不断增长，使人民生活一天天好起来。[72]

为了促进生产力的发展，邓小平从1980年起就开始提倡一部分人和一部分地方先富裕起来。[73]同样为了促进生产力的发展，在邓小平的带领下，中国开始探索如何在社会主义基础上将计划与市场结合起来。[74]1981年，中共十一届六中全会提出“在公有制基础上实行计划经济，同时发挥市场调节的辅助作用”，突破了完全排斥市场调节的传统计划经济概念。1984年，中共十二届三中全会又提出“社会主义经济是公有制基础上的有计划的商品经济”，突出计划与市场的内在统一性。1992年，邓小平更明确提出“社会主义市场经济”的概念。[75]此后，市场逐步取代计划，成为中国生产要素配置的基础性机制。

对社会主义而言，发展生产力的必要性和重要性毋庸置疑，但发展生产力毕竟不是社会主义与资本主义的分水岭，市场也不是社会主义特有的东西。那么除了实行市场经济、发展生产力外，社会主义最本质的特点是什么呢？邓小平认为，第一是公有制，包括全民所有制与集体所有制。改革开放初期，他强调，作为社会主义的基本制度，公有制是不能动摇的，否则就会产生一个新的资产阶级。[76]从1980年起，他不再强调纯而又纯的公有制，而是强调公有制为主体[77]，目的是为了给非公有经济的发展留出足够的空间。1985年他说，“我们允许个体经济发展，还允许中外合资经营和外资独营的企业发展，但是始终以社会主义公有制为主体”[78]。的确，那时公有制仍占整个经济的90%以上。[79]哪怕是7年后他视察南方时，在改革开放前沿的深圳，公有制仍是主体，外商投资只占1/4。[80]即使到邓小平去世的1997年，公有制在整个国民经济中也还占有3/4的天地（见表5—1）。

邓小平认为社会主义的第二个特点是共同富裕。在他看来，“如果走资本主义道路，可以使中国百分之几的人富裕起来，但是绝对解决不了百分之九十几的人生活富裕的问题”[81]。他强调，“社会主义与资本主义不同的特点就是共同富裕，不搞两极分化。创造的财富，第一归国家，第二归人民，不会产生新的资产阶级。国家拿的这一部分，也是为了人民，搞点国防，更大部分是用来发展经济，发展教育和科学，改善人民生活，提高人民文化水平”[82]。他解释道，“我们提倡一部分地区先富裕起来，是为了激励和带动其他地区也富裕起来，并且使先富裕起来的地区帮助落后的地区更好地发展。提倡人民中有一部分人先富裕起来，也是同样的道理”。同时他警告，“如果我们的政策导致两极分化，我们就失败了；如果产生了什么新的资产阶级，那我们就真是走了邪路了”[83]。

类似的话，他反复说了多次，为的是从理论上将社会主义与资本主义区分开来。但在整个 80 年代，他的关注点一直放在如何进行市场改革，如何加快对外开放，如何推动非公有经济发展，如何激励一部分人、一部分地区先富裕起来上。

值得注意的是，1992 年南方谈话以后，邓小平的关注点发生了变化。一方面，他更关注公有制为主体。在审阅十四大报告稿时，他开始重提“两个飞跃”的设想，即农村在实行一段家庭联产承包责任制后，还应走集体化、集约化的道路。用他的话说：“社会主义经济以公有制为主体，农村也一样，最终要以公有制为主体”[84]。另一方面，他更关注共同富裕问题。1993 年，在与弟弟邓垦谈话时，他感慨道：“十二亿人口怎样实现富裕，富裕起来以后财富怎么分配，这都是大问题。题目已经出来了，解决这个问题比解决发展起来的问题还困难……少部分人获得那么多财富，大多数人没有，这样发展下去总有一天会出问题。分配不公，会导致两极分化，到一定时候问题就会出来。这个问题要解决。过去我们讲先发展起来。现在看，发展起来以后的问题不比不发展时少”[85]。这两方面的变化表明，邓小平对社会主义本质的认识进一步深化了。以前他一度以为，只要把“饼”做大，就可以最终让 12 亿人实现共同富裕。这时他认识到，即使经济快速发展，大多数人也未必一定获益。只有坚持社会主义方向，坚持社会主义的基本制度，才有可能“利用各种手段、各种方法、各种方案来解决这些问题”[86]。不过，说这些话时，邓小平已经不管日常工作。他的这些观点十余年后才公布于世。

邓小平在世时，公有制一统天下的局面已被打破。个体经济、私营经济、外资经济迅速发展，还出现了不同所有制互相参股的混合所有制。不过，那时非公有制经济仅仅被看作公有制的“必要补充”，现存公有制企业也没有改变性质。这一点在图5—4中看得很清楚：虽然公有制单位雇员占城镇就业人口的比重从1978年的99.8%降到1996年的71.6%，但公有制单位雇员的绝对数却在同一时期内从9 500万增加到了14 260万。

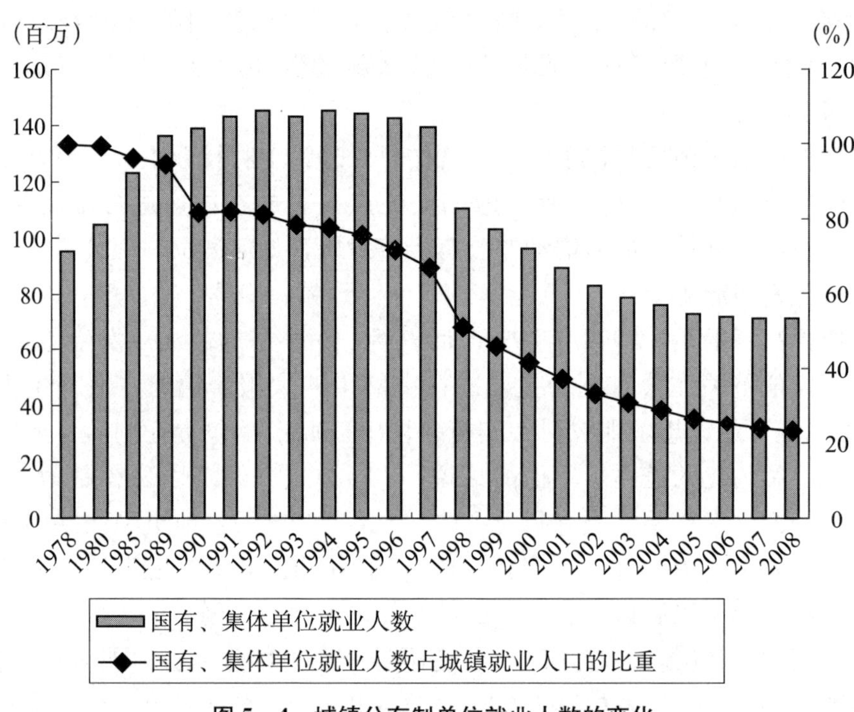

图5—4　城镇公有制单位就业人数的变化

十五大以来的探索

所有制格局的重大变革出现在邓小平逝世之后。如表5—3所示，在历次党代会报告中，没有哪次比1997年发布的十五大报告对所有制改革着墨更多。十五大报告对“公有制”和“公有制占主体”都提出了新的解释。“公有制”不仅包括传统的国有制和集体所有制，还包括国家和集体控股的股份制、股份合作制，以及劳动者的劳动联合和劳动者的资本联合为主的集体经济。而“公有制占主体”被解释成“公有资产在社会总资产中占优势；国有经济控制国民经济命脉，对经济发展起主导作用”。反过来说，有的地方、有的产业公有资产不一定非占优势不可；对不是关系国民经济命脉的行业和领域，国有经济不必非占支配地位不可。如此说来，只要坚持这种“公有制占主体”，国有经济和集体经济比重减少一些，不会影响中国的社会主义性质。

表 5—3　　十一届三中全会以来有关所有制改革的新提法

文件	提法
1981 年，十一届六中全会《关于建国以来党的若干历史问题的决议》	● 国营经济和集体经济是我国基本的经济形式，一定范围的劳动者个体经济是公有制经济的必要补充。
1984 年，十二届三中全会《中共中央关于经济体制改革的决定》	● 要在自愿互利的基础上广泛发展全民、集体、个体经济相互之间灵活多样的合作经营和经济联合，有些小型全民所有制企业还可以租给或包给集体或劳动者个人经营。 ● 利用外资，吸引外商来我国举办合资经营企业、合作经营企业和独资企业，也是对我国社会主义经济必要的有益的补充。
1987 年，十三大报告	● 公有制经济本身也有多种形式。除了全民所有制、集体所有制以外，还应发展全民所有制和集体所有制联合建立的公有制企业，以及各地区、部门、企业互相参股等形式的公有制企业。 ● 在不同的经济领域，不同的地区，各种所有制经济所占的比重应当允许有所不同。
1992 年，十四大报告	● 在所有制结构上，以公有制包括全民所有制和集体所有制经济为主体，个体经济、私营经济、外资经济为补充，多种经济成分长期共同发展，不同经济成分还可以自愿实行多种形式的联合经营。 ● 国有企业、集体企业和其他企业都进入市场，通过平等竞争发挥国有企业的主导作用。
1993 年，十四届三中全会《中共中央关于建立社会主义市场经济体制若干问题的决定》	● 随着产权的流动和重组，财产混合所有的经济单位越来越多，将会形成新的财产所有结构。 ● 就全国来说，公有制在国民经济中应占主体地位，有的地方、有的产业可以有所差别。 ● 公有制的主体地位主要体现在国家和集体所有的资产在社会总资产中占优势，国有经济控制国民经济命脉及其对经济发展的主导作用等方面。

续前表

文件	提法
1997 年，十五大报告	● 公有制的主体地位主要体现在：公有资产在社会总资产中占优势；国有经济控制国民经济命脉，对经济发展起主导作用。这是就全国而言，有的地方、有的产业可以有所差别。公有资产占优势，要有量的优势，更要注重质的提高。国有经济起主导作用，主要体现在控制力上。要从战略上调整国有经济布局。对关系国民经济命脉的重要行业和关键领域，国有经济必须占支配地位。在其他领域，可以通过资产重组和结构调整，以加强重点，提高国有资产的整体质量。只要坚持公有制为主体，国家控制国民经济命脉，国有经济的控制力和竞争力得到增强，在这个前提下，国有经济比重减少一些，不会影响我国的社会主义性质。
1997 年，十五大报告	● 公有制实现形式可以而且应当多样化。一切反映社会化生产规律的经营方式和组织形式都可以大胆利用。要努力寻找能够极大促进生产力发展的公有制实现形式。 ● 股份制是现代企业的一种资本组织形式，有利于所有权和经营权的分离，有利于提高企业和资本的运作效率，资本主义可以用，社会主义也可以用。不能笼统地说股份制是公有还是私有，关键看控股权掌握在谁手中。国家和集体控股，具有明显的公有性，有利于扩大公有资本的支配范围，增强公有制的主体作用。 ● 目前城乡大量出现的多种多样的股份合作制经济，是改革中的新事物，要支持和引导，不断总结经验，使之逐步完善。 ● 劳动者的劳动联合和劳动者的资本联合为主的集体经济，尤其要提倡和鼓励。
2002 年，十六大报告	● 个体、私营等各种形式的非公有制经济是社会主义市场经济的重要组成部分，对充分调动社会各方面的积极性、加快生产力发展具有重要作用。 ● 坚持公有制为主体，促进非公有制经济发展，统一于社会主义现代化建设的进程中，不能把这两者对立起来。各种所有制经济完全可以在市场竞争中发挥各自优势，相互促进，共同发展。 ● 要深化国有企业改革……除极少数必须由国家独资经营的企业外，积极推行股份制，发展混合所有制经济。实行投资主体多元化，重要的企业由国家控股。
2003 年，十六届三中全会公报	● 大力发展国有资本、集体资本和非公有资本等参股的混合所有制经济，实现投资主体多元化，使股份制成为公有制的主要实现形式。 ● 需要由国有资本控股的企业，应区别不同情况实行绝对控股或相对控股。 ● 要大力发展和积极引导非公有制经济，允许非公有资本进入法律法规未禁入的基础设施、公用事业及其他行业和领域。

续前表

文件	提法
2007 年，十七大报告	● 毫不动摇地巩固和发展公有制经济，毫不动摇地鼓励、支持、引导非公有制经济发展，坚持平等保护物权，形成各种所有制经济平等竞争、相互促进新格局。 ● 深化国有企业公司制股份制改革，健全现代企业制度，优化国有经济布局和结构，增强国有经济活力、控制力、影响力。

十五大后，对现存公有制企业改制成为所有制改革的重点。“抓大放小”、“鼓励兼并”、“规范破产”、“下岗分流”、“减员增效”成为流行的口号。到 2005 年，国有中小企业改制面已达到 85%以上，集体企业改制面更大，其中大批企业破产消亡了，更多的变成了私营企业[87]；在净资产占全国国有企业 2/3 的 2 524 家国有及国有控股大型骨干企业中，也有1 331家改制为多元股东的股份制企业，改制面为 52.7%[88]。与此同时，原来集体性质的乡镇企业也纷纷易帜，到 2006 年，全国 168 万家乡镇企业中，95%实行了各种形式的产权制度改革，其中 20 万家转成了股份制和股份合作制企业，139 万家转成了个体私营企业。经过几年的改制，到 2004 年末，国家和集体投入占全国企业法人单位实收资本总额的比重降为 56%[89]；2005 年，公有经济占整个国民经济的比重降为 39%（见表 5—1）[90]；2007 年，国有、国有控股以及集体工业企业占全部工业总产值的比重降为 32%，国有和集体单位从业人员占全部城镇从业人员的比重降为 24.3%。[91]

与毛泽东、邓小平时代相比，中国的所有制结构发生了巨大变化：公有经济成分大幅减少，公有经济的形式也多种多样。显然，这与传统的“社会主义”模式已经相去甚远。尽管如此，中国公有经济的成分仍然远远超过世界上绝大多数国家。除此之外，中国宪法规定，矿藏、水流、森林、山岭、草原、荒地、滩涂等自然资源，以及城市的土地都属于国家所有；农村和城市郊区的土地，除由法律规定属于国家所有的以外，都属于集体所有。这使得中国仍然比世界上绝大多数国家更加“社会主义”。正因为如此，国内外总有一批人或明火执仗地鼓噪“私有化”，或半遮半掩地摇晃“反垄断”旗帜，必欲将剩余的公有经济成分完全消灭而后快，从而在中国砍掉社会主义这面大旗。[92]中共十七大重申十六大提出的两个“毫不动摇”（即“毫不动摇地巩固和发展公有制经济”，“毫不动摇地鼓励、支持、引导非公有制经济发展”）一定让他们相当失望。

后30年探索的成就

共和国后30年社会主义道路的探索取得了让世人瞩目的成就。

第一，经济增长速度加快。从1978年到2008年，中国GDP年均增长9.9%，大大快于前30年的6.5%。以前被人赞誉有加的东亚“四小龙”都是些小经济体，其中最大的韩国也不过四千来万人，相当于中国一个中等规模的省。日本在其高速增长期，人口也只有一亿上下，与中国最大的省差不多。作为一个十几亿人口的超大、超复杂经济体，中国连续30年高速增长，这在人类史上是绝无仅有的，是名副其实的“奇迹”。

第二，经济增长更加平稳。这从图5—1看得很清楚，后30年经济波动明显不像前30年那么频繁，波幅也没有以前那么大。尤其是1992年以后，经济增长曲线更趋平滑，标志着中国政府的宏观经济管理水平大有进步。

第三，贫困人口大幅减少。如图5—5所示，在过去30年，中国政府

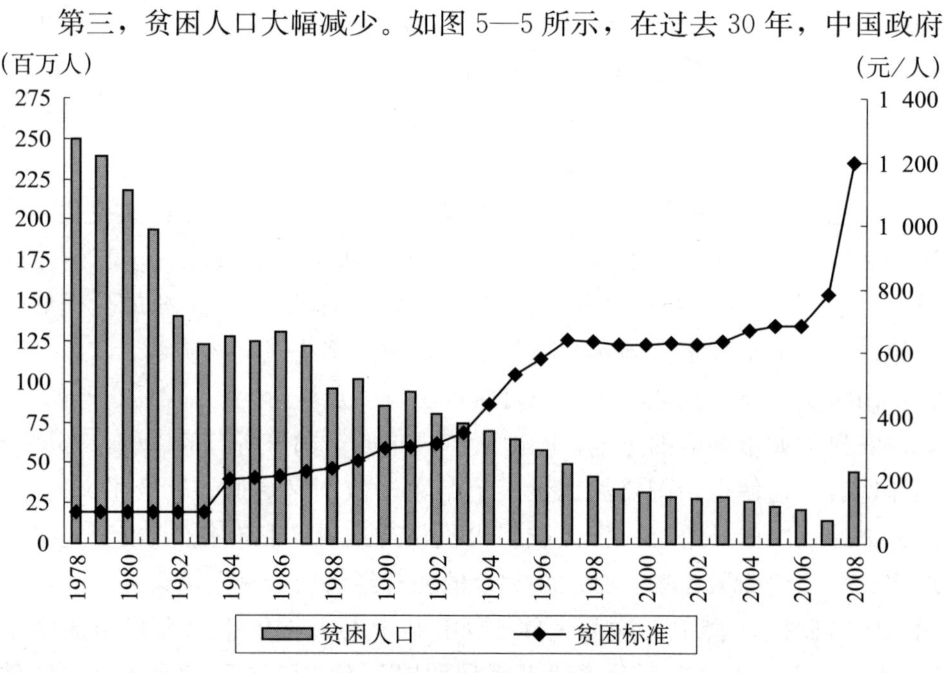

图5—5 农村居民贫困状况

已将贫困标准从 100 元提高到 1 196 元。即便如此，农村贫困发生率也从 1978 年的 30.7%下降到 2008 年的 4.2%。如果按照世界银行的贫困标准计算，则中国的扶贫成就更为显著。从 1981 年到 2004 年，贫困人口的绝对数量从 6.52 亿降至 1.35 亿，5 亿多人摆脱了贫困。而在同一时期，全球发展中国家贫困人口的绝对数量只减少了 4 亿。换言之，如果排除中国，发展中国家贫困人口数量不仅没有减少，反倒增加了。难怪世界银行的一份报告赞叹道：中国“在如此短的时间里使得如此多的人摆脱了贫困，对于全人类来说这是史无前例的”[93]。

当然，后 30 年的探索也不可避免地走过弯路。尤其是在 20 世纪 90 年代，各级领导人似乎有意无意地接受了新自由主义经济学家鼓吹的“下溢理论”：只要经济持续增长，所有人最终都会受益，其他一切问题都迟早会迎刃而解。在“效率优先、兼顾公平”的指导思想下[94]，为了追求尽可能高的经济增长速度，他们宁愿牺牲公平、就业、职工权益、公共卫生、医疗保障、生态环境、国防建设等，结果带来了一系列严重的问题。到 90 年代末，有些问题已变得触目惊心，尽管经济持续增长，但工农大众享有的福利保障却越来越少。大规模下岗失业、上学贵、就医贵让千千万万人痛感缺乏经济与社会安全。在这个背景下，那些在前期改革中利益受损或受益不多的阶层对新推出的市场导向改革不再毫无保留地支持；相反，他们对凡是带有“市场”、“改革”标签的举措都疑虑重重，生怕再次受到伤害。

当人们普遍感觉到中国改革已经到了必须改弦更张的时候，中央决策者也开始认真反思邓小平早已发出的警告：“如果搞两极分化……民族矛盾、区域间矛盾、阶级矛盾都会发展，相应地中央和地方的矛盾也会发展，就可能出乱子”[95]。2002 年 11 月召开的中共十六大试图重新解释“效率优先、兼顾公平”的含意，使用了“初次分配效率优先、再次分配注重公平”的提法。[96]但贫富悬殊的残酷现实告诉人们，初次分配中的不公平问题（例如老板、经理、干部与普通职工之间的收入差距）同样需要重视，单靠财税等再分配杠杆来调节是远远不够的。[97]2003 年 10 月，中共十六届三中全会虽然仍然沿用“效率优先、兼顾公平”的提法，但其分量已被“以人为本”的“科学发展观”大大冲淡。2004 年 9 月召开的十六届四中全会干脆放弃了“效率优先、兼顾公平”的提法。[98]2005 年 10 月，中共十六届五中全会通过的《中共中央关于制定国民经济和社会发展第十一个五年规划的建议》又进了一步，提出未来中国要“更加注重社会公平，使全体人民共享改革发展成果”[99]。到了中共十七大，标准提法已变为“初次分配和再分配都要处理好效率和公平的关系，再分配更加注重公平”[100]。

从2002年起，中国政府还开始致力于建立健全覆盖城乡全体居民的社会服务和保障体系（包括：免费九年义务教育，最低生活保障，基本养老、基本医疗、失业、工伤、生育保险制度等），其进展速度超过以往任何时期，大大充实了邓小平有关“共同富裕”的理念。如果说从1978年到1990年代后期中国只有经济政策、没有社会政策的话，那么在世纪之交，我们看到社会政策已经广泛出现在神州大地上了。没有一个坚持社会主义方向的政府，没有一种以公有制为主体的基本经济制度，在短短几年内出现这样历史性的“大转型”是难以想象的；这种“大转型”本身也构成中国探索社会主义道路的重要步骤。[101]

结　　语

到2009年，人民共和国度过了它的第一个甲子。毋庸讳言，60年过后，对如何建设一个理想的社会主义社会，我们依然没有一套完美无缺的方案；我们有的只是一个大致的方向，那就是解放和发展生产力，极大地增加全社会的物质财富，消灭剥削和压迫，消除两极分化，实现社会公平和正义，逐步建立起一个没有阶级对立的“自由人的联合体”，“在那里，每个人的自由发展是一切人的自由发展的条件”[102]。历史经验告诉我们，建设社会主义最重要的不是有没有详尽的蓝图，而是有没有认清社会主义方向的视野、有没有不相信历史已经终结的睿智、有没有百折不挠地迈向社会主义未来的勇气、有没有不断探索实现社会主义理想新途径的胆略。

过去60年，中国一直在坚守社会主义方向的同时，不懈地探索着适合中国国情的社会主义道路。当然，无论是前30年，还是后30年，中国都曾走过弯路。只要是探索，哪能一点儿弯路都不走呢？关键在于，从毛泽东到胡锦涛，中国领导人从不接受“历史已经终结”之类的谬论，从不相信存在什么“放诸四海而皆准”的“普世”模式。相反，他们更侧重于在实践和试验中进行学习，获取必要的经验教训，“可则因，否则革”，不断调整政策目标和政策工具，以回应不断变化的环境。[103]虽然左一脚、右一脚，深一脚、浅一脚，但过去60年，中国就是这么一步步走过来的。

正因为中国社会主义道路的探索“顺乎天而应乎人”，所以无论是前30年，还是后30年，中国都取得了辉煌成就，书写了一篇比韩愈的《送穷文》精彩千万倍的“送穷文”。从经济社会综合发展水平看，在1950年，中国的人类发展指数属于“极低”之列，还不到前苏联的1/3；而到2005年，中国的人类发展指数已跨入“上中”的行列，离当年的“老大哥”不过一步之遥。在50多年里，中国的人类发展指数快速攀升了0.6（见图5—3），远高于其他国家，证明坚持社会主义方向是正确的选择。尽管今天的中国还存在着大量严重的问题、面临着多重严峻的挑战，但只要坚持社会主义的方向，未来的道路一定会越走越宽广。

注释

[1]［英］卡尔·波兰尼：《大转型：我们时代的政治与经济起源》，3页，杭州，浙江人民出版社，2007。

[2] 参见林行止：《企业多显人性　共造和谐社会》，载《信报》，2007-10-16。

[3] 林行止：《粮食危机中对富人和中国的期待》，载《信报》，2008-04-28。

[4] Jon Meacham and Evan Thomas, “We Are All Socialists Now,” *Newsweek*, February 16, 2009.

[5]《毛泽东选集》，2版，第4卷，1471页，北京，人民出版社，1991。

[6] 参见《毛泽东文集》，第5卷，344页，北京，人民出版社，1996。

[7]《毛泽东文集》，第6卷，329页，北京，人民出版社，1999。

[8]《毛泽东文集》，第7卷，2页，北京，人民出版社，1999。

[9] 同上书，268页。

[10] 同上书，171～172页。

[11] 参见《毛泽东文集》，第6卷，329页。

[12] 同上书，495页。

[13] 参见《毛泽东文集》，第7卷，1～3页。

[14] 参见《毛泽东文集》，第8卷，103～148页，北京，人民出版社，1999。

[15]《毛泽东文集》，第7卷，176页。1979年，在与外宾谈话时，邓小平也明确指出，

“中国的社会主义道路与苏联不完全一样，一开始就有区别，中国建国以来就有自己的特点”。参见《邓小平文选》，2版，第2卷，235页，北京，人民出版社，1994。

[16]《毛泽东文集》，第7卷，176页。

[17]《毛主席读斯大林〈苏联社会主义经济问题〉谈话》，见 http：//zlk.wyzxsx.com/Article/shushe/2009/09/93679.html。

[18] 参见张建勤：《中苏传统计划经济体制比较研究》，131～133页，武汉，湖北人民出版社，2004。

[19] 参见刘国光、董志凯：《新中国50年所有制结构的变迁》，载《当代中国史研究》，1999（5—6），27～28页。

[20] 参见王凤林：《我国社队企业的产生与发展》，载《中国农村观察》，1983（4）。

[21]《毛泽东文集》，第8卷，301页。

[22] 参见袁宝华：《赴苏联谈判的日日夜夜》，载《当代中国史研究》，1996（1），16～26页。

[23] 陈云：《关于第一个五年计划的几点说明》，见 http：//cpc.people.com.cn/GB/69112/83035/83317/83596/5738291.html。

[24] 参见柳随年：《第一个五年计划时期的国民经济》，17～19页，哈尔滨，黑龙江人民出版社，1984。

[25]《毛泽东读社会主义政治经济学批注和谈话（简本）》，73页，中华人民共和国国史学会，2000。

[26] 同上书，71页。

[27] 参见丛进：《曲折发展的岁月》，455～456，郑州，河南人民出版社，1989。

[28] 参见王年一：《大动乱的年代》，356～361页，郑州，河南人民出版社，1989。

[29] 参见史云、李丹慧：《难以继续的“继续革命”：从批林到批邓》，243～247页，香港，香港中文大学出版社，2008。

[30]《毛泽东文集》，第6卷，288页。

[31]《毛泽东文集》，第7卷，31页。

[32] 参见薄一波：《若干重大决策与事件的回顾》，下卷，796～797页，北京，中共中央党校出版社，1993。

[33] 参见胡鞍钢：《中国政治经济史论》，247～251页，北京，清华大学出版社，2008。

[34] 转引自赵德馨：《中华人民共和国经济史：1967—1984》，42～43页，郑州，河南人民出版社，1989。

[35] 参见史云、李丹慧：《难以继续的“继续革命”：从批林到批邓》，225～232页。

[36] 参见胡鞍钢：《中国政治经济史论》，512～515页；Thomas P. Lyons，*Economic Integration and Planning in Maoist China*（New York：Columbia University Press，1987），pp. 213 - 218。

[37] 参见赵德馨：《中华人民共和国经济史：1967—1984》，60～62页。

[38] 参见胡乔木：《毛主席在追求一种社会主义》，见《胡乔木传》编写组：《胡乔木谈中共党史》，70～72页，北京，人民出版社，1999。

[39]《建国以来毛泽东文稿》，第6册，579页，北京，中央文献出版社，1992。

[40] 参见《毛泽东读社会主义政治经济学批注和谈话（简本）》，40～41页。

[41] 参见《建国以来毛泽东文稿》，第12册，54页，北京，中央文献出版社，1998。

[42] 参见《建国以来毛泽东文稿》，第13册，413页，北京，中央文献出版社，1998。

[43] 参见《中共中央通知：毛主席重要指示》（中共中央1976年四号文件），1976年3月3日。该文件根据毛泽东1975年10月至1976年1月多次重要谈话整理，并经毛泽东审阅批准。

[44] 对共和国前30年探索社会主义道路这段历史，邓小平指出，“我们尽管犯过一些错误，但我们还是在三十年间取得了旧中国几百年、几千年所没有取得过的进步”。（邓小平：《在党的理论工作务虚会上的讲话》，见《邓小平文选》，2版，第2卷，167页，北京，人民出版社，1994。）对长时段世界经济增长颇有研究的安格斯·麦迪森（Angus Maddison）与邓小平的看法一致：尽管中国在1952—1978年间遭到西方国家的阻隔，还与美、苏对峙，与韩国、印度发生了战争，与过去100年相比，新中国经济仍取得了巨大的进步。麦迪森对中国GDP增长速度的估计远低于官方数据，但即使按他的数据，在此期间，中国GDP也翻了三倍，人均GDP增加了82%，劳动生产率提高了58%。经济结构也实现了历史性的转型：1952年，GDP中的工业比重是农业比重的1/4，而到1978年，工业比重已超过农业比重。（参见Angus Maddison，*Chinese Economic Performance in the Long Run*：960－2030 *AD*，OECD，2007，p. 59。）

[45] 参见胡鞍钢：《中国政治经济史论》，524～530页。

[46] World Bank，*China* 2020：*Development Challenges in the New Century*，Washington，DC：World Bank，1997，p. 8.

[47] World Bank ，*World Development Report* 1991，Washington ，DC ：World Bank ，1991；A. Alesina and D. Rodrik，“Distribution，Political Conflict and Economic Growth，” in A. Cukierman，Z. Hercowitz and L . Leiderman，eds. *Political Economy*，*Growth and Business Cycles*，Cambridge：MIT Press，1992，pp. 23－50；T. Persson and G. Tabellini，“Is Inequality Harmful for Growth，” *American Economic Review*，Vol. 84，pp. 600－621；Roberto Pertotti ，“Growth ，Income Distribution，and Democracy：What the Data Say，” *Journal of Economic Growth*，Vol. 1（June 1996），pp. 149－187；United Nations Conference on Trade and Development ，“Income Distribution，Capital Accumulation，and Growth，” *Challenge*，Vol. 41，No. 2（March/ April 1998），pp. 61－80.

[48] 参见［美］曼库尔·奥尔森：《国家兴衰探源》，北京，商务印书馆，1999。

[49] 参见［美］曼库尔·奥尔森：《权力与繁荣》，129～130页，上海，上海人民出版社，2005。

[50] Susan Rose-Ackerman, "Was Mancur a Maoist? An Essay on Kleptocracy and Political Stability," *Economics and Politics*, Vol. 15 (2003), pp. 135 - 162. Susan Rose-Ackerman不知道的是，90年代初，中国学者张宇燕曾与奥尔森有几次对话。奥尔森对于毛泽东关于"党内的走资派"、"炮打司令部"、"掺沙子挖墙角"、"从大乱达到大治"等论断表现出极大兴趣。当他听说，毛泽东认为"文化大革命"要"七八年再来一次"时，更是激动地从沙发上站了起来。（参见张宇燕：《跟奥尔森教授学习政治经济学》，见《经济学与常识》，145页，福州，福建人民出版社，2005。）

[51] 毛泽东说："社会主义社会，不搞社会集体福利事业还成什么社会主义"。他批评苏联《政治经济学教科书》，"这本书在谈到物质利益的时候，不少地方只讲个人的消费，不讲社会的消费，如公共的文化福利事业。这是一种片面性"。［参见《毛泽东读社会主义政治经济学批注和谈话（简本）》，282～284页。］

[52] 例如世界银行的《1993年世界发展报告：投资与健康》称中国当年在医疗保障方面取得的成就在低收入国家是"独一无二"的（a unique achievement for a low-income developing country）。［参见 World Bank, *World Development Report 1993: Investing in Health* (Washington, DC: World Bank, 1993), p. 111; Kenneth W. Newell, *Health By The People* (Geneva: World Health Orgnization, 1975); World Health Orgnization, United Nation Children's Fund, *Meeting Basic Health Needs in Developing Countries: Alternative Approaches* (Geneva: World Health Organization, 1975); Matthias Stiefel and W. F. Wertheim, *Production, Equality and Participation in Rural China* (London: Zed Press for the United Nations Research Institute for Social Development, 1983)。］

[53] World Health Organisation, *Primary Health Care. Report of the International Confereue on Primary Health Care* (Geneva: WHO, 1978.); Dean T. Jamison, et al., *China, the Health Sector* (Washington, D. C.: World Bank, 1984); BMJ Editorial Board, "Primary Health Care led NHS: Learning from Developing Countries," *BMJ*, October 7, 1995, http://bmj.bmjjournals.com/cgi/content/full/311/7010/891 (2009年4月19日访问); Therese Hesketh and Wei Xing Zhu, "Health in China: From Mao to Market Reform," BMJ, May 24, 1997, http://bmj.bmjjournals.com/cgi/content/full/314/7093/1543 (2009年4月19日访问)。

[54] 参见赖立、张竺鹏、谢国东：《我国成人文盲十年减少近1亿　女性文盲率降幅大》，载《中国教育报》，2007-08-01。

[55] 参见国家统计局国民经济综合统计司编：《新中国五十年统计资料汇编》，81～82

页，北京，中国统计出版社，1999。

[56] 参见以罗默（Paul Romer）和卢卡斯（Robert Lucas）为代表人物的“新增长理论”。

[57] [印] 阿玛蒂亚·森、让·德雷兹：《印度：经济发展与社会机会》，71 页，北京，社会科学文献出版社，2006。

[58] 参见上书，80 页。

[59] 同上书，70 页。

[60] Giovanni Arrighi, *Adam Smith in Beijing: Lineages of the Twenty-First Century*, London: Verso, 2007.

[61]《栾城集》卷十九《新论中》，见 http://www.guoxue.com/sushiyjiu/szwj/szwj_019.htm。

[62] Martin Jacques, *When China Rules the World: The Rise of the Middle Kingdom and the End of the Western World*, London: Penguin Group, 2009, p. 99.

[63] 参见国家统计局：《中国统计摘要 2009》，109、111 页，北京，中国统计出版社，2009。

[64]《邓小平文选》，1 版，第 3 卷，225 页，北京，人民出版社，1993。

[65] 参见《邓小平文选》，2 版，第 2 卷，140～153 页。

[66] 参见上书，126～128 页。

[67] 同上书，312 页。

[68]《邓小平文选》，1 版，第 3 卷，137 页。

[69] 同上书，227 页。

[70]《邓小平文选》，2 版，第 2 卷，231 页。

[71]《邓小平文选》，1 版，第 3 卷，64 页。

[72] 参见上书，171 页。

[73] 参见《邓小平文选》，2 版，第 2 卷，258 页。

[74] 参见上书，231～236 页。

[75] 参见中共中央文献研究室编：《邓小平年谱（1975—1997）》（下），1347 页，北京，中央文献出版社，2004。

[76] 参见《邓小平文选》，2 版，第 2 卷，133 页。

[77] 参见上书，344～353 页。

[78]《邓小平文选》，1 版，第 3 卷，110 页。

[79] 参见上书，138 页。

[80] 参见上书，372 页。

[81] 同上书，64 页。

[82] 同上书，123 页。

[83] 同上书，111 页。

[84] 中共中央文献研究室编：《邓小平年谱（1975—1997）》（下），1349～1350 页，北京，中央文献出版社，2004。

[85] [86] 同上书，1364 页。

[87] 参见李荣融：《进一步推进国有资产管理体制和国有企业改革 实现国有企业的体制创新和可持续发展——在中国改革高层论坛上的演讲》，见 http：//www.sasac.gov.cn/n1180/n3123702/n3123987/n3125287/3188291.html。

[88] 参见张卓元：《30 年国有企业改革的回顾与展望》，见 http：//finance.sina.com.cn/economist/jingjixueren/20080203/11264487740.shtml。

[89] 参见赵悦：《乡镇企业的"前世今生"》，见 http：//www.cctv.com/program/cbn/20070424/102108.shtml。

[90] 参见国务院第一次全国经济普查领导小组办公室、中华人民共和国国家统计局：《第一次全国经济普查主要数据公报（第一号）》，见 http：//news.xinhuanet.com/fortune/2005-12/06/content_3883969.htm。

[91] 参见国家统计局：《改革开放 30 年报告之三：经济结构在不断优化升级中实现了重大调整》，见 http：//www.stats.gov.cn/tjfx/ztfx/jnggkf30n/t20081029_402512864.htm。

[92] 美国保守组织"传统基金会"一位亚洲经济研究员最近撰文批评，"自当前的中国领导人掌权以来，以市场为导向的自由化已经渐趋淡化。并且，当以市场为导向的自由化逐渐销声匿迹时，国家干预开始卷土重来：控制价格，逆转私有化"。（参见 Derek Scissors，"Deng Undone，" April 29，2009 and "Liberalization in Reverse，" May 4，2009，http：//www.heritage.org/about/staff/derekscissorspapers.cfm；"So much for capitalism：The opening up of China's economy goes into reverse，" *The Economist*，March 5，2009，http：//www.economist.com/businessfinance/displayStory.cfm?story_id=13235115。）

[93] 世界银行东亚及太平洋地区扶贫与经济管理局：《从贫困地区到贫困人群：中国扶贫议程的演进——中国贫困和不平等问题评估》，2009-03，iii 页。

[94] "效率优先、兼顾公平"最初是由周为民、卢中原牵头的"社会公平与社会保障制度改革研究"课题组提出来的，其主报告以"效率优先，兼顾公平：通向繁荣的权衡"为题发表于《经济研究》1986 年第 2 期。1993 年，中共十四届三中全会通过的《中共中央关于建立社会主义市场经济体制若干问题的决定》正式使用了"效率优先、兼顾公平"的提法。十五大坚持了这个提法。

[95] 中共中央文献研究室编：《邓小平思想年谱》，453 页，北京，中央文献出版社，1998。

[96] 参见江泽民：《全面建设小康社会，开创中国特色社会主义事业新局面——在中国共产党第十六次全国代表大会上的报告》，载《人民日报》，2002-11-18。

[97] 参见刘国光：《把"效率优先"放到该讲的地方去》，载《经济参考报》，2005-

10 -15。

[98] 参见《中国共产党第十六届中央委员会第四次全体会议公报》，见 http：//news. xinhuanet. com/newscenter/2004 - 09/19/content _ 1995366. htm。

[99] 见 http：//news. xinhuanet. com/politics/2005 - 10/18/content _ 3640318. htm。

[100] 胡锦涛：《在中国共产党第十七次全国代表大会上的报告》（2007 年 10 月 15 日）。

[101] 参见王绍光：《大转型：1980 年代以来中国的双向运动》，载《中国社会科学》，2008（1），129～148 页。

[102]《马克思恩格斯选集》，2 版，第 1 卷，294 页，北京，人民出版社，1995。

[103] 参见王绍光：《学习机制与适应能力：中国农村合作医疗体制变迁的启示》，载《中国社会科学》，2008（6），111～133 页。

六、要瘦身，不要虚胖；要先锋队，不要精英党*

《人间正道》（胡鞍钢、王绍光、周建明、韩毓海著，韩毓海执笔，中国人民大学出版社 2011 年 7 月出版）这本书用了很大篇幅讲中国体制的优点，包括讲中国的民主政治之道、讲人民社会等，这是因为许多人对社会主义制度优越性，不但认识上糊涂，腰杆子也不硬，所以还需要大讲特讲我们自己体制的优势，破除“（西方）普世价值”的迷思，以促进“体制自觉、体制自信”。

但是，这并不等于说，我们认为现有体制已经尽善尽美了，共产党人可以高枕无忧了。相反，我们认为，中国还存在许多问题，需要高度警惕，并不断加以克服。“办好中国的事，关键在于党”；反之，如果党不能建设好，中国的事就难免搞砸。

胡锦涛总书记在庆祝建党 90 周年大会上的讲话中谈到中国共产党建设面临的四个日益尖锐的危险，包括“精神懈怠的危险，能力不足的危险，脱离群众的危险，消极腐败的危险”[1]。除此之外，我们还应该看到，共产党可能还面临两大潜在的危险，一是它的规模，二是它的构成。

就规模而言，根据中组部公布的数据，截至 2010 年底，中国共产党党员总数为 8 026.9 万名，相当于欧盟中人口最多的国家德国的总人口。中共党员占全国人口的比重已经由 1949 年的 0.83%发展到将近 6%（见表 6—1 ）。

---

* 本文曾于 2011 年 7 月初全文刊发在清华大学国情研究院编发的《国情报告》上，后由《人民论坛》2011 年第 21 期摘发。

表 6—1　　中国共产党党员数及占人口比重（1921—2010 年）

年份	党代会	人数	全国人口数（万人）	党员数占人口比重（%）
1921	一大	57 人		
1922	二大	195 人		
1923	三大	432 人		
1925	四大	994 人		
1927	五大	5.7 万人		
1928	六大	4 万人		
1945	七大	121 万人	45 559.2	0.27
1949		448 万人	54 167	0.83
1956	八大	1 073 万人	62 780	1.71
1969	九大	2 200 万人	80 335	2.74
1973	十大	2 800 万人	89 211	3.14
1977	十一大	3 500 万人	94 974	3.69
1982	十二大	3 965 万人	101 654	3.90
1987	十三大	4 600 万人	109 300	4.21
1992	十四大	5 200 万人	117 171	4.44
1997	十五大	6 042 万人	123 626	4.89
2002	十六大	6 694 万人	128 453	5.21
2007	十七大	7 415 万人	132 129	5.61
2010		8 026.9 万人	137 054	5.86

资料来源：党员人数数据来源于党史著作及中组部公布数；1945 年人口数据来源于《中华民国统计提要（1947 年）》；1949—2009 年人口数据来自《中国统计年鉴 2010》；2010 年人口数据来自《2010 年第六次全国人口普查主要数据公报》。

就构成而言，近年来，共产党组织出现了精英化的趋势，在新发展党员中，我们党以优化党员结构为名，有意识地大量吸收大学生、私营企业主、社会名流、专业技术人员加入。目前，中共党员中具有大专以上学历的占 37.1%；而作为主体的工人、农牧渔民比例却逐年下降，目前工人的比例已经降至 8.7%左右，农牧渔民的比例已经降至 30.5%左右，两者共占 39.2%左右（见表 6—2），已经大大低于两者占总就业人口的比例（保守估计，农民与工人占总就业人口的比重在 70%左右）。

表 6—2　　中国共产党职业和学历比例（2000—2010 年）

年份	工人、农牧渔民比例（%）	大专以上学历比例（%）
2000	49.1	
2001		
2002		24.2

续前表

年份	工人、农牧渔民比例（%）	大专以上学历比例（%）
2003	44.1	25.7
2004		27.3
2005		29.0
2006	42.8	30.7
2007		32.4
2008	40.8	34.0
2009	39.7	35.7
2010	39.2	37.1

不仅在党员成分上出现了精英化的趋势，而且，各级领导干部的行为方式上也出现了精英化的趋势，一些人与有钱人拉拉扯扯，却对普通老百姓的冷暖不闻不问，严重败坏了共产党的声誉。

从党员人数看，不可谓不多；从高学历的比例看，不可谓不高。有不少人会为之欢欣鼓舞，以为这是共产党事业兴旺发达的标志，天真地认为，“韩信点兵，多多益善”，人数越多，知识、社会、经济精英越多，党的政权就越巩固。但也有人十分忧虑，担心共产党已经患上了“虚胖病”和“富贵病”，外表虽庞然健硕，但是内部却因信仰缺失、精神涣散而软弱无力。

先看一个简单的事实。20 世纪八九十年代之交，苏联东欧剧变的前夜，这些国家党员占人口的比重都不低，一般在 6%以上，其中罗马尼亚是党员比重最高的国家，达 16.1%（见图 6—1），六个人中就有一个是共产党员，但是当时垮得最惨的也是罗马尼亚，政权尚未瓦解，这些共产党员的信念与意志早就先行土崩，作鸟兽散，各奔前程了。

早在 1965 年，邓小平就提出“一个人数少但有战斗力的党比一个人数多而缺乏战斗力的党要强得多”[2]。与数量相比，党员的质量更重要。中国共产党刚成立时只有 57 人，到 1945 年七大召开时也只有 121 万人，不足当时中国人口的 0.3%，只能算是“星星之火”。然而，尽管党员数量不多，但中国共产党充满了生机，因此才能“唤起工农群众千百万”，领导人民取得新民主主义革命的伟大胜利。这凭的是当时共产党员坚定的理想与信念，凭的是敢于战斗、敢于牺牲的精神，而不是因为人多势众。

而今天的 8 000 多万党员中，有多少党员真正具有共产主义的理想与

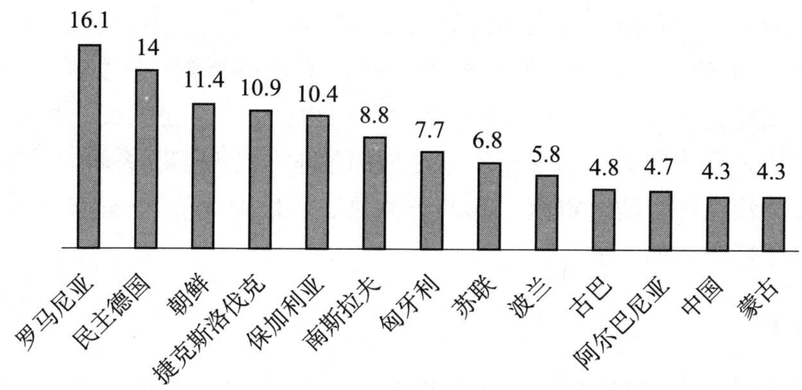

图 6—1 1988 年主要社会主义国家共产党员数占人口比重（%）

信念？又有多少党员根本就是不认同马克思主义、不认同毛泽东思想、不认同社会主义的“异己分子”？

党章总纲说得很清楚，“中国共产党是中国工人阶级的先锋队，同时是中国人民和中华民族的先锋队”；党章第一章说得更具体：“中国共产党党员是中国工人阶级的有共产主义觉悟的先锋战士”，由“中国工人、农民、军人、知识分子和其他社会阶层的先进分子”组成。这也就是说，共产党应该是各社会阶层（尤其是工农兵）的先锋队，而不是社会精英阶层的俱乐部。如果听任精英化的趋势继续下去，共产党在多大程度上可以继续掌握在普通工农大众手里？这个以镰刀锤头为党徽的组织，又如何能代表最广大普通民众的利益？

回头来看，为什么会有党员人数越多，垮得越快的“罗马尼亚悖论”呢？原因很简单，虽然一些人拥有共产党员称号，但这并不意味着这些人都是真正的共产党员。中国目前面临着同样的问题。一部分人是投机分子，将入党作为捞取个人政治资本的手段，为的是升官发财、谋取个人不正当利益；一旦潮流有变，他们就变成随风倒的墙头草。另一部分人是混进党内的反党分子，他们说的、干的都完全违背了党的宗旨，明里暗里骂起共产党来、攻击起社会主义来比任何人都凶；一旦天下有变，他们对曾经宣誓效忠的党及其代表的正义事业，不但丝毫不会加以捍卫，反而会弃之如敝履，甚或反戈一击。这两类人，可以说是党内的“坏分子”，我估计，他们为数不少，是侵蚀共产党肌体的病菌，如果继续容之留之、听之任之，无异于慢性自杀。

中国共产党要保持其肌体的健康，一定要切切实实地“从严治党、从严管党”。要瘦身，不要虚胖；要先锋队，不要精英党。正如胡锦涛总书记在庆祝建党 90 周年大会上的讲话中所指出的，“来自人民、植根人民、服务人民，是我们党永远立于不败之地的根本”，“密切联系群众是我们党的最大政治优势，脱离群众是我们党执政后的最大危险”。只有永葆本色，共产党才能无往而不胜。

注释

[1]《胡锦涛在庆祝中国共产党成立 90 周年大会上的讲话》，新华网北京 7 月 1 日电。

[2]《邓小平文选》，2 版，第 1 卷，348 页，北京，人民出版社，1994。

七、社会建设的方向：“公民社会”还是人民社会？*

最近这些年，“公民社会”这个概念似乎很火，仿佛它是个天然的“好东西”。“公民社会”好在哪里呢？按那些懵懵懂懂拥戴者的理解，它好就好在强调了“公民”、“公民权”以及公民对政府权力的制约，从而有利于民主制度的建立与巩固。“公民社会”的理论复兴于20世纪70年代末，从南欧、东欧传至西欧、北美，最后传遍全世界。据这套理论的倡导者说，公民社会是实现民主政治的必要条件，甚至充分条件。[1]约20年前，这种理论传入西方的中国研究领域[2]，继而传入中国学界，很快也变成显学[3]。自此以后，国内外总有一些人拿着放大镜在中国寻找公民社会的蛛丝马迹。[4]

然而，只要稍加深究，我们就会发现，有关公民社会的种种说辞存在两个基本问题。一是“名不正，言不顺”；二是“名实不副”。甚至“公民社会”这个说法本身就站不住脚。换句话说，公民社会实际上是新自由主义编造出来的一个粗糙神话，它在概念上含混不清，它那些被吹得天花乱坠的神效未必存在。公民社会不应该是中国社会建设的方向；真正值得中国人追求的是构筑一个以劳动大众为主体的政治共同体——人民社会。

---

* 本文尚未全文发表，其摘要以《公民社会：新自由主义编造的粗糙神话》为题发表在《人民论坛》2013年8月上（总412期）。

正名："公民社会"还是"民间会社"?

要对"公民社会"做出判断，必须先搞清楚它的来龙去脉。[5]

"公民社会"属舶来品，是从西文 civil society 翻译过来的。事实上，civil society 到底应该怎么翻译本身就是个问题。译法与概念的内涵紧密相关；概念的内涵不同，译法当然也应不一样。

civil society 虽然时髦，却不是个新名词。几个世纪以前，自然法学家就开始使用它了。据布丹、霍布斯、斯宾诺莎等人说，人类社会曾经历过所谓自然状态。在自然状态下，没有外在的政治权威，人人自由，人人平等，无拘无束。但也正因为如此，无法形成任何秩序。用霍布斯的话说，其结果便是"一切人反对一切人的战争"。久而久之，人们产生了建立公共权威的愿望。经过居民协议，大家决定以合同形式授权部分人来维持秩序，由此产生了国家。霍布斯把由国家保证其和平秩序的社会称为 civil society。此类思想家在运用 civil society 这个概念时，是将它与自然状态对比；难怪卢梭、洛克等人通常把 civil society 与 civil state 混为一谈。在这个意义上，civil society 似应译为"文明社会"，以区别于野蛮的自然状态。事实上，civil 在拉丁文、英文、法文、意大利文中的本义就是"非野蛮"或"文明"。[6]今天依然有人在文明的意义上使用这个概念，如把某些社会称为 uncivil society。[7]

在对自然法学派持批判态度的黑格尔看来，civil society 不再是与自然状态相对的概念，而是与自然社会（家庭）和政治社会（国家）相对的概念；当人类的伦理生活脱离了初始阶段，但还没有进入高级阶段时，他们便生活在 civil society 中。他的 civil society 由三部分组成：市场经济、自愿组织、法治系统（包括警察、法院、规管机构、福利部门等）。其中，法治系统通常被认为是国家的组成部分，但黑格尔认为它们的作用是保护个人与团体的利益，因此也属于 civil society 的范畴。虽然在概念上，黑格尔将 civil society 与国家区别开来，但他认为在现实中，没必要、也不可能把 civil society 与国家分开，因为在他的概念系统中，国家占据着比

civil society 更崇高的位置。在《法哲学》一书中，civil society 又被称作"布尔乔亚社会"。布尔乔亚社会是人们活动的私域（private sphere），这里人们的身份只是市民而已。只有在国家政治活动中，即所谓公域（public sphere）中，人们才是公民。因此，黑格尔的 civil society 似应译为"市民社会"。这也是长久以来被广为接受的译法。

马克思把黑格尔的概念体系翻了个底朝天。在《〈政治经济学批判〉序言》中，马克思指出："我的研究得出这样一个结果：法的关系正像国家的形式一样，既不能从它们本身来理解，也不能从所谓人类精神的一般发展来理解，相反，它们根源于物质的生活关系，这种物质的生活关系的总和，黑格尔按照 18 世纪的英国人和法国人的先例，概括为'市民社会'"[8]。用我们熟知的语言说，在马克思那里，"市民社会"即是生产关系。马克思的独特贡献是，他在市民社会里看到了阶级、剥削、不平等、冲突，并看到了历史发展的趋势：资产阶级为自己的灭亡准备掘墓人——无产阶级。

19 世纪与 20 世纪上半叶的思想家，不管是自由主义者（如托克维尔），还是马克思主义者（如葛兰西），对 civil society 的理解基本上仍然属于"市民社会"（即人们以私人或市民身份活动的空间），尽管他们对市民社会所处的位置及其在政治上的意义争论不休。

直到过去 20 多年里，civil society 才被赋予了"公民社会"的含义：它既是一片不许国家公共权威涉足的空间（私域），也是参与国家政治事务的基地（公域）。

问题是，把 civil society 理解成"文明社会"或"市民社会"，其内涵与外延非常容易把握，而一旦被理解成"公民社会"，其内涵与外延却十分飘忽。

定义"公民社会"的第一种策略是指出它不是什么：它既不是家庭，也不是国家，更不是市场，而是介于家庭、国家、市场之间的空间。那为什么不直截了当地把这片空间叫作"社会"，而要把它叫作"公民社会"呢？显然，并不是介于家庭、国家、市场之间的全部空间都可以被称作"公民社会"；"公民社会"特指其中某些部分。那么，到底是哪些部分呢？

另一种定义"公民社会"的策略是列举它的组成部分。2011 年出版的《牛津公民社会手册》列举了六类组织，即"非营利部门"（the nonprofit sector)、“发展型非政府组织”(development NGOs)、“草根组织”(grassroots associations)、“社会运动”(social movements)、“社会企业”(social enterprises)、“国际公民社会”(global civil society)。[9]不过，我们也许还可以想到其他与公民社会有关的种种提法，如“独立部门”(the independent sector)、“第三部门”(the third sector)、“慈善部门”(the charitable sector)、“志愿部门”(the voluntary sector)、“免税部门”(the tax-exempt sector)、“社会经济”(economie sociale)、“民间社团”(civil associations)、“公共领域”(the public sphere)、“社会网络”(social networks)等。还有一种据说属于公民社会的组织，叫作“公民社会组织”(civil society organizations，CSOs)。这真叫人丈二和尚摸不着头脑：要知道什么叫“公民社会组织”，首先要了解什么是“公民社会”；而要了解什么叫“公民社会”，又必须知道什么是“公民社会组织”。此乃典型的同义反复。

不少人以为上述类型的组织是一种近一二十年才出现的新现象；其实，它们中的不少是古已有之。在很多国家，宗教性慈善组织和民间互助组织的历史可以追溯到几个世纪以前，英国便是一个例子。在有些国家，如意大利、德国和新加坡，那里的某些非营利组织的历史甚至比国家本身的历史还要长。还有必要拆穿一个神话，即欧美以外国家的非营利组织都是来自西方的舶来品。实际上，在接触西方文明以前，中国、日本、朝鲜、印度等国早就有土生土长的慈善和互助组织。日本的第一个现代基金会“感恩会”成立于1829年，比美国的第一个基金会早了近一个世纪。[10]东欧国家也有深厚的非营利传统。20世纪90年代以来民间非营利组织在东欧的崛起并不是史无前例，而在某种程度上是对早期传统的回归。

真正的新现象是把本不沾边的各类组织统称为公民社会。但由于各国历史文化传统毕竟不同，在不同国家，看似与公民社会概念沾边的组织特征不同，叫法也因而各异。更何况，不管各种类型组织在多大程度上交合，任何两者之间都不会完全重合。这样一来，哪怕有可能列出长长一串属于公民社会的组织类型，人们还是不清楚公民社会到底是什么。

第三种定义“公民社会”的策略是厘清它涵盖的组织具备哪些共性。美国约翰·霍普金斯大学公民社会研究中心(以前叫作“第三部门研究中心"）从"结构—运行"的视角归纳出公民社会的五个特征：组织性、非营利性、自愿性、民间性、自治性。[11]然而，这五种特征的内涵并不容易确定，该中心掌门人物萨拉门教授对它们的说法也不断变化[12]；更重要的是，这套标准未必与现实相符。

"组织性"意味着公民社会必须展示相当程度的组织化、制度化。非正式的、临时性的、随意性的聚会应不能算作公民社会的一部分。但萨拉门教授后来认识到，不能排除那些未经正式注册的组织，以及非正式的组织，但他继续强调这些组织必须有日常的会面，必须有会员，必须有参与者接受的决策机制与程序。问题是，现实中已出现了越来越多的没有真正意义上的会员的社团[13]；更不要提虚拟空间已出现的大量网上团体。它们算不算公民社会的一部分呢？

"非营利性"意味着组织可以赚钱，但只能用于完成组织的使命，而不能将利润分配给其所有者和管理者。问题是，中饱私囊可以采取各种形式，不一定非得采取分配利润的办法。近年来，由于政府拨款减少，西方（尤其是美国）越来越多的所谓"非营利组织"卷入营利性活动，致使"非营利组织"与"营利性组织"的界限越来越模糊。[14]与此同时，有关"非营利组织"高管们的薪水向大公司高管看齐的报道也不绝于耳。[15]最近媒体揭露了美国50个最糟糕"慈善组织"的黑幕，它们募得的捐款与拨款中平均只有4%用于受益对象，其余的钱全部用于其管理者与工作人员。更极端的是，最近被人揭发的著名的"善待动物组织"（PETA）屠杀了96%送给它保护的动物，而这家组织的年度捐赠收入高达3 500万美元。[16]在严格的会计意义上，这些组织并没有分配利润，但我们能据此认为它们也是公民社会的一部分吗？

"自愿性"意味着参与这些组织的活动是以自愿为基础的。这里的"自愿"缺乏严格的定义。问题是，在具有合作主义（corporatism）传统的那些国家（包括不少欧洲国家），工会、商会、专业团体等组织并不是完全自愿的[17]；在宗教势力强大的国家（包括美国），人们参与宗教组织活动往往从不懂事就开始，在很大程度上也不是自愿的。这些组织是否应该被排除到公民社会以外？

"民间性"本来被定义为在体制上独立于政府，不是受制于政府；但后来萨拉门把"民间性"定义为不是国家机器的一部分。这意味着，这些组织接受政府的资助并不降低其“民间性”。问题是，这些组织到底在多大程度上依赖政府资助才能生存？如果它们离开政府的资助就无法生存，那么它们到底在何种意义上具有“民间性”？

“自治性”意味着各个组织自己管理自己，既不受制于政府，也不受制于资本或其他组织。直接“受制于”也许少见，但如果民间组织的资金主要来自外部（如政府拨款、基金会资助、外国援助），政府政策（尤其是拨款政策）、金主的偏好、外国捐助者的资助重点能不削弱那些仰人鼻息的组织的“自治性”吗？

下一节对“民间性”与“自治性”将有更详细的讨论。需要指出的是，萨拉门教授所强调的五种特征都与“公民”没有什么必然的关系。他所说的“公民社会”也不是某种社会形态，而是仅指符合五种特征的社会组织。即便如此，我们也无法毫无保留地接受萨拉门教授有关公民社会的说法。带有五种特征的组织五花八门，形形色色。一份英国研究报告的结论是：“这些组织相互之间的差别好比蚂蚁与大象的差别，或寄居蟹与鲸鱼的差别。”[18]这种说法并非夸大其词。研究者普遍认为，所谓公民社会内部的差别比政府和私营经济内部的差别要大得多。问题是，把符合五种特征的耶鲁大学、纽约大都会博物馆、消费者保护协会、合作社、教会、民间智库、政党、养老院、钓鱼协会、宗族祠堂统称为“公民社会”到底有多大意义？那公民社会不成了个无所不包的大杂烩了吗？

更麻烦的是，某些国内外的公民社会理论倡导者也许会把具备这五种特征的“法轮功”组织看作非政府组织。但同样具备这五种特征的组织其实还很多，包括臭名昭著的意大利“黑手党”、美国“三K党”、日本的“奥姆真理教”、中国香港的“三合会”。其实，本·拉登的“基地”组织又何尝不具备组织性、非营利性、自愿性、民间性、自治性呢？问题是，有多少公民社会理论的倡导者愿意承认这些组织也是公民社会的一部分？类似的例子实在是举不胜举。

综上所述，虽然civil society这种提法已有很长的历史，但不同时代的不同思想家对它的定义都不相同；即使在当代，各种对它进行定义的策略也都不太成功。换句话说，civil society的原义还未“正名”。

Civil society的中文译法也同样未曾“正名”，并已带来严重的思想混乱。前面提到了“文明社会”、“市民社会”、“公民社会”三种可能的译法，其实，civil society 最贴切的译法是"民间会社"。在英文中，civil 包含民间、市民、公民的意思，在这个词组中，它的确切含义是指民间或非官方；society 既有"社会"的意思，也有"会社"或社团的意思，后者才是它在本概念中的原义。[19] 而将 civil society 译为"公民社会"在双重意义上都是不确切的。一方面，society 在这个概念中指的不是"社会"而是"会社"；另一方面，"公民"是个法律概念，指依据某国法律规定享有权利和承担义务的人，而 civil society 并不是指由"公民"组成的会社，而是指民间或非官方的会社。那些外国在华的会社（包括外国基金会、外国 NGO）显然不是由中国公民组成的，但公民社会的倡导者大概不会把它们排除到 civil society 之外。这正说明，civil society 与"公民"没有必然关系。同理，文献中大量讨论的所谓 global civil society 与"公民"不"公民"毫不相干，因为并不存在真正意义上的"世界公民"。反过来说，civil society 也不应被理解成"公民社会"，因为不管在哪里，积极参与 civil society 的人都是公民中的少数，并且往往是社会的精英分子。如果把这些人参与活动的空间称为"公民社会"，那么，这个狭小空间之外的广大天地应被称作什么呢?"非公民社会"吗?

更令人担忧的是，把 civil society 译作"公民社会"往往会使不明就里的国人望文生义，产生种种不切实际的联想，误以为"公民社会"是某种理想的社会类型，是重视与保护公民权的社会，而不是把它理解为特定的社会团体。正是因为这个原因，中文维基百科对"公民社会"做出了简短而必要的澄清，它指出，"在中国，由于翻译的原因，公民社会这一术语被广泛地错误理解。因为英语中的 society 不仅有社会之意，还有团体的意思。在当代语境和大众用法中，civil society 这个词组中，society 更多地指的是团体而非社会。因此，翻译为公民组织或公民团体更为便于理解"[20]。其实，如上所述，将 civil society 译为公民组织或公民团体还是不够准确，译为民间会社或民间组织更为恰当。

名不正则言不顺。在 civil society 的本义不清、译名不清的情况下，国内一些把"公民社会"挂在嘴边的人成天奢谈"构筑公民社会"、"回归公民社会"、"走向公民社会"、"建设公民社会"，实在是莫名其妙，让人不知所云。[21]

名与实：破除有关“公民社会”的五种神话

不仅“公民社会”的概念名不正、言不顺，更麻烦的是，虽然新自由主义哺育出的所谓公民社会理论在全球范围内不胫而走，它却在很大程度上缺乏事实基础，是不折不扣的神话。“盛名之下，其实难副”，对各国实际情况的分析表明，新闻媒体和大众读物对公民社会的一些颂扬与真实情况有很大距离。[22]正处于转型期的中国对外部世界提供的不同模式非常感兴趣，但这也可能造成将自己的理想投射到外来概念上去的危险。因此，有必要对有关公民社会的五种常见神话加以剖析。

同质的神话

谈到公民社会时，公民社会理论仿佛把它视为一个整体，似乎其中没有阶级差别，只有平等的竞争。这是彻头彻尾的虚构！在一篇发表于1991年的文章中，我曾指出，“任何明眼人都知道，现实中的公民社会绝不是一个同质的实体，它也绝不是一个牧歌乐园”。恰恰相反，“公民社会中有贫民窟与花园别墅，有血与泪，有剑与火。把它描绘成宁静、和平的去处，不是出于无知便是出于欺骗”[23]。马克思主义的伟大贡献就在于它对社会中阶级关系所作的犀利剖析：资源分配的不平等必将造成社会各阶级之间的利益差别，利益差别可能导致利害冲突，利害冲突会引起压制与反压制的斗争。阶级差别与阶级冲突并不是因为马克思主义指出它们才产生出来的，任何不带偏见的人都会感受到它们的存在。在这点上，马克思远比托克维尔们高明。

公民社会的一个理论基础是“多元主义”。在冷战年代，为了抗衡“人民民主”的理念，多元主义在西方应运而生，其目的是为了颠覆马克思主义的两个基本概念。首先，它试图消解“人民”这个概念。据说社会上根本就不存在作为整体的“人民”，只有许许多多独立的“个人”。其次，它试图消解“阶级”这个概念。据说社会上根本就不存在“阶级”，只有许许多多分分合合的社会群体。在多元主义者描绘的图景中，不同社会群体组成的利益集团似乎是同质的，它们的诉求也许不同，但它们的能量与影响力没有什么区别。实际上，多元主义的假设毫无根据，看看表7—1就十分清楚了。

在表7—1中，我们看到，管理阶层只占美国成年人口的7%，但代表这个阶层的利益集团数量占全部登记在册利益集团的71%！换句话说，代表其余93%人口的利益集团绝对不会超过利益集团总数的29%。普通劳动者占人口比例很大，但代表他们的利益集团实在不成比例。如占美国成年人口41%的非农业劳动者，代表他们的利益集团数量只占全部登记利益集团的4%。不少人误以为，在结社自由的美国，工会可以代表工人的利益。殊不知，美国工会的入会率一直非常低，而且近几十年里一路下滑，目前已跌至约11%，低于1930年代的水平。[24]这也就是说，近九成的美国工人是没有工会来代表他们的。这样，我们看到，虽然在社会上，劳动人民占数量优势，但在"公民社会"里，他们充其量只相当于政治角斗场上的三岁小孩，而精英阶层才是拳王泰森。实际上，在美国政治生活中最活跃、最有影响力的"公民社会"组织就是一批特殊利益集团。代表一小撮精英分子的利益集团肆虐"公民社会"已经成为美国政治的病根。[25]

表7—1　　美国社会群体与利益集团[26]

社会群体	占美国成人比重（%）	其利益集团占利益集团总数之比重（%）
管理人员	7	71
专业技术人员	9	17
学生/教师	4	4
农业工人	2	1.5
丧失劳动能力	2	0.6
其他非农劳动者	41	4
家庭妇女	19	1.8
退休者	12	0.8
失业者	4	0.1

资料来源：Kay Lehman Schlozman, "What Accent the Heavenly Chorus? Political Equality and the American Pressure System," *Journal of Politics*, Vol. 46 (1984): p. 1014。

圣洁的神话

近年来，对各类民间组织的赞誉可以说是不绝于耳。人们谈到营利性企业时会联想到唯利是图、不择手段、缺乏爱心；人们谈到政府时会联想到贪污腐化、繁文缛节、效率低下。据说，民间组织独立于政府和市场之外，在充斥着权力和金钱游戏的当今世界，它们是一股清流。在很多人心目中，非营利/非政府组织的形象是十分圣洁的。他们认为民间组织是爱心的体现，是正义的象征，是效率的化身，是互助、参与、自治的途径，是推动社会变革的先锋。民间组织不仅济贫救困，热心公益，它们还给人们以归属感，并用它们的存在来促进社会的多元化。此外，由它们来提供社会服务也比由政府机构来提供更到位、更有效率。总之，民间组织是块净土，代表着人世间的真善美。

我们并不否认某些民间组织具有上述某些特征，但是，我们切不可忘记，并不是所有民间组织都具有上述所有特征，民间组织的发展中也有假、恶、丑的一面。

一些学者早就观察到，参与民间组织活动实际上是社会精英显示自己身份的一种方式。19 世纪末，民间组织之所以会大量出现在美国，是因为当时的上层阶级试图控制社会的乱象，并将自己与其他阶级区隔开来。时至今日，都市精英依然占据着美国民间组织的领导地位。一批实证研究表明，参与民间活动有助于保持和促进上层阶级内部的团结，并使他们得以主导非营利/非政府活动的方针政策。[27]说到慈善，我们不能忘了，其前提是社会分化为富人与穷人。慈善是富人的游戏，是他们经营方式与生活方式的一部分。有人这样形容印度的慈善："传统上，通过展示看似慈善事务上的开支，企业把这种责任用作避税的伎俩，又或者，在老派的商业家族，这种责任让男性在做貌似更重要的事情时，让家里的女性有事可做。"[28]把这句话用到其他不少国家似乎也很贴切。慈善不仅隐含着巨大的经济差别，还隐含着巨大的社会差别，其奥妙在于，富人成了施舍者，戴上了道德光环。身价 535 亿美元的美国富豪沃伦·巴菲特曾许诺死后捐出 99%的财产，被人誉为"大慈善家"。[29]而他的儿子皮特·巴菲特对此的评论却毫不客气。作为拿过格莱美音乐奖的职业音乐人，小巴菲特一针见血地指出，少数富人的所谓慈善行为与其说是大公无私地"回馈社会"，不如叫作"良心漂白"（conscience laundering）。它无助于消除社会中的贫困、不平等、不公正，只会使贫困、不平等、不公正永久化。用一只洗净的手捐出另一只肮脏的手掠夺来的财富，充其量只能让富人晚上睡个安稳觉，确保底层老百姓不会造反。[30]除此之外，慈善还是身份的象征。在西方社会，在今天中国的大城市，慈善活动几乎变成了富人社交、出头露面、展示身份地位的场合，比一般的社交派对更具排他性。富人往往借助慈善活动来把他们自己与一般老百姓区隔开来、与不太富有的中产阶层区隔开来。

实际上，一些社会主义因素比较多的西方国家（如瑞典）并不会用减免税的方式鼓励慈善捐款。[31]没有一个现代国家可以靠慈善（或所谓"第三次分配"）来缩小贫富差距、解决社会问题。连小巴菲特都已认识到，仅靠创新慈善行为将无济于事。在解决贫困、教育、卫生等问题方面，民间团体充其量只能扮演拾遗补阙的作用，政府的社会政策才是主角。

如此说来，至少某些卷入民间活动的人动机并不那么圣洁。另外，民间组织未必是社会变革的生力军。当然，谁也不能否认，有些民间团体是为崇高目标而努力奋斗的；但同样不可否认的是，相当多的民间团体关心的不过是其狭隘私利。以美国最活跃的民间团体为例，它们多是利益集团或压力集团，游走于国会与行政部门之间，试图左右美国政府的政策。第三世界的情况也不例外。例如，一项对肯尼亚"哈拉比运动"（"哈拉比"意为"同心协力"）的研究得出结论：虽然"哈拉比运动"吸引了一些富人捐助社会服务项目，但它总的效果是证明财富和权力的积累是合理的，从而维护了不平等的社会现状。[32]还有研究表明，即使是以社会变革为宗旨的民间组织也可能分散反对运动的注意力，从而减轻对现存社会秩序的压力。[33]

至于民间组织的效率，我们恐怕也不能高估。民间组织毕竟还是组织。不管是什么组织，规模不大时，它们会显得灵活高效。人们之所以认为民间组织灵活高效，正是因为它们的规模总的来说比政府机构和公司小得多。随着民间组织规模的扩大，它们的内部结构日趋复杂。政府部门遭人诟病的官僚主义、文牍主义、反应迟钝、推诿责任也会出现在民间组织里。民间组织并不会因其民间性而对这些组织病状有免疫能力。事实上，在有些国家，民间组织甚至比政府机构效率更低。

独立的神话

公民社会的拥趸最看重民间组织的自主性。“非营利组织”、“非政府组织”、“第三部门”、“独立部门”这些提法都暗示民间组织独立于营利性企业和政府之外。但在赞扬公民社会自主性的时候，大多数人似乎都忘了问一个问题：民间团体到底靠什么资源生存？靠什么维持其独立性？

在两种情况下，民间团体可以轻而易举地拥有自主性或独立性。一是它们的运作主要依靠其成员的志愿服务（时间方面的捐赠）；二是它们的运作主要依靠人们（包括其成员）在财物方面的小额捐献。这种类型的组织确实存在，但它们规模小、影响小，公民社会理论关注的从来都不是这些组织。

志愿人员在其他类型的民间组织里也扮演着重要角色，但近十几年里各国出现的一个新趋势是：民间组织变得越来越专业化。专业化固然有专业化的好处，但专业化的一个后果是，这些组织的工作人员不再是全身心投入的志愿者，而是把自己仅仅看作职业受薪人。失去了对其从事工作的热爱，专业人员要么流动性很高，一有机会就另择高枝；要么惰性很强，只要可能就将民间组织官僚化。人们在讨论“市场失灵”和“政府失灵”时，往往没有意识到，“志愿失灵”在各国更是一种普遍现象，有差别也只是程度上的差别。

缺少了志愿者在时间方面的捐献，民间组织就会更依赖财物方面的捐献，否则就无法招聘工作人员，也无法正常展开其业务。的确，对绝大多数民间组织而言，资金问题非同小可、生死攸关：有钱就可以做事；钱不够可能不得不半途而废，舍弃其追求的事业；没钱则会导致组织的消亡。资金的重要性不仅体现在其规模上，也体现在收入来源上，因为钱的来源直接影响组织的自主性。非洲有句谚语：“人跟钱走”；英语中有句俗话：“谁点曲，谁定调。”说到中国的很多团体，公民社会的倡导者往往不屑地指出，这些组织依靠的是政府拨款。他们未加明言的假设是，“拿人家的手软"。然而，如果这个逻辑成立，人们也有理由提出三项质疑：如果国外民间组织依赖政府拨款，它们是否也不具有独立性？如果民间组织主要依赖商业收费，行为与企业无异，它们即使享有自主性又有什么意义？那些主要依赖外国机构资助的所谓非政府组织在何种意义上享有自主性？

莫名其妙的是，人们普遍相信，在国外，资金不会对民间团体构成问题，因为私人捐款足以维持它们发挥功能。在这些人的想象中，外国的民间组织不会面临丧失自主性的危险，因为它们自己有钱，不需要政府的支持，也不需要涉足商业活动赚钱；只有中国是例外。实际上，这一切都是想当然的结果，没有任何事实基础。证据表明，不管在哪个国家，总体而言，所谓公民社会仅靠私人慈善捐款是无法存活的。根据 1996 年所做的一次跨国研究，公民社会组织的经费总额中，私人捐款所占的比重最高不过 26%，其平均值只有 10.5%。私人慈善捐款比重这么低，公民社会组织靠什么运转呢？靠的就是商业活动（如产品销售和服务费）与政府支持；前者占它们收入总额的近一半（48.2%），后者也占 41.3%。[34]

如果按公民社会组织的收入的主要来源分类，各国可以划分为三种模式。

政府拨款主导型：民间组织的最大经费来源是政府拨款。这种模式主要出现在欧洲大陆。[35]在欧盟中最大的两个国家——德国和法国，政府拨款分别占其非营利部门总收入的 2/3 左右。[36]在较小的欧洲国家，这个比重低则 2/3（如瑞典），高则近八成（如比利时）。[37]极端的例子是瑞士，那里的"非政府组织常常几乎完全依靠政府拨款的资助"[38]。这些国家的民间组织领域之所以有活力，可以说离不开政府资金。

商业收费主导型：民间组织的最大经费来源是诸如会费、收费和商业活动之类的收入。[39]这种模式涵盖的范围既包括美国、澳大利亚、日本、芬兰之类的发达国家，也包括一些拉美与东欧转型国家。美国可以说是该模式的典型。不错，美国的基金会很发达，私人捐款的数额大大超过其他国家，但它的份额只占非营利部门收入的 1/8 左右；大头来自会费、应付款、服务费、销售收入、投资收益等商业收入，超过总收入的一半以上；其余来自政府补贴，约占 1/3 左右。

外国援助主导型：民间组织的最大经费来源是所谓"北方非政府组织"（Northern NGOs，亦即西方发达国家的非政府组织）、外国政府和国际组织；而北方非政府组织的经费往往最终还是来自本国政府拨款。许多第三世界国家与一部分转型国家属于这种类型。近二十余年，第三世界国家与转型国家出现了大量非政府组织，以至于有人把这种现象称为“全球结社革命”[40]。有意思的是，这些国家的某些非政府组织常常一方面摆出与本国政府保持距离的姿态，一方面心安理得地领取直接或间接来自外国政府的津贴。与这类非政府组织形成鲜明对比的是当地另一类非政府组织：它们的领导人不会说外文，不清楚怎么与外国机构打交道，不知道如何申领外国资助。前一类组织姿态高、名声大、十分活跃；而后一类组织往往还没来得及成熟就夭折了，或只能挣扎着生存下去。问题是，如果没有外国资金的援助，所谓“全球结社革命”会以我们观察到的方式发生吗？

我们或许可以得出一个很多公民社会倡导者不愿意承认的结论：至少就经费来源而言，世界上绝大多数民间组织都不具备完全的独立性。经费是组织的生命线。如果这些组织在经费上无法完全独立，它们怎么可能真正独立自主呢？

主持霍普金斯大学公民社会研究中心的萨拉门教授曾指出，政府拨款主导型民间组织将面临三重潜在危险：官僚化、仰人鼻息和失去独立。但他后来改变了自己的看法，转而认为，这些危险并不如想象的那么严重。[41]如果萨拉门以前的看法是对的，那么欧洲的民间组织似乎严重缺乏自主性。然而，如果萨拉门修正过的看法是对的，则没有多大理由怀疑中国那些靠政府拨款存在的组织也可以具有自主性。其实，很难想象政府拨款对民间组织的自主性毫无影响，无论在中国还是在国外。例如，美国很多诞生于20世纪60年代的激进组织已演化为温顺的社会服务组织，原因之一是它们必须获得政府拨款才能维持其生存。[42]政府拨款之所以具有诱导性是因为，“政府资金后面往往紧随着政府法规”[43]。当政府资金占主导地位时，非政府组织实在难以奢谈独立自主性。[44]这里我们需要追问的是，非政府组织的独立自主性是否具有天然的正当性？如果政府拨款政策的诱导方向符合社会大众的利益，非政府组织是否有必要为坚持所谓“自主性”而故作姿态地与政府划清界限？

在行为方式上，商业收费主导型的民间组织将与营利性企业趋同。一旦被收益最大化目标牵着鼻子走，它们也许不得不进入一些与其宗旨毫不相干甚至背道而驰的领域，也许不得不仅仅向有支付能力的客户提供服务。如果宗旨都改变了，即便它们可以在运作上维持其自主性，这种自主性还有什么意义？[45]

外国援助主导型的民间组织经常高姿态地批评别的组织缺乏独立性，其实它们自己根本就谈不上有任何自主性。

就捐助动机而言，西方政府与所谓北方非政府组织给钱的主要目的不是为了行善，而是为了对他国的内部事务施加影响。为此，它们宁愿与特选的非政府组织打交道，而不愿与政府部门打交道，因为后者的规模、实力和垄断地位使它对来自外国的压力具有更强的抵抗力，而影响和控制前者就相对容易得多了。[46]动机决定了对捐助对象的选择。外国捐助者往往是依据自己的偏好而不是根据当地的实际需要来选择捐助对象。例如，美国政府对外政策的一个重要目标是，在全球范围内推进"经济自由"、"政治民主"与"公民社会"。为此，它的对外援助项目特别专注于第三世界与转型国家那些活跃于这几个领域的民间组织，而这些领域之外的组织很难获得美国援助。[47]有意思的是，美国的那些所谓民间基金会似乎有着几乎一模一样的偏好。

在那些外国援助主导型的国家，外国资金的流向在很大程度上决定着当地民间组织的分布。许多经验研究发现，那些易于获得外国捐助的领域不仅会引发新组织蜂拥而至，还会诱使原来在其他领域活动的组织转入这些领域。外国资金的主导性还可以从反面得到验证。外国资金的流向与流量往往取决于捐助国自身的政策取向与财政状况，而不是取决于受助国的本地需求。一旦外国资金的流向转变或流量减小，一批寄生组织将陷入瘫痪，甚至毁于一旦。[48]

可以说那些靠外国资金滋养起来的组织根本不具备任何自主性，因为它们并不是依据当地人民的利益或需要而建立起来的。从某种意义上说，它们是人为制造出来的产物。更糟糕的是，其中的一些非政府组织甚至可能演化成外国势力的代理人。曼德拉坐牢时，南非反种族隔离的非政府组织曾得到外国资金的援助，但曼德拉本人后来也批评南非的一些非政府组织实际上是外国政府的代理人。这种现象也存在于转型中的东欧国家。[49]

如果自主性意味着由民间组织完全依据自己的意愿决定其内外部事务的话，真正自主的组织应该既不受政府政策的影响，也不为逐利而偏离其既定的宗旨，更不会被外国援助资金的流向牵着鼻子走。如此说来，在当今世界上，打着灯笼也很难找到那种据说拥有完全自主性的民间组织；公民社会理论鼓吹的自主性只是一个神话。

国家与社会二元对立的神话

公民社会理论的意识形态基因是“自由主义”，凡是谈到公民社会的“独立性”都是指相对于国家的独立。在这套话语体系中，公民社会似乎是一块净土，国家仿佛充满乌烟瘴气；好事似乎都是公民社会干的，坏事仿佛都是国家干的。按照这套话语体系的逻辑，政府与民间组织的关系只能是一种对立关系：政府作用的扩大必然导致民间组织活动空间的萎缩；反之，如欲拓展民间组织发展的空间，政府的作用就必须受到限制。

这套国家与社会对立的逻辑连美国这个案例都解释不了。从罗斯福的“新政”到约翰逊的“伟大社会”，美国政府的干预范围在二战以后扩张得很快。也正是在这个时期，美国非营利组织的数量急剧增加。二战刚结束时，全美只有不到10万个非营利组织，这个数目到60年代中期已增至30万。光是在约翰逊总统宣布实行“伟大社会”计划的当年（1965年），向国税局提出建立非营利组织的申请就比前一年翻了一番。此后，非营利组织的数量开始剧增。80年代初里根上台以后，风向骤转，限制政府干预范围成为施政目标。但这并没有为美国民间组织的发展带来一个兴盛时期。虽然组织数量似乎没有明显变化，但它们的发展却面临着更多的困难。[50]美国个案说明，政府干预不一定会制约民间组织的发展，政府功能的萎缩不一定有利于民间组织的发展。

政府干预之所以能促进民间组织的发展，原因在于政府可以向民间组织提供财物支持。按照国家与社会对立的逻辑，这种事绝不会发生。但公共部门资助民间组织却是一个不可否认的事实，尤其是在欧洲那些政府拨款主导型的国家。[51]即使在美国这种商业收费主导型的国家，相当多知名民间组织对政府拨款的依赖度也很高。[52]这意味着，政府和民间组织的关系可以是一种合作关系、互补关系。

民主动力的神话

自由主义之所以强调民间组织的独立性、突出公民社会与国家的对立关系，其目的是为了论证公民社会是实现民主的前提条件。

然而，所谓公民社会显然不是民主的充分条件。从辛亥革命到抗战以前，中国有市场经济，无论是中央政府还是地方政府都无意全盘控制经济活动，各类民间组织（如商会、同乡会、读书会、演剧社、独立报刊、私立大中小学校）比比皆是。民国头三年，政党也多如牛毛。但那时并没有出现民主，连形式上的民主也不存在。而活跃的公民社会也并未能阻止民主的德国魏玛共和国走向崩溃。[53]翻翻近代世界史，此类实例实在是不胜枚举（如中国香港、澳门及新加坡）。公民社会显然也不是民主的必要条件。在20世纪80年代末90年代初，俄罗斯、罗马尼亚、阿尔巴尼亚进行"民主"转型之前并没有多少像样的民间组织，但这些国家仍然转向了所谓"民主"体制。假如公民社会真是民主体制基石的话，那美国民主恐怕已岌岌可危了，因为自1960年以后，参与社团的美国公众比重已大幅下降；到20世纪末，已回落到第一次世界大战时的水平。当然，现在还有很多美国人是这个或那个社团的成员，但这可能掩盖了另一个发展趋势：越来越多的美国人只是在社团挂名而已，不参加其日常活动，只是定期交纳会费或向社团提供捐助；社团逐渐成为专业人士管理的机构。[54]

民主的原意本是指人民当家作主，但带有强烈自由主义色彩的公民社会倡导者往往偷换民主概念，把它理解为对政府加以制约。为此，公民社会理论的倡导者强调的往往是民间组织对整体政治形态的外部效应（如制衡国家权力）。然而，除非民间组织具有某种政治性、正式性，且脱离政府的控制而相对独立，否则外部效应不大可能发生。这也是为什么偏重外部效应的公民社会理论严格要求民间组织必须独立于政府。独立性很强的才够格被称为"公民社会组织"，否则，就被划入"另册"。

然而，在存在明显社会差别的情况下，靠"独立"的"公民社会组织"就能带来民主吗？多元主义的回答是可以，其倡导者试图安慰人们：

这些差别无关紧要，不值得大惊小怪。他们辩称，只要允许不同的利益群体形成有组织形态的利益集团（公民社会），只要允许不同利益集团自由地展开竞争、争取有利于自己政策，它们不仅可以互相牵制、避免任何群体独大，更重要的是还可以有效地制衡政府，最终达成政治生态的平衡。[55]今天，中国国内也有一些学者相信并鼓吹多元主义，希望在中国也看到更多的利益集团出现，认为利益集团参与政策制定过程是民主化的标志。[56]

如果稍作深究，就会发现，多元主义奠基于一系列假定：（1）所有人都可以组织起来影响决策；（2）所有人都有多重属性，在不同时段、不同议题上，他们可以分属不同利益集团，因此利益集团之间不是决然对立的，不同的人总可以找到利益重合的地方；（3）所有人都可能参与影响他人的决策，也可能被他人参与的决策所影响，因此精英与大众之间没有鸿沟；（4）利益集团之间的竞争最终会达至均衡状态，政策是其结果；（5）没有任何政治势力可以左右所有领域的决策过程，因此社会上不存在统治阶级。

但大量实证研究发现，多元主义的上述假设是完全站不住脚的。实际上，并非所有社会成员的利益都能经由有组织的团体整合起来；即使被整合起来，其影响力分布仍然不平均，因为不同社会群体占有资源（收入、财富、受教育程度等）的质与量可能有天壤之别。有些群体一贫如洗，另一些群体富堪敌国。它们之间的关系与其说是“自由竞争”，不如说是一群三岁小孩与拳王泰森的较量，其后果可想而知。在多数情况下，有组织的利益集团主要代表着特殊利益，即占有较多经济、社会、政治、文化资源者的利益。这些特殊利益集团以及为它们游说的公司拥有巨大的经济和政治资源，相比较于没有组织能力的一般公众或其他资源更少的团体，它们更有能力向决策者“兜售”主张，甚至动用其影响力来扭曲政府决策过程，以实现它们的目标。而它们追求的目标往往与公共利益背道而驰。

多元主义假说最早由三位担任过美国政治学会会长的学者在20世纪五六十年代提出，他们是大卫·杜鲁门（David B. Truman）[57]、罗伯特·达尔（Robert A. Dahl）[58]、查尔斯·林布隆（Charles E. Lindblom）[59]。随后，一大批美国政治学家曾运用这个模式分析过美国政治。[60]但在60

年代民权运动与反战运动的背景下，这个模式开始遭遇到激烈批判，被认为根本无法解释美国政治。[61]林布隆这时也认识到，"利益集团是造成巨大政治不平等的来源，这些现象与民主规范不符合"[62]。近年来，更是有一大批实证研究得出了同样的结论：利益集团之间的所谓"自由竞争"只会导致政策偏向富有阶层。[63]美国法理学家德沃金（Ronald Dworkin）指出，"如果一个政治体制对其治下的公民命运不是同等关注，这个体制就没有正当性可言"[64]。显然，任由特殊利益集团在其中兴风作浪的政治体制就不具正当性，哪里还谈得上什么民主？实际上，这类组织大量繁殖的后果不是带来民主，而是"阻碍代议性体制的正常运转，全方位地扭曲政策导向，令政策偏向于资源丰富、有广泛社会关系且组织得更好的社会群体"[65]。反过来讲，如果要保障政策过程与后果体现民主原则，恰恰需要对利益集团参与、影响公共政策的所作所为加以限制或规范。

社会建设的目标：人民社会

在中华人民共和国，政府被称为"人民政府"，军队被称为"人民军队"，警察被称为"人民警察"，法院被称为"人民法院"，检察院被称为"人民检察院"，邮政被称为"人民邮政"，银行被称为"人民银行"，保险被称为"人民保险"；如果说要构筑某种理想社会的话，"人民社会"显然是更值得追求的目标。

"人民"一词古已有之。在中国古籍中，它往往指平民、庶民、百姓，亦即占人口绝大多数的普通民众。当然，今天这个词也被用来泛指所有人。在西方语言中，"人民"同样包含这两种意思，如拉丁文中的populus、意大利文中的popolo、法文中的peuple、英文中的people、西班牙文中的pueblo。这个词一方面指穷人、位于社会低层的人、被排除在政治之外的人，另一方面指所有人。例如，当美国宪法的第一句话说"我们美国人民"（We, the people of the United States）时，那是不加区别地指所有人；但当林肯在葛底斯堡演说中提到"民有、民治、民享"（government of the people, by the people, for the people）时，其重点便落在普罗大众身上。

在一篇题为“什么是人民”的论文中，意大利当代思想家吉奥乔·阿甘本（Giorgio Agamben）谈到了“人民”这个词的内在张力：

> 该词在语义上的模棱两可跨越时空，这绝不是偶然的：毫无疑问，它反映出在西方政治中，“人民”这个概念无论在本质上还是在功能上都具有内在的矛盾。换言之，我们称之为人民的，与其说是个统一体，不如说是摆动的两极：一方面，“大写的人民”看似一个整体、一个在政治上统合起来的全体；另一方面，“小写的人民”则只是整体的一部分，由形形色色被剥夺、被排斥的群体构成。一方面，它是一个包容性的概念，仿佛无所不包；另一方面，它是一个排斥性概念，不带任何希望。一极是整合起来、拥有主权的全体公民；另一极则是流放地，是［雨果笔下的］“奇迹宫”（court of miracles）[66]，是被侮辱、被压迫、被征服者的收容所。[67]

由于这个词包含内在的张力，人们往往无法确定地说，到底“人民”是指所有国民的全体，还是指国民中的那些普通老百姓。“人民”其实是个处于两极之间的概念，而两极之间的关系错综复杂。确实，无论从哪国的政治史看，“人民”这个概念的内涵与外延都是不断演化的。[68]按照阿甘本的解读，在一定意义上，马克思所说的“阶级斗争”其实就是“小写的人民”（小民、蚁民）为争取变成“大写的人民”而展开的斗争；只有当“小写的人民”与“大写的人民”合为一体时，阶级斗争才会结束。而那时，“人民”这个概念本身也失去了任何意义。[69]

在很长的历史时期里，如汉娜·阿伦特所说，底层百姓意义上的“人民”只是“不幸和悲苦的代名词”，是同情的对象[70]，他们在“大写的人民”中充其量不过是陪衬物。但中国共产党在人民大众身上看到了推动历史前行的动力，看到了社会发展的方向，于是将颠倒的历史颠倒了过来，让劳苦大众第一次成为“大写的人民”的主体。

中华人民共和国建国前夕，毛泽东说出了他当时对“人民”这一概念的理解：“所谓人民大众，是包括工人阶级、农民阶级、城市小资产阶级、被帝国主义和国民党反动政权及其所代表的官僚资产阶级（大资产阶级）

和地主阶级所压迫和损害的民族资产阶级，而以工人、农民（兵士主要是穿军服的农民）和其他劳动人民为主体。"[71] 在此前后，毛泽东一直把"人民"看作一个历史的、变动的政治范畴，而不是泛指一国的全部人口，但唯一不变的是，他所理解的人民主体始终是从事物质资料生产的广大劳动群众。改革开放以后，虽然"人民"概念的内涵与外延再次发生了重大变化，但其主体依然是广大劳动群众，同时也包括一切拥护社会主义的爱国者和拥护祖国统一的爱国者。由此可见，"人民"概念的关键有二：（1）它由不同阶级组成，并不同质；（2）其主体是劳动大众，重点突出。

无论在中文里还是在西文里，"社会"一词的原义都是指志趣相同者结合而成的组织或团体。在现代以前，当人们的生活半径不过几里或几十里远时，他们不太可能产生现代意义上的"社会"观念；充其量，他们只能形成空间有限的"乡里社会"观念。在中国传统文化中，乡里社会被看作是一个由血缘、亲情串联起来的"熟人社会"[72]，是一个群体本位、和谐有机的共同体。通过利玛窦、马国贤之类传教士的引介，中国人的这种社会观对西方诸如莱布尼兹、维科等近代思想家的社会观产生了极大的影响。[73]

工业革命前后，西方社会分工日益精细，人们的活动半径也急剧、大幅拓展。这导致 19、20 世纪西方思想家产生出各种新的社会观。这些社会观往往在两个维度上出现分殊：到底是先有个人还是先有社会？到底社会是一个整体还是其内部充满冲突。[74] 到 19 世纪末 20 世纪初，现代西方的各种社会观开始传入中国。[75] 公民社会理论的倡导者往往认为，社会是彼此分离个体的聚合，当然是先有个人（同质的、抽象的人），再有社会；同时把社会看作一个与国家对立的整体。而马克思主义则不承认存在抽象的个人；恰恰相反，人的本质是一切社会关系的总和，既不存在处于"社会"之外的个人，也不存在没有"个人"的社会，所有的人都生活在特定的历史条件下和具体的社会关系中。由此推论，"社会"就是全部生产关系的总和；而只要还存在生产资料私有制，生产关系就是不同阶级之间的关系，它们之间的矛盾与互动是社会发展的动力。

所谓"人民社会"就是一国之内由公民组成的政治共同体，其主体是占人口绝大多数的普通劳动大众。对外，人民社会不是任人宰割的殖民地、半殖民地，而是骄傲地"站起来了"，自豪地"自立于世界民族之林”；对内，人民社会既不是曾被梁启超讥诮、曾令孙中山痛心疾首的“一盘散沙”，也不是靠某种假想契约维系的、独立个人的机械聚合，而是一个既磕磕碰碰又休戚与共的有机整体。

与实际上仅指“民间会社”的“公民社会”概念相比，“人民社会”的理念清晰而无歧义，更容易成为追求的目标，也更值得追求。

人民社会的目标是平等。倡导人民社会，一方面，必须清醒地意识到社会中存在着阶级、阶层差异，这些差异一定会引发矛盾与冲突；另一方面，不应默认社会中的不平等，不应固化这种不平等。如果各阶级、阶层在收入、财产方面以及在生产关系里所处的地位差别不大，人民内部矛盾将会是非对抗性的，这种非对抗性矛盾也许在一定阶段有利于经济、社会的发展。相反，如果各阶级、阶层在收入、财产以及在生产关系里所处的地位差别很大且持续扩大，人民社会则终将瓦解。为了避免出现这种结局，人民社会的第一原则是始终坚持以劳动大众为主体，并将这个原则贯穿到政策的方方面面；出现偏差时，需尽快纠正。

倡导人民社会，不应限制，而应允许、鼓励、推动各类民间团体的发展，尤其是能满足以下三类社会需求的民间组织，因为政府与市场都无法满足这些需求。

第一是人们社会交往的需求。满足人们社会交往需求的民间组织种类包括联谊性团体（如同乡会、校友会、沙龙、论坛、俱乐部、病友会之类）、职业性团体（如会计师协会、小百货商会、建筑工程师协会之类）、身份性团体（如私营业主协会和厂长经理协会之类）、兴趣团体（如气功协会、秧歌队、书画社、读书会、花鸟协会、街舞群体之类）、宗教团体（如基督教青年会之类）、学术团体（如各类学会之类），以及妇女团体、青年团体、老年团体、残疾人团体等。

第二是对公共物品的多元性需求。人们对公共物品的需求是多元的，但政府提供公共物品的方式只能采取统一的形式。结果是，一部分人对公共物品的超常需求（excess demand）得不到满足，另一些人的特殊品味（differentiated tastes）得不到照顾。民间组织不必行动划一，因此可以为需求较高的人群提供额外的公共物品，为需求特殊的人群提供特别的公共物品，从而满足政府和市场都满足不了的社会偏好。

第三是对信息不对称性私人物品的需求。有些服务的支付方并不是最终消费者（如智障儿童的特殊学校、养老院、慈善机构）；另一类服务本身太复杂，受益方对它难以评估（如医院）。这类物品不完全是公共性质，不必完全由政府提供，但靠以营利为目的的私营机构来提供服务会造成一些问题，因为它们很可能会利用自己在信息不对称关系中所占的优势地位以次充优、以少充多，欺骗消费者，谋取利润最大化。民间非营利组织可以在这些领域发挥作用。

不过，对于特殊利益集团（尤其是那些其利益与广大劳动人民相抵触的团体）必须保持高度的警觉，对它们与政府部门或其他团体的正当沟通不应设限，但应千方百计防止它们"捕获"政府部门、"劫持"决策过程。

从人民社会的视角看，完全没有必要依据一个虚幻的理论在现实世界里按图索骥。在人民社会里，民间组织的自主性本身并不是天然的道德标尺。因寄生外国资金而丧失自主性是危险的；在商业收费主导的情形下保持自主性是毫无意义的；面对政府拨款，民间组织大可不必为坚持自主性而一味排斥；只要政府拨款有利于增进社会大众的福祉，民间组织何乐而不为呢？这意味着，政府和民间组织的关系可以是一种合作关系、互补关系。在人民社会，两者的关系也理应如此。

其实，只要不一叶障目，政府与民间组织的互补关系很容易理解，因为两者各有所长，也各有所短。一方面，民间组织的短处正是政府的长处。捐款只能靠自愿，纳税却是强制性的义务。政府可以凭借其对暴力的垄断来贯彻自己的意志。与民间组织相比，政府可以发挥其在资源动员方面的优势，通过直接（拨款）或间接（减免税收）的方式资助民间组织。另一方面，政府的短处也正是民间组织的长处。上面提到的三类社会需求便是例证。

正是由于政府和民间组织各有所长，也各有所短，它们之间的合作在逻辑上便是顺理成章的。为实现自己的目标，政府可以负责资金动员，但将提供某些公共服务的任务委托给民间组织来执行。两者各自扬长避短，通过互补产生一加一大于二的效果。在这种情形下，政府干预不但不会限制民间组织的成长，反而可能促进其扩展。

人民社会理论不否认民间组织对推进民主有促进作用，但对民主的含义与推进民主的机制有不同于公民社会理论的理解。人民社会对民主的理解是人民当家作主，这是民主的原意。不仅如此，与强调外部效应的公民社会理论不同，人民社会理论认为，民间组织产生的内部效应（亦即社团活动对成员个体思维和行为方式的影响）对实现民主更重要。

外部效应与内部效应的发生条件颇为不同。只有在民间组织具有自愿性、政治性、正式性，且脱离政府的控制而相对独立时，外部效应才会发生。但内部效应不要求民间组织具有明显的政治意图，且不要求它们是正式组织并独立于政府。其实，自由主义的老祖宗之一托克维尔就称赞各种各样的社团都是有价值的组织，不管它们是“宗教的或道德的、重要的或不重要的、目标宏大的或狭隘的、很大的或很小的”。在他看来，文学沙龙、酒馆、书局、闲暇爱好协会与工商协会、政治团体一样重要，甚至更重要。托克维尔说：“如果民主国家的人没有权利和志趣为政治目的而结社，那么，他们的财富和知识虽然可以长期保全，但他们的独立却要遭到巨大的危险。而如果他们根本没有在日常生活中养成结社的习惯，则文明本身就要受到威胁。”[76]研究政治文化的学者沃巴及其合作者对此也有同感：“政治参与的动机和能力都植根于基本的非政治机构中。”[77]《使民主运作起来》一书的作者，哈佛教授帕特南的说法更生动：“参加合唱团或鸟类观察俱乐部可以使人学会自律和欣赏成功的合作带来的喜悦。”[78]此外，各国还有更多的实证研究发现，参加非政治组织能够激发政治参与和政治兴趣。[79]

同理，一个社团要产生内部效应，它不一定非得是正式的、自愿的或脱离政府而完全自治的社团。例如，一项对德国非正式团体的研究发现，“这种组织的非正式性质，并没有妨碍它为（相识的）成员相互帮助和资源共享提供便利”[80]。英国的一项对非自愿组织的研究，对当前过度强调组织自愿性的做法也提出了质疑。该研究发现，在 14—17 世纪，活跃在英格兰小社区内的正式机构产生了可观的内部和外部的效应，不管参加这些机构是强制性的还是自愿的。[81]因此，谈到社团民主潜质时，没有必要过于强调组织的自愿性。

总之，强调民间组织外部效应的理论分析框架局限性太强，其结果是很多有趣而又重要的非正式结社活动被当成不值得关注的问题而被忽略掉。如中国各地都可以看到每天在一起跳舞、唱歌、进行锻炼的群体。一些人每天定时聚集在一起参与这类活动，这不但有助于他们身心健康，降低全社会的医疗保健费用，还有利于这些人学会如何与他人进行平等交往，彰显民间团体的内部效应。

民间团体的内部效应主要包括以下几个方面：一是培育合作习惯和公共精神。在社团里面，尤其是非政治性、非经济性的社团，人们如果聚集在一起的话，更容易学会合作的习惯。原因很简单，这里不涉及任何利益。相反，在政治性、经济性的社团里面很可能涉及利益纷争，所以大家很难合作。二是培育互信、互惠、温和、妥协、谅解、宽容的品性。在团体活动中，人们更容易超越狭隘的自我，逐步认识到合作互助的必要性和优越性，从而养成互相信任、不走极端、妥协包容的习惯。三是培育与人交往、共事的交流技能，学会怎么开会、怎么在公众面前说话、怎么写信、怎么组织项目、怎么去辩论，等等。正因为有了这些习惯和技巧，人们参与群体活动的积极性和能力才会得以强化。需要指出的是，上述三方面的习惯和技巧都是民主社会必不可少的，因此，正是在这种所谓的非政治性的、非经济性的社团组织中，内部效应使得这些组织变成了培育成员的民主伦理的"学校"，让人们学会用民主的方法来互相对待，以民主的方式来共同生活，等等。正鉴于此，人民社会理论认为，如果民间团体对民主能够起到促进作用，更多地应该强调其内部效应。

结　语

如何进行社会重建？现在有一套来自西方的学界主流话语，也就是所谓"公民社会"的话语。这套话语在社会学、社会工作、政治学领域非常时髦，几乎占据主导地位。我们认为，在社会主义中国，社会重建的目标只能是人民社会，即"六亿神州尽舜尧"的社会。"公民社会"与"人民社会"只有一字之差，但两种思路提供的是看待社会的不同视角与不同评判标准。

公民社会的视角是聚焦社会的一小部分，即据说具有组织性、非营利性、自愿性、民间性、自治性的会社。换句话说，公民社会关注的不是"社会"，而是"会社"，而后者只是前者的很小很小一部分。其实，不少公民社会推动者的视野更窄，他们只关注非政府组织中那些敢于向政府叫板的倡导性团体，好像只有它们才是社会中唯一的健康力量。这种视野在英文中叫作 tunnel vision，在中文中叫作坐井观天。鼓励人们参与会社活动本来是件好事，正如鼓励人们进行其他形式的互动是件好事一样，但误以为这就是社会建设的全部或最重要的部分就“失之毫厘，谬以千里”了。

人民社会的视角关注的是整个社会，包括会社，但远远超出会社，它将注意力延伸至社会的方方面面，尤其是社会中人与人关系的广度、深度、密度、和谐度。人民社会的出发点是构筑一个人民的共同体，因此，只要与共同体建设相关的方面，它都会收入眼底。

公民社会对民间组织最重要的评判标准主要是两条：非政府性（或民间性）与独立性（或自主性）。一些研究公民社会的学者成天拿着放大镜查看这个或那个组织到底是真 NGO（非政府组织），还是假 NGO。凡是有官方背景的组织，凡是与政府关系密切的组织，不管它们做了多少有利于社会的事情，统统打入另册，叫作 GONGO，即政府主导的 NGO，好像它们是假冒伪劣的赝品。反过来，凡是敢于挑战政府权威的组织，不管它们在多大程度上仰仗外国资金，不管它们是否实实在在地为本国人民做过好事，都会得到赞誉，仿佛只有它们才配得上“公民社会”的桂冠。

在评判民间组织时，人民社会注重它们是否能为人民社会这个共同体的构筑做出贡献（如满足人们的社会交往需求，以及对公共物品的多样化需求），而不会刻意将它们与政府对立起来。建设人民社会，在教育、健康、扶贫济困、推进男女平等、缩小收入与财富差距等方面，当然需要民间组织积极发挥作用，但最终解决问题，还得靠国家政策。[82]人民社会需要人民政府；只要政府政策方向对头，民间组织应成为政府的伙伴，而不是对立面。如果政府政策出现偏差，民间组织应成为政府的诤友，促使政府政策向有利于广大人民群众的方向发展。

说到底，人民社会对社会建设的评判标准只有一个，即它是否体现以劳动大众为主体的理念。我们建设人民社会，首先要承认阶级、阶级差别。对掌握生产资料所有权的阶级，不管把它叫作资产阶级也罢，叫作管理者阶级也罢，反正他们跟普通老百姓有阶级差别。阶级之间的矛盾未必一定要表现为激烈的冲突，但是差别必须承认。处理好阶级关系、逐步缩小以至最后消除阶级差别是我们社会重建的题中应有之义。但消灭阶级不能只是空话，必须有制度保障，这就要求社会重建要从巩固社会主义经济基础入手。没有社会主义经济基础，社会主义的社会重建便无从谈起。

公民社会貌似有一套理论，但那套理论千疮百孔，难以自圆其说。人民社会并不冒充有一套理论，它坦承只是一个理念，是社会建设的目标，是前行的方向，是衡量现实的理想标尺。其实，公民社会又何尝不是一种理念呢？只不过两种理念相比，公民社会的视野窄，人民社会的视野宽；公民社会的评判标准重形式，人民社会的评判标准重结果。孰优孰劣？高下立判。

注释

[1] 关于这方面的文献，参见"Civil Society：A Select Bibliography，" *Democratization*，Vol. 4，No. 1，pp. 161 - 167。

[2] 关于 20 世纪 90 年代初期中国研究领域的情况，参见 Frederic Wakeman Jr.，"The Civil Society and Public Sphere Debate：Western Reflections on Chinese Political Culture，" *Modern China*，Vol. 19，No. 2 (April 1993)，pp. 108 - 138。

[3] 继清华大学于 1998 年建立全国第一个 NGO 研究所后，现在全国已有很多家此类研究所。

[4] 实际上，从 20 世纪 90 年代中期开始，一些西方学者已经开始反思公民社会理论，如 Michael Foley and Bob Edward，"The Paradox of Civil Society，" *Journal of Democracy*，Vol. 7，No. 3 (July 1996)，pp. 38 - 52；Sheri Berman，"Civil Society and the Collapse of the Weimar Republic，" *World Politics*，Vol. 49，No. 3 (April 1997)，pp. 401 -429；Alan Wolfein，"Is Civil Society Obsolete?" *Brookings Review*，(Fall，1997)；Sidney Verba，Kay Lehman Schlozman，and Henry E. Brady，"The Big Tilt：Participatory Inequality in America，" *The American Prospect*，No. 32 (May - June 1997)，pp. 74 - 80；David Rieff，"The False Dawn of Civil Society，" *The Nation*，February 22，1999；Thomas Carothers，"Think Again：Civil Society，" *Foreign Policy*，(Winter 1999 - 2000)；Omar G. Encarnación，"Civil Society Reconsidered，" *Comparative Politics*，Vol. 38，No. 3 (Apr.，2006)，pp. 357 - 376；Gertrude Himmelfarb，"Civil Society Reconsidered：Little platoons are just the beginning，" *The Weekly Standard*，Vol. 17，No. 30 (April 23，2012)。

[5] 本文作者曾于 20 年前进行过这方面的梳理，参见王绍光：《关于"市民社会"的几点思考》，载《二十一世纪》，1991 年总第 8 期。

[6] 如苏格兰启蒙运动思想家亚当·弗格森（Adam Ferguson，1723—1816）于 1767 年出

版的 *An Essay on the History of Civil Society* 应该翻译为《文明社会史论》（杭州，浙江大学出版社，2010），而不是《市民社会史》（北京，中国政法大学出版社，2003）。

[7] 参见 Clifford Bob, "Civil and Uncivil Society," in Michael Edwards, ed., *The Oxford Handbook of Civil Society* (Oxford: Oxford University Press, 2011), pp. 209 - 219。又如，Petr Kopecky and Cas Mudde, eds., *Uncivil Society? Contentious Politics in Post - communist Europe* (London: Routledge, 2003)。

[8]《马克思恩格斯选集》，2 版，第 2 卷，32 页，北京，人民出版社，1995。

[9] Michael Edwards, ed., *The Oxford Handbook of Civil Society* (Oxford: Oxford University Press, 2011).

[10] Lester M. Salamon, "The Rise of the Nonprofit Sector," *Foreign Affairs*, Vol. 73, No. 4 (Jul. - Aug., 1994), p. 121.

[11] Lester M. Salamon and Helmut K. Anheier, "In Search of the Non - Profit Sector. I: The Question of Definitions," *Voluntas*, Vol. 3, No. 2 (1992), pp. 125 - 151.

[12] Lester M. Salamon, S. Wojciech Sokolowski, and Regina List, *Global Civil Society: An Overview* (Baltimore: The Johns Hopkins University Center for Civil Society Studies, 2003), pp. 7 - 8.

[13] Theda Skocpol, "Associations Without Members," *The American Prospect*, Vol 10, No. 45 (July/August 1999), pp. 66 - 73.

[14] Burton A. Weisbrod, ed., *To Profit or Not to Profit: The Commercial Transformation of the Nonprofit Sector* (New York: Cambridge University Press, 1998).

[15] John Hawks, *For A Good Cause: How Charitable Institutions Become Powerful Economic Bullies* (Secaucus, NJ: A Birch Lane Press Book, 1997).

[16] Nathan J. Winograd, "Shocking Photos: PETA's Secret Slaughter of Kittens, Puppies," April 2, 2013, http: //www. huffingtonpost. com/nathan - j - winograd/peta - kills - puppies - kittens _ b _ 2979220. html.

[17] Philippe C. Schmitter, "Still the Century of Corporatism?" *The Review of Politics*, Vol. 36, No. 1 (January 1974), pp. 85 - 131; Alan Siaroff, "Corporatism in 24 industrial democracies: Meaning and measurement," *European Journal of Political Research* Vol. 36 (1999), pp. 175 - 205.

[18] Wolfenden Committee, *The Future of Voluntary Organizations* (London: Croom Helm, 1978).

[19] 参见维基百科 "Civil society" 条，见 http: //en. wikipedia. org/wiki/Civil _ society。

[20] 参见中文维基百科 "公民社会" 条，见 http: //zh. wikipedia. org/wiki/%E5%85%AC%E6%B0%91%E7%A4%BE%E4%BC%9A。

[21] 这些提法在国内外的文献中司空见惯，但含义不清。不过，为了避免不必要的混淆，下面的讨论会继续沿用"公民社会"的译法。

[22] 参见一项关于20国民间组织的研究，参见王绍光：《多元与统一：第三部门国际比较研究》，杭州，浙江人民出版社，1999。

[23] 王绍光：《关于"市民社会"的几点思考》，载《二十一世纪》，1991年总第8期。

[24] U. S. Bureau of Labor Statistics, "Union Members Summary," January 23, 2013, http://www.bls.gov/news.release/union2.nr0.htm.

[25] 参见［美］法里德·扎卡里亚：《华盛顿的病根与晚期罗马帝国类似》，载《观察者》，2013-08-04，见 http://www.guancha.cn/FaLiDeZhaKaLiYa/2013_08_04_163349.shtml。

[26] 虽然表7—1来自一份发表于1984年的论文，但后续大量研究的发现也与之吻合，如 Frank R. Baumgartner and Beth L. Leech, "Interest Niches and Policy Bandwagons: Patterns of Interest Group Involvement in National Politics," *The Journal of Politics*, Vol. 63, No. 4 (Nov., 2001), pp. 1191-1213; Sidney Verba, Henry E. Brady, and Kay Lehman Schlozman, *The Unheavenly Chorus: Unequal Political Voice and the Broken Promise of American Democracy* (Princeton: Princeton University, 2012)。

[27] Harold Salzman and G. William Domhoff, "Nonprofit Organizations and the Corporate Community," *Social Science History*, Vol. 7 (1983), pp. 205-216; S. A. Ostrander, "Elite Domination in Private Social Agencies: How It Happens and How It is Challenged," in G. William Domhoff and T. R. Dye, eds., *Power Elites and Organizations* (Newbury Park: Sage, 1987), pp. 85-102; A. K. Daniels, *Invisible Careers: Women Civic Leaders from the Volunteer World* (Chicago: University of Chicago Press, 1988); Francie Ostrower, *Why the Wealthy Give: the Culture of Elite Philanthropy* (Princeton: Princeton University Press, 1995).

[28] Manu Joseoh, "Coaxing India's Rich to Give More," *New York Times*, September 11, 2013, http://cn.nytimes.com/world/20130911/c11india/dual/.

[29] 参见福布斯网站的介绍，http://www.forbes.com/profile/warren-buffett/。

[30] Peter Buffett, "The Charitable-Industrial Complex," *New York Times*, July 26, 2013, http://www.nytimes.com/2013/07/27/opinion/the-charitable-industrial-complex.html?_r=0.

[31] 它们的做法是，政府先通过税收的办法把钱收上来，然后拿出一部分用于社会事业，如从非营利组织那里购买公共服务。国内很多人鼓吹为慈善组织减税、为慈善捐款减税，这是典型的自由主义做法。减税实际上也是用政府的钱资助社会事业，却把决定权交给了少数个人。除了以上原因以外，不主张对慈善企业减免税还有一个原

因：由于我们的规管机制还不健全，一旦给慈善企业减税，假慈善组织一定会非常之多，造成大量税收流失。参见 Charities Aid Foundation，*International Comparisons of Charitable Giving*，November 2006，p. 12，http：//www.cafonline.org/pdf/International%20Comparisons%20of%20Charitable%20Giving.pdf。

[32] Barbara Thomas，"Development through Harambee：Who Wins and Who Loses? Rural Self-Help Projects in Kenya，" *World Development*（Autumn 1987），p. 477.

[33] Brian H. Smith，*More than Altruism：The Politics of Private Foreign Aid*（Princeton：Princeton University Press，1990），p. 277.

[34] 以上数据来自王绍光：《金钱与自主：市民社会面临的两难境地》，载《开放时代》，2002（3）。新的数据见 Lester M. Salamon，S. Wojciech Sokolowski，and Associates，*Global Civil Society：Dimensions of the Nonprofit Sector，Volume Two*（Bloomfield，CT：Kumarian Press，2004），Figure 1.11 "Sources of civil society organization revenue，by country，" p. 33。新数据同样支持这个判断。

[35] 一项对 32 个国家的研究发现，其中 10 国属于这种类型，参见 Salamon，Sokolowski，and List，*Global Civil Society：An Overview*，pp. 30-31。

[36] Lester M. Salamon and Helmut K. Anheier，*The Emerging Nonprofit Sector：An Overview*（Manchester：Manchester University Press 1996），p. 28.

[37] Estelle James，"The Private Provision of Public Services：A Comparison of Sweden and Holland，" in Estelle James，ed. *The Nonprofit Sector in International Perspective：Studies in Comparative Culture and Policy*（New York：Oxford University Press，1989），pp. 31-60.

[38] Antonin Wagner，"The Interrelationship between the Public and Voluntary Sectors in Switzerland：Unmixing the Mixed-up Economy，" in B. Gidron，R. M. Kramer，& L. M. Salamon，*Government and the Third Sector*（San Francisco：Jossey-Bass，1992），p. 1115.

[39] 一项对 32 个国家的研究发现，其中 22 国属于这种类型，参见 Salamon，Sokolowski，and List，*Global Civil Society：An Overview*，pp. 29-30。

[40] Lester M. Salamon，"The Global Associational Revolution：The Rise of the Third Sector on the World Scene，" Institute for Policy Studies of Johns Hopkins University Occasional Paper 15（1993）.

[41] Lester M. Salamon，*Partners in Public Service：Government-Nonprofit Relations in the Modern Welfare State*（Baltimore：The Johns Hopkins University Press，1995），pp. 114-116.

[42] Peter Frumkin，"Rethinking Public-Nonprofit Relations：Toward a Neo-Institutional Theory of Public Management，" *PONPO Working Papers*，No. 248（April 1998），

Yale University, pp. 10 – 11.

[43] Estelle James, “Why do Different Countries Use a Different Public – Private Mix in Education,” *Journal of Human Resources*, Vol. 28, No. 3 (1993), pp. 571 – 592.

[44] 当然，政府管制的程度或许取决于融资方法。一些资金模式可能比其他的能给予政府更多的控制手段。例如，购买服务的合约往往比无条件拨款具有更大的约束力。请参阅 Ralph M. Kramer, “The Use of Government Funds by Voluntary Social Service Agencies in Four Welfare States,” in Estelle James, ed., *The Nonprofit Sector in International Perspective: Studies in Comparative Culture and Policy* (New York: Oxford University Press, 1989), pp. 231 – 233。在英国，从直接拨款援助转向服务购买合约已经引发了许多抱怨，谴责英国政府削弱了非营利部门的倡导作用。

[45] Lester M. Salamon, “The Nonprofit Sector at a Crossroads: The Case of America,” *Voluntas*, Vol. 10, No. 1 (1999), pp. 5 – 23; Angela M. Eikenberry and Jodie Drapal Kluver, “The Marketization of the Nonprofit Sector: Civil Society at Risk?” *Public Administration Review*, Vol. 64, No. 2 (March/April 2004), pp. 132 – 140.

[46] Estelle James, “The Nonprofit Organization in International Perspective: The Case of Sri Lanka,” in Estelle James, ed., *The Nonprofit Sector in International Perspective: Studies in Comparative Culture and Policy* (New York: Oxford University Press, 1989), pp. 301 – 303.

[47] 南非、波兰、罗马尼亚等国出现的就是这种情况。参见 Adam Habib and Rupert Taylor, “South Africa: Anti – Apartheid NGOs in Transition,” *Voluntas*, Vol. 10, No. 1 (1999), pp. 73 – 82; Joanna Regulska, “NGOs and Their Vulnerabilities during the Time of Transition: The Case of Poland,” *Voluntas*, Vol. 10, No. 1 (1999), pp. 61 – 71; Daniel Saulean and Carmen Epure. “Defining the Nonprofit Sector: Romania,” *Working Papers of the Johns Hopkins Comparative Nonprofit Sector Project*, no. 32, Baltimore: The Johns Hopkins Institute for Policy Studies, 1998。

[48] 例如，在 20 世纪 80 年代，来自斯堪的纳维亚国家、欧盟和美国基金会的资金大量流入南非，资助反种族隔离非政府组织。然而，在 1994 年划时代的选举之后，外国捐赠者开始把资金直接拨给政府，导致大部分非政府组织先后面临了数次财务危机。幸免于难的只有那些继续从美国官方和非官方机构获得资金的“自由”非政府组织。参见 Adam Habib and Rupert Taylor, “South Africa: Anti – Apartheid NGOs in Transition”。

[49] Adam Habib and Rupert Taylor, “South Africa: Anti – Apartheid NGOs in Transition”.

[50] Burton A. Weisbrod, “The Nonprofit Mission and Its Financing: Growing Links between Nonprofits and the Rest of the Economy,” in Weisbrod, *To Profit or Not to*

Profit, p. 2.

[51] Estelle James, "The Nonprofit Sector in Comparative Perspective," in Walter W. Powell, ed., *The Nonprofit Sector: A Research Handbook* (New Haven: Yale University Press, 1987), p. 407.

[52] 最好笑的例子是一个名为"美国志愿者"(Volunteers of America)的组织,它预算收入的96%来自联邦政府。其他著名非营利组织如CARE和拯救儿童(Save the Children)也是主要靠联邦拨款维持:联邦拨款分别占它们年预算的78%和60%。参见Lester M. Salamon, *Partners in Public Service: Government - Nonprofit Relations in the Modern Welfare State* (Baltimore: The Johns Hopkins University Press, 1995), p. 128。

[53] Sheri Berman, "Civil Society and the Collapse of the Weimar Republic," *World Politics* Vol. 49 (April, 1997), pp. 401 - 429.

[54] Robert D. Putnam, *Bowling Alone: The Collapse and Revival of American Community* (New York: Simon & Schuster, 2000); Theda Skocpol, *Diminished Democracy: From Membership to Management in American Civic Life* (Norman, OK: University of Oklahoma Press, 2003).

[55] David B. Truman, *The Governmental Process: Political Interests and Public Opinion*, 2nd ed. (New York: Alfred A. Knopf, 1971).

[56] 参见汪永成、黄卫平、程浩:《社会利益集团政治化趋势与政府能力建设》,载《武汉大学学报》(人文科学版),2005(1);曹培:《多元社会才是希望的土壤》,共识网,2013-06-16。见http://www.21ccom.net/articles/sxwh/shsc/article_2013061685652.html。

[57] David B. Truman, *The Governmental Process* (New York: Knopf, 1951).

[58] Robert A. Dahl, *Preface to Democratic Theory* (Chicago: University of Chicago Press, 1956), and *Who Governs?* (New Haven: Yale University Press, 1961).

[59] David Braybrooke and Charles E. Lindblom, *A Strategy of Decision* (New York: The Free Press, 1963).

[60] 例如Edward C. Banfield, *Political Influence* (New York: The Free Press, 1961); Nelson W. Polsby, *Congress and the Presidency* (Englewood Cliffs, NJ: Prentice - Hall, 1964); Aaron B. Wildavsky, *The Politics of the Budgetary Process*, 1st edn (Boston: Little, Brown, 1964)。

[61] Elmer Eric. Schattschneider, *The Semisovereign People: A Realist's View of Democracy in America* (Holt, Rinehart and Winston, 1960); Theodore J. Lowi, "American Business, Public Policy, Case - Studies, and Political Theory," *World Politics*, Vol. 16, No. 4 (1964): 677 - 715; Theodore J. Lowi, *The End of Liberalism: The Sec-*

ond Republic of the United States (New York: Norton, 1979).

[62] [美] 查尔斯·林布隆：《政策制定过程》，118页，北京，华夏出版社，1988。该书英文第一版出版于1968年。

[63] Sidney Verba, Kay Lehman Schlozman, and Henry E. Brady, *Voice and Equality: Civic Voluntarism and American Politics* (Cambridge, MA: Harvard University Press, 1995); Larry M. Bartels, *Unequal Democracy: The Political Economy of the New Gilded Age* (Princeton: Princeton University Press, 2008); Kay Lehman Schlozman, Sidney Verba, Henry E. Brady, *The Unheavenly Chorus: Unequal Political Voice and the Broken Promise of American Democracy* (Princeton: Princeton University Press, 2012); Martin Gilens and Benjamin I. Page, "Testing Theories of American Politics: Elites, Interest Groups, and Average Citizens," *Perspectives on Politics*, April 9, 2014, forthcoming Fall 2014, http://www.princeton.edu/～mgilens/Gilens% 20homepage% 20materials/Gilens% 20and% 20Page/Gilens% 20and% 20Page%202014-Testing%20Theories%203-7-14.pdf.

[64] Ronald Dworkin, *Sovereign Virtue: The Theory and Practice of Equality* (Cambridge, MA: Harvard University Press, 2000), p. 1.

[65] Thomas Carothers, "Think Again: Civil Society," *Foreign Policy* (Winter 1999-2000), pp. 18-29.

[66] "奇迹宫"是雨果小说《巴黎圣母院》中一处乞丐和流浪汉聚集的地方。

[67] Giorgio Agamben, *Means without End: Notes on Politics* (Minneapolis: University of Minnesota Press, 2000), p. 30.

[68] 有关美国的例子可参见 Rogers M. Smith, *Stories of Peoplehood: The Politics and Morals of Political Memberships* (Cambridge: Cambridge University Press, 2003); *Civic Ideals: Conflicting Visions of Citizenship in U.S. History* (New Haven: Yale University Press, 1997).

[69] Agamben, *Means without End: Notes on Politics*, pp. 30-31.

[70] 参见 [美] 汉娜·阿伦特：《论革命》，62页，南京，译林出版社，2007。

[71] 毛泽东：《关于目前党的政策中的几个重要问题》（1948年1月18日），见《毛泽东选集》，2版，第4卷，1272页，北京，人民出版社，1991。

[72] 参见费孝通：《乡土中国》，上海，上海人民出版社，2006。

[73] Jay Goulding, "Society," in Maryanne Cline Horowitz, ed., *New Dictionary of the History of Ideas* (Farmington Hills, MI: Thomson Gale, 2005), pp. 2238-2241.

[74] 参见李猛：《"社会"的构成：自然法与现代社会理论的基础》，载《中国社会科学》，2012（10）。又见 [德] 诺贝特·埃利亚斯：《文明的进程：文明的社会起源和心理起源的研究》，"序言"，1～40页，上海，上海译文出版社，2009。

[75] 参见金观涛:《从“群”到“社会”、“社会主义”:中国近代公共领域变迁的思想史研究》,见《观念史研究:中国现代重要政治术语的形成》,180~225页,北京,法律出版社,2010。

[76] [法] 托克维尔:《论美国的民主》(下),637页,北京,商务印书馆,1991。

[77] Sidney Verba, Key Lehman Schlozman, and Henry E. Brady, *Voice and Equality: Civic Voluntarism in American Politics* (Cambridge, MA: Harvard University Press, 1995), p. 3.

[78] [美] 罗伯特·帕特南:《使民主运转起来:现代意大利的公民传统》,103页,南昌,江西人民出版社,2001。

[79] B. Erickson and T. A. Nosanchuck, "How an Apolitical Association Politicizes," *Canadian Review of Sociology and Anthropology*, Vol. 27 No. 2 (1990), pp. 206-219; M. Olsen, "Social Participation and Voting Turnout," *American Sociological Review*, Vol. 37 No. 3 (1972), pp. 317-333; D. Rogers, K. Barb, & G. Bultena, "Voluntary Association Membership and Political Participation: An Exploration of the Mobilization Hypothesis," *Sociological Quarterly*, Vol. 16 No. 3 (1975), pp. 305-318.

[80] Claus Offe & Susanne Fuchs, "Decline of Social Capital: The German Case," in Robert D. Putnam (eds.), *Democracies in Flux: The Evolution of Social Capital in Contemporary Society* (Oxford: Oxford University Press, 2002), p. 242.

[81] Marjorie K McIntosh, "The Diversity of Social Capital in English Communities, 1300-1640" (with a Glance at Modern Nigeria) in Robert I. Rotberg (eds.), *Patterns of Social Capital: Stability and Change in Historical Perspective* (Cambridge: Cambridge University Press, 2001), pp. 121-152.

[82] 这类例子很多,如印度促进妇女权利的非政府组织也许比中国多,但中国妇女的经济、社会地位无疑比印度妇女高。美国的慈善组织特别多,但它仍然是发达国家中最不平等的国家之一。

八、代表型民主与代议型民主*

过去 20 多年，有两种世界观一直针锋相对。

第一种世界观体现在已故英国首相撒切尔夫人的一句口头禅里：你别无选择（there is no alternative）。据统计，撒切尔在其讲话中使用这个口头禅达 500 多遍，以至于有人给她起了个绰号，叫 TINA。所谓“别无选择”是指，除了在经济上与政治上实行自由主义，世界已别无选择。

1989 年初夏，日裔美国人福山把撒切尔的“别无选择说”上升到了历史哲学层面，发表了一篇论文，题为《历史的终结》。在这篇名噪一时的论文中，福山断言：“20 世纪开始时，西方对自由民主的最终胜利充满了自信；到 20 世纪接近尾声时，似乎转了一个圈又回到了原点。结局不是像某些人曾预料的那样，出现了‘意识形态的终结’或资本主义和社会主义之间的趋同，而是经济和政治自由主义完完全全的胜利。”福山之所以敢大胆预测“历史的终结”，是因为在他看来，人世间已不再有关于“大问题”（例如资本主义还是社会主义）的斗争与冲突，人类社会已抵达意识形态演化的尽头，西式自由民主制度已无可争议地变为各国独一无二的选择，此后，人类面临的唯一问题是如何实施西式自由民主的具体技术细节。在那篇文章的结尾，福山几乎难以掩饰自己的得意，但却故意流露出一丝胜利者不再有对手的失落感。据他说，历史终结以后的世界将会变得非常无聊：不再有艺术与哲学，只有在博物馆里才能看到它们的

* 本文曾发表于《开发时代》，2014（2）。

痕迹。[1]

今天，虽然撒切尔的“别无选择说”、福山的“历史终结说”已成为学界与思想界的笑柄，但其变种仍花样翻新，不断出现。不少人不再使用“别无选择”、“历史终结”之类的说辞，但他们依然坚信，西方资本主义国家的今天就是其他国家（包括中国）的明天。

第二种世界观体现在反思全球化运动使用的两个口号里：“拒绝单一选项，拥抱无限空间”（One no，many yeses）[2]；“另一种世界是可能的”（Another world is possible）[3]。这里被拒绝的就是“撒切尔”们、“福山”们鼓吹的经济与政治的自由主义。

这两种世界观的对立首先反映在对资本主义的看法上。经过 2008 年以来的金融危机，前一种世界观在这方面已处于守势。但在民主问题上，前一种世界观似乎依然坚挺。虽然西方民众普遍对竞争选举出来的官员不信任，虽然一些西方思想家呼吁超越选主，倡导参与民主、协商民主、抽选代表，但大多数人还是认为，西式代议制民主是当代唯一可欲与可行的民主制度，各国的不同只是代议制的不同形式。不管是采取总统制还是议会制，执政者只能通过不同政党之间的竞争性选举产生。这种世界观不仅在西方国家占主导地位，在其他国家（包括中国）也颇有影响。

本文的基本论点是：“代议型民主”只是一种金丝鸟笼式民主，不应是也不可能是唯一可取的民主形式。相反，尽管存在这样那样的缺陷，但中国实践着的“代表型民主”具有巨大的潜力，它意味着另一种形式的民主是可能的。

把西式民主称为“代议型民主”恐怕没有太多异议，但把中国的政治运作称为“代表性民主”也许会遭到国内外不少人的质疑。说到中国，这些人往往会不假思索地给它的政治体制贴上一个标签：威权主义政体。问题是，在过去几十年里，这个标签像狗皮膏药一样被随处乱贴，从晚清时代开始，一直到民初时代、军阀时代、蒋介石时代、毛泽东时代、邓小平时代、江泽民时代、胡锦涛时代、习近平时代，无一幸免。中国政治在此期间发生了翻天覆地的变化，贴在中国政治上的标签却一成不变，这岂不是荒唐？这个概念与其说是学术分析工具，不如说是意识形态的诅咒。由于一个简单的“威权主义”标签说明不了任何问题，且无法与历史上、国内外其他“威权主义”政体区隔，于是，在当代中国政治研究中，我们就看到了一大堆带形容词前缀的“威权主义”，包括“有活力的威权主义”、“适应性威权主义”、“参与性威权主义”、“回应性威权主义”、“高认受性威权主义”等，不一而足。这些前缀形容词听起来往往与“威权主义”相互矛盾。如果一种政治制度“有活力”，并带有“适应性”、“参与性”、“回应性”、“认受性”，把它叫作“民主”岂不是更合适吗？

本文把中国的实践定义为“代表性民主”，并将讨论什么是代议型民主，什么是代表型民主，两者之间有哪些区别，各自有什么特点与优劣势。但在讨论这些问题之前，也许有必要先从一个看似矛盾的现象说起。

一个“悖论”？

西方主流意识形态有一个似乎不证自明的基本假设：只有领导人经由竞争性选举产生的制度才会享有正当性[4]，而威权主义体制不可能获得民众的广泛支持。但大量实证调查数据表明，被贴上“威权主义”标签的中国体制一直受到绝大多数老百姓的拥戴。

近年来，全球最大的独立公关公司——爱德曼国际公关有限公司每年都会发布《爱德曼全球信任度调查报告》(Edelman Trust Barometer)，其一项报告于2013年初公布。[5]这份报告发现，中国公众对政府的信任度比2012年上升6个百分点，达到81%，仅低于新加坡，在所有被调查国家中居第二，远高于美国的53%；就各国平均而言，公众对政府的信任度仅为48%。[6]实际上，在过去历年的爱德曼调查中，中国公众对政府的信任度一直在各国中名列前茅。

不仅爱德曼的调查如此，在过去20年里，不管是什么人进行调查（包括那些对前人调查充满怀疑的外国学者），不管用什么方式进行调查（包括最严格意义上的随机抽样调查），不管被调查对象是农村居民还是城市居民，最后的结果基本上大同小异，即中国政府在人民群众中享有高度的信任感。[7]现在，在熟悉调查数据的学者圈里，对这一点已经没有任何异议。例如，在一篇发表于2009年的文章中，约翰·杰姆斯·肯尼迪的归纳是："自 20 世纪 90 年代初期以来，所有旨在检验民众对中共看法的调查都显示，七成以上的调查对象支持中央政府与共产党领导。无论调查的提问方式如何变化，结果全都一样"[8]。又如，2010 年，布鲁斯·吉利与海克·霍尔比格在一篇合写的文章中总结道："虽然关于中共政权稳固的原因何在还存在不同看法，但具有广泛共识的是，中国的现今政权在人民大众中享有相对强有力的支持"[9]。2010 年以后进行的研究全都得出与这两位学者毫无二致的结论。[10]

我们可以用两种方式概述上述现象：一种"威权主义"体制受人民拥护的程度比很多"民主"体制高得多，或一种受人民拥护程度如此之高的体制却被贴上了"威权主义"的标签。无论怎么概述，看起来都是矛盾的。

为了摆脱这种矛盾，那些不愿放弃"威权主义"帽子的人想出了各种各样的说辞。据他们说，毛泽东时代的政府之所以支持度高，得归功于高压手段加意识形态灌输；改革开放以后的政府之所以支持度高，得归功于经济持续增长以及被煽动起来的民族主义。[11]总之，中国民众对政府的支持度高不是因为其体制好，而是因为暂时存在一些有利条件。他们的潜台词是，不管中国民众现在对政府的支持度有多高，这个威权主义体制终归是难以持久的。

然而，严谨的学术研究证明这些貌似合理的说辞其实毫无根据。在分析"亚洲民主动态调查"数据的基础上，台湾大学政治学教授朱云汉得出的结论是："这些说法的解释力并不像西方很多中国问题专家期待的那么强。没有任何扎实的证据表明，中国政权的民意基础高度或完全依赖其耀眼的经济表现，或依赖其对民族主义情绪的操控"[12]。同样，在系统分析数据的基础上，留美学者唐文芳及其美国合作者也批驳了上述种种说辞，认为它们统统站不住脚。[13]

要摆脱上述矛盾，其实很简单，只要摘掉"威权主义"的有色眼镜，中国体制认受度高的原因就显而易见了，它反映在三方面：(1) 从需方看，中国人总体而言更偏好代表型民主（或实质民主），而不是代议型民主（或形式民主）；(2) 从供方看，中国已发展出一套代表型民主的理论与运作方式；(3) 从效果看，代表型民主的实践使得中国的党国体制能较好地回应社会需求。简而言之，中国体制之所以认受度高，是因为中国践行了一种符合本国民众心愿的新型民主——代表型民主。

中国人的民主观

民主的原意是人民当家作主。然而，如果问到人民当家作主的含义与实现形式，世界各大文化圈里的人民理解未必相同。今天世界上，绝大多数人都同意“民主是个好东西”的说法，但对那个被叫作“好东西”的“民主”的理解却非常不同。我们切不可想当然地认为，既然大家都喜欢民主，他们支持的就是同一种东西。西方不少人自负地相信，只有他们对民主的理解才正宗、才是对民主唯一正确的理解，这是文化霸权主义的表现。实证研究表明，东亚的民主观有其独特之处[14]，儒家文化圈的民主观有其独特之处[15]，中国的民主观也有其独特之处[16]。如果有人不去追求中国人自己理解的那种民主，而是费尽心机试图在中国复制西方人理解的那种民主，则他们在任何意义上都称不上是“民主派”，因为他们背离了广大人民群众的意愿，违背了民主第一定律：人民当家作主。

对民主的理解可以大致分为两大类，一类从形式上理解民主，另一类从实质上理解民主。前者关注某些据说是民主特征的东西，后者关注政策是否产生了符合广大人民群众需求的结果。如果这么划分，中国人对民主的理解属于哪一类呢？“亚洲民主动态调查”恰好包含了与两类理解相关的问题。在被问到对民主内涵的理解时，受访者有四种选择：（1）有可能通过选举改变政府；（2）享有批评当政者的自由；（3）贫富收入差距不大；（4）所有人都享有衣食等必需品。

表 8—1 对比了七个国家和中国大陆与台湾地区的情况。我们看到，确有近三成的中国大陆民众认为，民主首先意味着赋予人民选举政府官员的权利；还有 4.2%的民众把民主理解为自由（如批评当政者的权利）。选择这两种形式标准的人加在一起，约为民众的 1/3。更多的人倾向从执政的成效来评判政治体制是否民主。28.9%的人把能否控制贫富差距作为民主的尺度；更有近四成的人认为，只有保证所有人都具备衣食等生存必需品的体制才称得上民主。选择实质标准的人加在一起，超过 2/3。可见，在绝大多数中国大陆民众心目中，民主是实质意义上的民主，而不是徒有其表的民

主。有意思的是，虽然中国台湾实行的是不同的政治体制，但台湾民众理解民主的方式与大陆民众没有太大区别。在东亚其他国家，倾向形式民主的人更多一些，基本上在五成左右，只有泰国超过 2/3。

表 8—1　　亚洲各地民众对民主的理解

	平均	中国大陆 2008	中国台湾 2006	新加坡 2006	蒙古 2006	印尼 2006	菲律宾 2005	柬埔寨 2008	越南 2005	泰国 2006
形式										
有可能通过选举改变政府	31.9%	28.4%	28.2%	29.5%	20.5%	30.2%	31.0%	39.0%	42.6%	49.0%
享有批评当政者的自由	13.4%	4.2%	4.5%	22.7%	31.1%	24.6%	19.6%	12.6%	6.6%	17.4%
实质										
贫富收入差距不大	20.2%	28.9%	20.1%	19.8%	20.8%	12.3%	7.4%	4.0%	28.5%	18.0%
所有人都享有衣食等必需品	34.5%	38.4%	47.3%	28.0%	26.5%	32.9%	42.1%	44.4%	22.4%	15.5%
样本总计（人）	13 459	4 070	1 506	954	1 165	1 417	1 146	941	1 050	1 209

资料来源：http：//www.eastasiabarometer.org/chinese/news.html。

也许有人会怀疑表 8—1 的受访者中成年人居多；在怀疑者看来，年轻人也许会更倾向接受“普世”的民主标准，亦即形式民主或程序民主。如果这个假想成立的话，随着时间的推移，中国会有越来越多的人向“普世”民主标准看齐。实际情况如何呢？

依据最新的（即第三波）“亚洲民主动态调查”数据，图 8—1 显示了年轻人（即生于 1980 年以后）心目中的民主。[17]在中国大陆，分别有 30%的年轻人把民主理解为“良治”或“社会平等”，两者加在一起占被调查人数的六成；而把民主理解成“民主程序”或“自由”的人为四成。中国台湾的情况依然与大陆不相上下。进一步分析表明，中国年轻人对民主的理解与成年人的理解几乎没有什么差别。[18]除了中国以外，多数年轻人从实质意义上理解民主的国家还包括日本、韩国、新加坡、越南、泰国、马来西亚、印尼；只有蒙古、菲律宾、柬埔寨是例外。但即使在后三个国家，仍然有一半人从实质意义上理解民主，与从形式上理解民主的人旗鼓相当。

仅仅与亚洲邻居相比，中国人对民主的实质性理解还不太突出。但如果与美国人相比，这个特点就十分明显了。表 8—2 所依据的数据来自

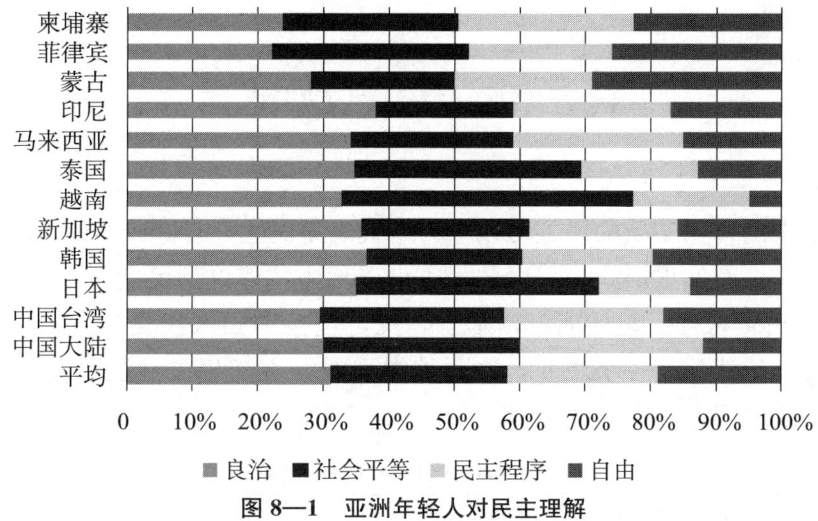

图 8—1　亚洲年轻人对民主理解

资料来源：Asian Barometer Wave 3，转引自 Yun-han Chu and Min-hua Huang，"East Asian Youth's Understanding of Democracy，" paper presented at the conference "Democratic Citizenship and Voices of Asia's Youth"，organized by the Institute of Political Science，Academia Sinica，and co-sponsored by Asian Barometer Survey，National Taiwan University，September 20 - 21，2012，Taipei，p. 5。

2010 年在美国所做的民调以及 2011 年在中国所做的民调，它包括了两组、四个选项，测度人们到底是从形式上（见表 8—2 中加粗字），还是从实质意义上（见表 8—2 中未加粗字）理解民主。很明显，美国人更注重民主的形式，而中国人更注重民主能否给人民带来实实在在的实惠。

表 8—2　　中美民众对民主的理解

	中国	美国
定期举办公平、公开的竞争性选举，选出政府官员	53.57%	73.58%
如何获得执政权不重要，重要的是政府以人民利益为重并十分称职	34.00%	26.17%
确保两党或多党竞争执政权	15.36%	39.75%
执政党认真考虑普通老百姓的意见与建议	68.03%	58.89%

资料来源：ABS III Mainland China Survey（N = 3419）；2010 USA National Survey（N=810），转引自 Jie Lu，"Democratic Conceptions and Regime Support among Chinese Citizens，" *Asian Barometer Working Paper Series*，No. 66（2012），p. 72。

中国内地研究机构的相关抽样调查得出的结论与境外研究机构的结论是完全吻合的。例如，中国社会科学院于 2011 年进行的调查同样发现，中国人的民主观对内容与实质的重视远超过形式与程序。[19]

代表型民主与代议型民主

偏重内容与实质的民主可以称为“代表型民主”（representational democracy），而偏重形式与程序的民主可以称为“代议型民主”（representative democracy）。总体而言，东亚人民，包括中国人民更偏好前者而不是后者。虽然只有一字之差，这两种类型的民主却相去甚远。表8—3列举了两者之间在三方面的差异。

表8—3 代表型民主与代议型民主的侧重点

代表型民主	代议型民主
政府是否具有代表性	代议士如何产生
政策是否反映人民的基本需求	选举与集团政治是否具有竞争性
政治制度是否产生诸如社会正义、良治、福利、“民享”等实质效果	政治制度是否带有诸如民权、自由、正式制度与程序等形式特征

对于代议型民主而言，最关键的概念是“代议士”。“代议士”是英文representative的一种中文译法，流行于清末民初时期，现在这个英文词通常被译为“代表”。[20]不管如何翻译，它指的都是由选民选出来的人，主要指选出来的议员，但也包括选出来的行政首脑（如美国总统）。不过，将representative译为“代表”在很多情形下是不准确的，因为在欧美各国的民主理论与实践中，选出来的人并不是选民的传声筒，不是人民的代表。[21]恰恰相反，一经选出，这些人便可以依据自己的主观判断行事，因为据说“选民不是天使，对公共事务未必有健全理性的判断，会常常出错，甚至会被领入歧途”，需要有“政治判断能力”的精英为他们把关。[22]换言之，选举只不过是普通民众向政治精英授权的一种形式。选出来的精英们不必原汁原味地代表人民，只需代人民议政、替人民做主即可。这种制度倡导者的话很直白：这些选出来的人“根本就不是选民的代表……民主国家需要的不是人民的代表，而是公民选举出来的议员（代议士）！”[23]

既然不让人民大众自己当家作主，只许一小撮选举出来的精英（美其名曰“代议士”）为民做主，这种体制的民主性体现在何处呢？代议型民主的辩解方式是重新定义民主：把要求人民大众当家作主的民主叫作“古典民主”或“乌托邦民主”；而现代民主则被定义为“代议型民主”（representative democracy）或代议士经自由竞选产生的政治体制。[24]经过重新定义以后，衡量一种政治制度是否民主的标准也随之发生了变化：存在自由的、竞争性的多党选举，政体便是民主的；不存在自由的、竞争性的多党选举，政体便不是民主的。[25]

为什么经过自由竞选产生的政府便是民主的呢？有两种不同的理论为其提供支撑。一种理论强调选举的授权功能（授权论），其关注点是政客如何开始他们的政治生涯；另一种理论强调选举隐含的惩罚功能（问责论），其关注点是政客如何结束他们的政治生涯。

按照授权论的说法，在竞选过程中，政党提出各自的政策主张，并推出各自的候选人，选民则有权选择支持哪个政党或哪个候选人，他们会把选票投给自己心仪的政党与候选人。既然当选者是在得到了选民赋予他们的权力后才开始执政的，这种体制当然是民主的。

但授权论实际上基于三个未加言明的假设，缺一不可。（1）选民们是理性的，他们清楚全面地了解候选政党与候选人的各种政策主张、实现这些政策主张的前提条件、执行这些政策主张的可能后果；（2）政客们会恪守承诺，上台后会不折不扣地推行自己在竞选过程中主张的那些政策；（3）按竞选纲领推行政策符合选民的最佳利益。但满足三个假设中的任何一项都不容易，同时满足这三个假设则几乎是不可能的。大量实证研究发现，选民未必是理性的，往往在政治上十分无知[26]；政客在很多情况下不愿、不会也不可能按竞选纲领行事；况且，如果把见人说人话、见鬼说鬼话的竞选语言付诸实施的话，选民不大可能从中受益[27]。更糟糕的是，现代选举是极其昂贵的，参选政党与个人必须筹集高额竞选经费，否则根本没有当选的可能性。这就意味着，对参选政党与个人而言，重要的不是一般选民，而是那些有能力捐款的金主。既然没有金主抬轿子就上不了台，那么这些金主才是真正的“授权者”。

问责论的前提就是假设：（1）政客未必会恪守竞选承诺；（2）即使他们恪守承诺，也未必对选民有利。问责论进一步假设：当出现上述情形时，选民肯定会不满；在下一次选举到来之时，不满的选民会把当政者赶下台，选另一批政客上台替换。这就叫作问责，下台的可能性是问责的基础。如果代议士希望连选连任，不想下台，那么他们在任时就必须小心行事，以赢得选民的欢心。

问题是，现代政治制度都十分复杂，任何一项政策从酝酿到草拟、到拍板、到出台、到贯彻落实，会卷入不同的政党、不同的派系、不同的部门、不同的官员。除此之外，政策效果的好坏还取决于内外环境。选民如果对政策的效果不满意，他们未必准确地知道应该惩罚谁。政客当然一定会找到各种各样的理由或借口卸责（英文叫 shirk），把选民的不满引向别人、别处。

另一个问题是，问责论假设：可供选民挑选的政党与政客很多，不满意甲可以选乙，不满意乙可以选丙，一直类推下去。实际上，在两党制下，只有两个党可供选择；在多党制下，选择也不多。在挑选余地不大的情形下，选民往往不得不两害相权取其轻，出现如图 8—2 所示这幅漫画中描绘的局面。[28]

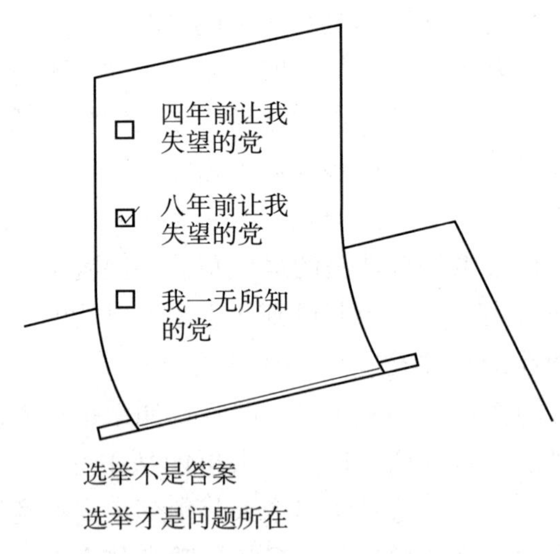

图 8—2

更何况，对政客而言，连选连任固然不错，即便败选，天也不会塌下来。不仅如此，离开政坛后，也许油水更大。例如，近年来，美国将近一半落选国会议员加入游说团体，薪酬比担任议员高得多。[29]

再如，克林顿夫妇，一位是前总统，另一位是前国务卿，退出政坛后，他们每年的讲演收入便是天价。[30]换句话说，在政坛干几年后，退出政坛有可能获得高额“期货”回报，问责的潜在威胁恐怕只是个“纸老虎”。

由此说来，不管是“授权论”还是“问责论”，都无法说明所谓“代议民主”在什么意义上是民主的。三位研究代议制的权威学者对此的评论是：“代议政府的创立者期待，他们鼓吹的那些体制安排会通过某种方式诱导政府服务于人民的利益，但他们并不准确地知道为什么会如此。两百多年过去了，我们今天还是不清楚”[31]。

与代议型民主不同，代表型民主的关键概念不是“代议士”，而是“代表”（representation）。按照经典著作《代表的概念》作者汉娜·皮特金（Hanna Pitkin）的定义，“代表”的含义是以实现公众最佳利益的方式行事，代表的主体是否经过自由的、竞争性的选举产生是另外一个问题。[32]代表型民主的基本假设是，民主可以经由各种不同的代表机制实现，不一定非得要由选举产生的代议士来实现。既然如此，衡量一种政治制度是否民主的标准就不再是存不存在自由的、竞争性的多党选举。民主理论大师罗伯特·达尔（Robert A. Dahl）说，“民主的一个关键特征是政府持续回应其公民的偏好，而所有公民在政治上完全平等”[33]。这里，重要的不是代议士在多大程度上能为选民代言（representativeness），而是政府对民众偏好的回应性（responsiveness）。达尔的这番话实际上为衡量一种政治制度是否民主设定了标准：代表型民主的标准。需要进一步厘清的是达尔所说的“偏好”（preferences）。我们认为，这里的“偏好”主要不是指人们的主观要求（wants）。无论何时何地，政府都不可能也不应该迎合公众的漫无边际的欲念。相反，“偏好”指的主要是民众的客观需求（needs），以及他们就需求而提出的意见、建议等。

为了与“授权论”和“问责论”加以区别，我们可以将以上说法称为民主的“代表论”。

中式代表型民主的理论

在过去几十年里，中国实际上已经形成了一套代表型民主的理论，它有四大组成部分，分别回答四个关键问题：代表谁？谁代表？代表什么？怎样代表？

代表谁？

中式代表型民主理论的回答是：人民。所有中国人都熟悉毛泽东的名言“为人民服务”，它是中国共产党的宗旨，也被镌刻在中南海新华门和中南海东门的影壁上。为人民服务并不是指人民被动地接受服务，其真实含义是与人民一道，通过共同努力，创造一个更加美好的世界。

那么谁是“人民”呢？不管在哪个国家，“人民”（或“公民”）这个概念的内涵与外延都是不断变化的。中华人民共和国建国前夕，毛泽东说出了他当时对“人民”这一概念的理解：“所谓人民大众，是包括工人阶级、农民阶级、城市小资产阶级、被帝国主义和国民党反动政权及其所代表的官僚资产阶级（大资产阶级）和地主阶级所压迫和损害的民族资产阶级，而以工人、农民（兵士主要是穿军服的农民）和其他劳动人民为主体。”[34]在此前后，毛泽东一直把“人民”看作一个历史的、变动的政治范畴，而不是泛指一国的全部人口，唯一不变的是，他所理解的人民主体始终是从事物质资料生产的广大劳动群众。虽然，改革开放以后，“人民”概念的内涵与外延再次发生了重大变化，其主体依然是广大劳动群众，同时也包括一切拥护社会主义的爱国者和拥护祖国统一的爱国者。中国革命与新中国最大的历史贡献就是将亿万普通劳动人民群众第一次带入了政治舞台。

强调代表的对象是人民与自由主义形成鲜明对比。在自由主义的词典里，根本不存在社群、阶级这些群体概念，更不存在人民。只有追求个人一己私利的个人才值得代表。

谁代表？

在西式主流代议理论中，只有选出来的代议士（所谓“政务官”）才有资格代他人做主，其他人都不够格。但在现代，不管在哪一种政治体制中，都有大批非选举产生的官员（所谓“事务官”）实实在在地行使着政治权力。说他们没有资格代表别人，实际上也免除了他们必须全心全意为人民服务的压力，仿佛只需按部就班、照章办事就万事大吉了。

在谁代表的问题上，代表型民主的回答是，所有行使政治权力的人，既包括正式选举出来的代议士，也包括手握实权的其他官员。中国把所有行使某种权力的人都统称为“干部”。所有干部都有责任代表人民的利益。

毋庸置疑，干部属于列宁所说的“先锋队”；但这并不意味着他们可以摆出“精英”的派头，以“精英”的方式行事。恰恰相反，有责任代表人民利益的人必须通过各种方式与广大人民群众打成一片，并在此过程中不断改造自己，因为“人民、只有人民，才是创造世界历史的动力”[35]；因为“群众是真正的英雄”，而各级干部“则往往是幼稚可笑的”[36]；因为“人民群众有无限的创造力”[37]。这也就是说，各级干部都必须在“干中学，学中干”，不能“把自己看作群众的主人，看作高踞于‘下等人’头上的贵族”[38]。他们“切不可强不知以为知，要‘不耻下问’，要善于倾听下面干部的意见。先做学生，然后再做先生；先向下面干部请教，然后再下命令”[39]。这与“授权论”、“问责论”对代议士角色的设想（即高人一等的政治精英）形成了鲜明的对比。

代表什么？

在西式代议制中会设置表达机制，让人们把自己的愿望（或偏好）表达出来，形成对代议士的压力，希望因此影响政府的决策。“愿望”是个比较模糊的概念，它既包括人们的主观要求，也包括他们的客观需求。如果稍加阶级分析，我们就会了解到，衣食无忧的社会中上层往往表达的是主观要求（如减税、同性恋婚姻、表达自由），而囊中羞涩的社会下层往往表达的是客观需求（就业、就医、就学、住房等生活保障）。实际上，社会下层表达的客观需求也是社会上层的客观需求，因为后者也同样离不开衣食住行、就学、看病、养老等。只是由于他们的财力在支撑体面生活以外仍有富余，才遮蔽了他们也有这类客观需求的真相。由此可见，社会下层的需求是全社会的需求，而社会上层的要求则未必是全社会的要求。需求与要求还有一个区别：前者在相当长一段时间里比较稳定，而后者则可能在短时间内变来变去。

为了体现人民当家作主，服务于最广大人民的利益，代表型民主要代表的主要是人民的客观需求，而不是随意表达的要求或转瞬即逝的观点。

当然，客观需求也不是一成不变的。在经济发展水平比较低的时候，有饭吃、有衣穿是最关键的需求。但进入比较高发展水平以后，这类生存需求的重要性便下降了，其他需求的重要性开始上升，如吃得好一些、穿得漂亮一些、行得方便快捷一些、住得宽敞舒适一些、病有所医、老有所养等。代表人民的基本需求也要与时俱进。这就要求各级干部在听取社会各阶层表达出来的要求的同时，不断深入社会底层，关注他们变化着的需求。在这个意义上，代表必定是一个能动的建构过程。

怎样代表?

人们通常把群众路线看作共产党传统中的民主决策方式，但群众路线也是最具中国特色的代表方式。在中国历史上，正是把群众路线作为自己“根本的政治路线”和“根本的组织路线”（见刘少奇在七大上关于修改党章的报告）的中国共产党把亿万普通老百姓第一次带上了政治舞台[40]，而亿万民众的觉醒是实现民主的先决条件。在这个意义上，美国学者布兰德利·沃马克把以群众路线为特色的中国体制称为“准民主体制”（quasi-democratic system）是有道理的。[41]群众路线是中式代表型民主的核心所在。

中国共产党几代领导人关于群众路线的论述汗牛充栋，毛泽东的一段概括最具代表性：

“在我党的一切实际工作中，凡属正确的领导，必须是从群众中来，到群众中去。这就是说，将群众的意见（分散的无系统的意见）集中起来

（经过研究，化为集中的系统的意见），又到群众中去作宣传解释，化为群众的意见，使群众坚持下去，见之于行动，并在群众行动中考验这些意见是否正确。然后再从群众中集中起来，再到群众中坚持下去。如此无限循环，一次比一次地更正确、更生动、更丰富。这就是马克思主义的认识论”[42]。

在代议民主中，代议士与民众的关系集中发生在竞选期间。一旦当选，具备了行使政治权力的正当性，代议士便获得了自由裁量权，可以按照自己的意愿来代选民做主。如果代议士在任职期间也会接触民众的话，那也主要是竞选动作，为的是博得选民的青睐，以便在下一轮选举中再次当选。因此，他们倾向做那些有利于巩固与扩大自己选票基础的事，而对那些与巩固、扩大选票基础无关的事，则不闻不问，哪怕这些事正好对民众有利。对代议士而言，参与投票的选民才是争取对象，才有接触的必要；而对那些不参加选举的民众，则可忽略不计。而不参加选举的民众恰恰往往是那些底层民众。

群众路线不同，它要求各级干部“热爱人民群众，细心地倾听群众的呼声；每到一地，就和那里的群众打成一片，不是高踞于群众之上，而是深入于群众之中”[43]；“走到群众中间去，向群众学习，把他们的经验综合起来，成为更好的有条理的道理和办法，然后再告诉群众（宣传），并号召群众实行起来，解决群众的问题，使群众得到解放和幸福”[44]。这里所说的“群众”即“人民大众”，与“人民”同义；而“人民”首先是指工农兵和其他劳动人民。[45]

为了弥补代议民主的弊端，一些西方进步学者倡导参与民主（participatory democracy），希望为普通民众创造更多能直接影响政府决策的机会与渠道。[46]即使与民主程度更高的参与民主相比，群众路线也独具特色。[47]图 8—3 将群众路线与公众参与进行了对比。

图 8—3 展现的是群众路线与公众参与的理想状态。两者的第一个差别是图中的箭头指向。公众参与的箭头由利益相关群体指向决策者，这是指在政府决策过程中，利益相关群体有权闯进去，影响决策；但这也意味着，决策者不必迈出议事殿堂（见图 8—3A）。群众路线的箭头由决策者指向利益相关群体，这是指在政府决策过程中，决策者必须放下身段，主动深入到利益相关群体中去，它是决策者的义不容辞的责任（见图 8—3B）。

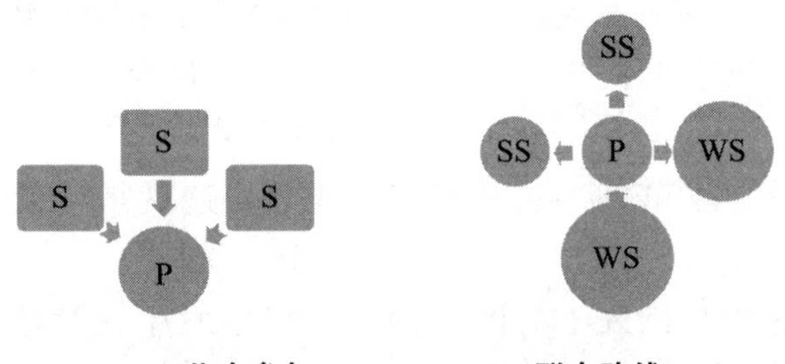

A：公众参与　　　　B：群众路线

图 8—3　理想中的群众路线与公众参与

说明：S：利益相关群体；SS：强势利益相关群体；WS：弱势利益相关群体；P：决策者。

两者的第二个差别是有没有阶级分析。公众参与往往暗含多元主义的假设，把所有利益相关群体设想为势均力敌，以为他们都能平等地参与决策过程，最终会达成政治上的均衡（见图 8—3A）。群众路线则会区分占有各类资源的强势群体与资源匮乏的弱势群体。贯彻群众路线的理想状况是，决策者更多地接触弱势利益相关群体，更多地听取他们的呼声，因为他们的利益更需要关照，他们主动影响决策的能力更弱。这样做表明，群众路线不是一种不偏不倚的路线，而是偏向普通劳动人民的路线（见图 8—3B）。

现实中的公众参与和群众路线也许与理想状态相去甚远。就公众参与而言，不同的社会阶级，参与能力相差很大。有些阶级占有金钱、人脉、知识等方面的优势，参与政治的意愿十分强烈，影响决策的能力很强；另外一些阶级则每天忙于糊口，无暇或没有能力对政府决策施加影响（见图 8—4A）。公众参与的不平等使围绕在"参与"概念周围的光环黯然失色[48]，其必然后果是更有利于表达"要求"，而不是"需求"。

贯彻群众路线对各级干部有相当高的要求，他们不能坐等老百姓上门，必须主动深入人民群众。如果干部的群众意识薄弱、群众观点淡化，哪怕他们依然走出去，也会"嫌贫爱富"，亲近强势社会群体，成天出席商务活动、剪彩现场，与企业家吃吃喝喝、拉拉扯扯，甚至以输送利益为筹码而索贿、受贿。这时，接触弱势群体就成了应付差事或作秀（见图 8—4B）。这是群众路线的软肋，过于依赖干部的自觉性。与群众路线相配套，必须存在一整套机制，迫使各级干部不得不时时与基层的普通群众打交道。大力宣传群众路线，把群众路线的落实方式制度化，对群众路线年年讲、月月讲、日日讲，让它家喻户晓、深入人心，形成对各级干部的强烈期待与硬性要求，不失为一种好办法。

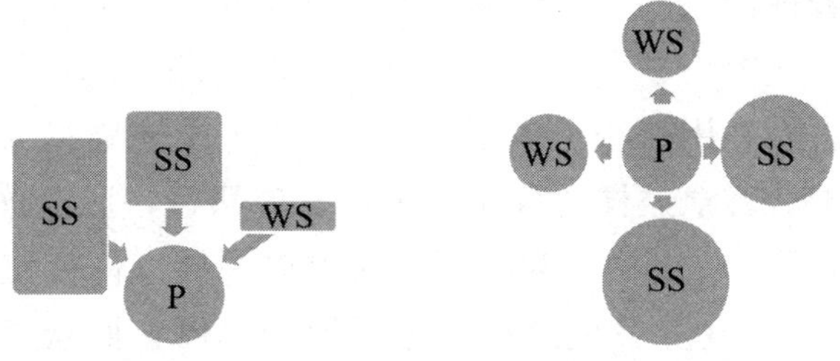

A：公众参与　　　　B：群众路线

图 8—4　现实中的群众路线与公众参与

说明：SS：强势利益相关群体；WS：弱势利益相关群体；P：决策者。

另一种迫使干部切实贯彻群众路线的方式是将群众路线和公众参与结合起来。虽然群众路线和公众参与各有特色，但它们并不互相矛盾、互相排斥。公众参与的比较优势是，它有助于表达民意，对决策者施加压力；群众路线的比较优势是，它有助于干部培植群众观点、了解民情、汲取民智。两者不仅不是对立的，而且完全可以搭配起来，使它们珠联璧合、相得益彰（见图 8—5）。例如，政府可以一方面促使干部贯彻群众路线，一方面对劳动大众进行政治上的增力（empowering），使他们组织起来，获得参与决策的意愿与能力。如果这样做，在劳动大众的需求表达对决策产生较大影响的同时，其他社会群体的合理要求表达也不会被忽略。

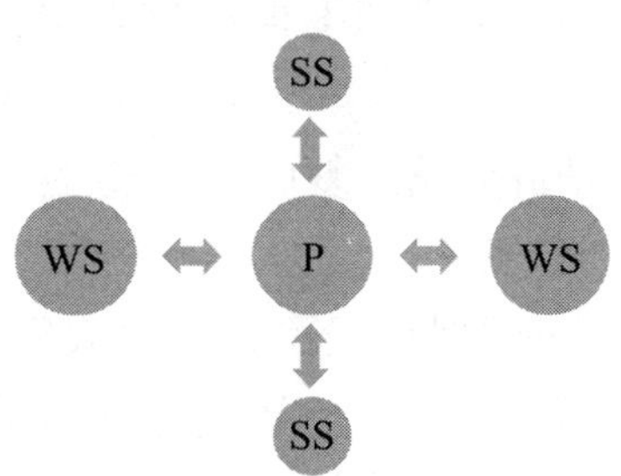

图 8—5　群众路线和公众参与的结合

说明：SS：强势利益相关群体；WS：弱势利益相关群体；P：决策者。

中式代表型民主的实践

群众路线不仅是中式代表型民主的理论基石，也是中式代表型民主的主要实现途径。

毛泽东曾在党的七大政治报告中指出，群众路线是共产党区别于其他任何政党的显著标志之一。不管是在革命战争年代，还是在社会主义建设时期，党的第一代中央领导集体都十分注重群众路线的贯彻落实。尤其是毛泽东做出了表率。用邓小平的话说，“毛泽东同志就是伟大，就是同我们不同，他善于从群众这样的议论当中，发现问题，提出解决问题的方针和政策”[49]。改革开放之初，党的第二代中央领导集体依然十分强调群众路线。邓小平就曾说过：“毛泽东同志倡导的作风，群众路线和实事求是这两条是最根本的东西……对我们党的现状来说，我个人觉得，群众路线和实事求是特别重要”[50]。

毋庸讳言，20 世纪 80 年代以后，在相当长一段时间内，群众路线这份丰厚的遗产被不少人淡忘了。虽然，在官方话语中，“相信群众”、“依靠群众”、“为人民服务”之类的提法仍不时出现（频率大幅下降），但在很多地方却不再有贯彻群众路线的具体配套措施。这种状况一直持续到 2011 年前后才发生变化。互联网兴起后，不断升高的公众参与压力也许是群众路线复归的主要推动力。

2011 年是中国共产党成立 90 周年。胡锦涛总书记在七一讲话中指出：“来自人民、植根人民、服务人民，是我们党永远立于不败之地的根本。”“每一个共产党员都要把人民放在心中最高位置，拜人民为师，把政治智慧的增长、执政本领的增强深深扎根于人民的创造性实践之中。”在此前后，一些省份开始重提群众路线，并将它的落实制度化、常态化。

重庆于 2008 年全面启动“大下访”工作，并于 2010 年要求将“大下访”、“结穷亲”等活动常态化，每年组织 20 多万机关干部进基层、进村子、进农户，与农民同吃、同住、同劳动（所谓“三进三同”）。

广东于 2009 年启动“下乡调研、驻村扶贫”工作，选派 1 万多名干部进驻贫困村，一住 3 年，不走过场。

山西于 2010 年 11 月底作出干部“下乡驻村”的决定，要求从 2011 年起，从省委常委做起，各级党政群机关和事业单位领导干部每年都要安排几天到农村、企业与群众同吃同住同劳动，特别是要到最困难的地方去，到群众意见多的地方去，到工作推不开的地方去，与群众坐下来共同破解难题。不久就有省、市、县、乡四级 7 万多名干部下到基层。

江苏从 2011 年开始，在全省开展领导干部下基层“三解三促”活动

（了解民情民意、破解发展难题、化解社会矛盾，促进干群关系融洽、促进基层发展稳定、促进机关作风转变），省委书记、省长带头驻村，开展调研，提供样本，并要求各级干部在按规定每年下基层调研时间不少于两个月的基础上，安排5～7天时间，到村镇、社区和基层单位进行驻点调研，住下来，扎下去，与基层群众同吃同住同劳动。

湖北从2011年3月开始，集中3个月时间在全省开展了“万名干部进万村入万户活动”。省市县三级党委和政府所属机关等总共约2.6万人，下到全省所有行政村开展工作。

西藏于2011年10月决定在全区开展为期3年的“深化创先争优强基础惠民生”活动，从自治区、地、县、乡四级党政机关、企事业单位及驻藏中直单位和武警部队选派了两万多名干部，进驻西藏所有行政村和居委会开展工作。

云南于2011年12月初部署，此后每年派遣1万名干部下乡进村，力争用5年时间覆盖所有农村，并实现所有县级以上机关干部至少驻村一次。

到2011年底，“到基层去，到群众中去”已在全国范围蔚然成风。除上面提到的地区外，河北、浙江、安徽、陕西、吉林、甘肃、新疆等省区的省委主要领导也带头下基层，与群众“零距离”接触、面对面交流，并大规模选派干部驻村蹲点调研，力求摸到群众的脉搏，贴近群众的心窝。[51]

进入2012年后，更多的省启动了类似行动。

青海省开展了万名干部下乡“五送五帮五推”活动。省委书记强卫率先深入田间地头，与群众唠家常，并要求县乡干部多往基层跑，多和群众接触，多做“顺气、解结、纳言、化怨”的工作。

广西选调3万多名机关干部担任新农村建设指导员和贫困村“第一书记”，并要求他们与广大农民群众吃住在一起．工作在一起，以帮助这个边疆少数民族省份的贫困人口尽快实现脱贫目标。

宁夏要求区、市、县、乡四级近4万机关干部将贫困户“包户到人”，展开为期5年的“下基层、解民忧、帮发展、促和谐”行动。

新疆开展了各级干部进村入户，了解民情，转变作风，服务群众活动，要求“领导为干部做表率、干部为群众做示范、一级带着一级干”。

与此同时，不少地方开始组建群众工作部（简称“群工部”）。群工部最初于2005年出现在河南省义马市。该部整合了信访、民政、劳动人事、社会保障、司法、科技、公安、国土资源、城建等部门与群众利益密切相关的部分职能和人员，集中办公，现场答复群众诉求。义马经验不久得到了中央领导的认可，并逐步推广到河南省的18个地级市和158个县（市、区）。[52]以后，山东、湖南、黑龙江、贵州、辽宁等省也在地县两级设立了类似机构。2011年6月，海南省成立了全国第一个省级层面的群众工作部。[53]

2012年，中共十八大选出了新一届领导人。总书记习近平历来视群众工作为中共的生命线。早在他担任福建省宁德地委书记时（1988年至1990年），他便建立了干部“四下基层”（信访接待下基层、现场办公下基层、调查研究下基层、政策宣传下基层）的常态机制。[54]在2011年省部级领导干部专题研讨班结业式上，习近平要求各级领导干部以身作则，树立群众观点，坚定群众立场，坚持群众路线，增进同群众的感情，并创新群众工作方式方法。[55]十八大召开前夕，在2012年省部级主要领导干部专题研讨班结业式上，他再次强调，“我们党坚持全心全意为人民服务的根本宗旨，坚持从群众中来、到群众中去的工作路线，坚持党的一切工作体现人民的意志、利益和要求，这是密切联系群众的优势，也是我们党最大的优势”[56]。

习近平是中共十八大报告起草组的负责人，这份报告中出现频率最高的就是“人民”一词，共出现145次，这无疑是其人民意识的流露。[57]为了加强各级干部的人民意识，党的十八大结束几周以后，中央政治局便出台了《关于改进工作作风、密切联系群众的八项规定》。[58]中央党校、国家行政学院、中国延安干部学院把群众工作列为干部培训的重要课程。2013年4月19日，中共中央政治局又作出决定，从当年下半年开始，用一年左右时间，在全党自上而下分批开展党的群众路线教育实践活动。[59]

图8—6也许可以帮助我们了解群众路线的回归势头。“百度指数”是以百度网页搜索和百度新闻搜索为基础的海量数据分析服务，用以反映不同关键词在过去一段时间里的“用户关注度”，它能直接、客观地反映社会热点和网民兴趣。[60]图8—6显示，在2011年以前，“群众路线”的百度指数一直在低位徘徊。但此后两年，该指数有所上升，并在十八大后快速

攀升，现已达到从未有过的高度。

图 8—6　“群众路线”的百度指数

在过去几十年的实践中，群众路线已发展出三类机制。第一类是了解民情、汲取民智的机制，包括调研、抓点、蹲点、以点带面等。第二类是培植群众观点的机制，包括访贫问苦、三同（同吃、同住、同劳动）、下放等。[61]此外，还有一类配套机制，目的是迫使各级干部牢记群众路线、践行群众路线，包括定期进行批评与自我批评、不定期展开整风活动。[62]这三类机制同时发力时，群众路线便能得到切实的贯彻。[63]

在所有群众路线践行机制中，特别值得一提的是调研，因为它是最常用的机制；即使在群众路线提法销声匿迹的年代里，调研的传统依然持续，只是频率较低、深入不够。[64]随着群众路线的复归，对调研的重视程度也大大加强，“调研”的百度指数攀升便是明证（见图 8—7）。

图 8—7　“调研”的百度指数

在提出群众路线以前，毛泽东已极度重视调研，并身体力行。他于 1927 年春天在湖南做过长沙、湘潭、湘乡、衡山、醴陵五县调查。井冈山时期，他又进行过宁冈、永新两县调查，寻乌调查，兴国调查，东塘等处调查，木口村调查，赣西南土地分配情形调查，分青和出租问题调查，江西土地斗争中的错误调查，分田后的富农问题调查，有关两个初期的土地法的调查，长冈乡调查，才溪乡调查。[65]成为中共领袖后，毛泽东又反复向全党强调进行调研的重要性。延安整风时期，中共中央于 1941 年作出了《中央关于调查研究的决定》。[66]建国后，毛泽东又两次要求“向群众请教、大兴调查研究之风”[67]，一次是在 1956 年前后[68]，另一次是在 60 年代初[69]。

十八大选出的新班子带头人习近平在身体力行调研方面也堪称典范。不管在哪里工作，从其担任过党支部书记的陕西省延川县文安驿公社梁家河大队，到河北省正定县委，再到厦门市委、宁德地委、福州市委、福建省委、浙江省委、上海市委，一直到担任中央政治局常委，他都勤于调研。2002 年 10 月，刚到浙江走马上任，习近平便展开了密集调研，头两个多月，在外调研的时间占工作的一半左右；头九个月，他已跑了 90 个县、市、区中的 69 个[70]；2005 年，习近平全年有 117 天在外调研，做了 30 次大的调研[71]；2002 年至 2007 年间，其足迹遍及浙江全省山山水水[72]。2007 年 3 月 27 日他调任上海市委书记，3 月 31 日他便开始对浦东展开第一次专题调研；其后，在不到半年时间里，他就把上海市 19 个区县调研了一遍。[73]用习近平自己的话说：“当县委书记一定要跑遍所有的村；当地（市）委书记一定要跑遍所有的乡镇；当省委书记应该跑遍所有的县、市、区。”[74]在十八大上担任中共中央总书记后，习近平依然坚持到基层进行调研。[75]不仅习近平是这样做的，中共中央政治局历届常委也都是这样一路走来的。[76]

与由学者或智库进行的调查研究相比，这里所说的决策“调研”有八个特点。

第一，调研的定位是决策的必经程序。在毛泽东看来，决策时，“只有蠢人，才是他一个人，或者邀集一堆人，不作调查，而只是冥思苦索地‘想办法’、‘打主意’”。“这是一定不能想出什么好办法，打出什么好主意的。换一句话说，他一定要产生错办法和错主意”[77]。哪怕是选举出来的所谓“代议士”，不经调研就决策也不可取。因此，毛泽东建议，凡是决策，“都要坚决走群众路线，一切问题都要和群众商量，然后共同决定，作为政策贯彻执行。各级党委，不许不作调查研究工作。绝对禁止党委少数人不作调查，不同群众商量，关在房子里，作出害死人的主观主义的所谓政策”[78]。毛泽东的告诫是，“没有调查就没有发言权”[79]。对调研后决策的要求，陈云说得更加形象：“领导机关制定政策，要用百分之九十以上的时间作调查研究工作，最后讨论作决定用不到百分之十的时间就够了”[80]。习近平完全认同对调研的这种定位，认为“必须把调查研究贯穿于决策的全过程，真正成为决策的必经程序”[81]。

第二，调研的主体主要不是秘书、顾问等辅助人员，而是决策者本人。例如，虽然毛泽东曾委托其身边工作人员（如秘书田家英）进行调研[82]，但他更强调领导干部“要亲身出马”，“凡担负指导工作的人，从乡政府主席到全国中央政府主席，从大队长到总司令，从支部书记到总书记，一定都要亲身从事社会经济的实际调查，不能单靠书面报告，因为二者是两回事”[83]，因为“不亲身调查是不会懂”[84]。他本人以及刘少奇、周恩来、朱德、邓小平、陈云、彭真都曾到各地进行调研。[85]今天，下基层调研仍是中国各级第一书记的必修课与基本功。习近平的切身感受是，“直接与基层干部群众接触，面对面地了解情况和商讨问题，对领导干部在认识上和感受上所起的作用和间接听汇报、看材料是不同的”。他因此告诫，“现在的交通通信手段越来越发达，获取信息的渠道越来越多，但都不能代替领导干部亲力亲为的调查研究”[86]。习近平特别强调各级领导机关的主要负责人要亲自下去做调查，亲自主持重大课题的调研。“因为对各种问题特别是重大问题的决策，最后都需要主要负责人去集中各方面的意见由领导集体决断，而主要负责人亲自做了调查研究，同大家有着共同的深切感受和体验，就更容易在领导集体中形成统一认识和一致意见，更容易做出决定”[87]。为此，中共中央办公厅于2010年印发的《关于推进学习型党组织建设的意见》明确要求：“建立健全调查研究制度，省部级领导干部到基层调研每年不少于30天，市、县级领导干部不少于60天，领导干部要每年撰写1至2篇调研报告”[88]。

第三，调研的主题可以随时变化，但主要是对决策者负责任范围内带有全局性、战略性的重大问题，以及形势发展变化带来的新情况、新矛盾、新问题、新挑战、新课题。具体到当下，就是要“深入研究影响和制约科学发展的突出问题，深入研究人民群众反映强烈的热点难点问题，深入研究党的建设面临的重大理论和实际问题，深入研究事关改革发展稳定大局的重点问题，深入研究当今世界政治经济等领域的重大问题，全面了解各种新情况，认真总结群众创造的新经验，努力探索各行各业带规律性的东西，积极提供相应的对策”；“尤其对群众最盼、最急、最忧、最怨的问题更要主动调研，抓住不放”[89]。

第四，调研的对象是与决策相关的那些“能深切明了社会经济情况的人”[90]，包括“真正有经验的中级和下级的干部，或老百姓”[91]。更具体地说，“既要调查机关，又要调查基层；既要调查干部，又要调查群众；既要解剖典型，又要了解全局；既要到工作局面好和先进的地方去总结经验，又要到困难较多、情况复杂、矛盾尖锐的地方去研究问题。基层、群众、重要典型和困难的地方，应成为调研重点，要花更多时间去了解和研究”[92]。需要指出的是，这些调研对象的角色并不完全是被动的，他们也是调研的能动参与者。决策者应该在群众中，与群众一起展开调查、一起进行研究。

第五，调研的态度是“放下臭架子、甘当小学生”，因为“群众是真正的英雄，而我们自己则往往是幼稚可笑的”[93]，因为“只是昂首望天”，“没有眼睛向下的兴趣和决心，是一辈子也不会真正懂得中国的事情的”。更何况，如果不是“恭谨勤劳和采取同志态度”，群众就会“知而不言，言而不尽”[94]。只有“和群众做朋友，而不是去做侦探……才能调查出真情况来”[95]。依据自己的实际经验，习近平的建议是，“领导干部进行调查研究，要放下架子、扑下身子，深入田间地头和厂矿车间，同群众一起讨论问题，倾听他们的呼声，体察他们的情绪，感受他们的疾苦，总结他们的经验，吸取他们的智慧。既要听群众的顺耳话，也要听群众的逆耳言；既要让群众反映情况，也要请群众提出意见……这样才能真正听到实话、察到实情、获得真知、收到实效”[96]。

第六，调研的目的是既要了解民情，也要汲取民智，用毛泽东的话说就是“向群众请教”、“向群众寻求真理”[97]。对决策者而言，了解民情是为了知道该做什么，汲取民智是为了知道该怎么做。主动从老百姓那里汲取他们的智慧是相信群众、依靠群众、尊重群众首创精神的体现。

第七，调研的方式可以多种多样，主要是“走出去”（如访谈、蹲点）

与“请进来”（如座谈会）两大类。“走出去”是指，“迈开你的两脚，到你的工作范围的各部分各地方去走走，学个孔夫子的‘每事问’”；“请进来”是指，“召集那些明了情况的人来开个调查会，把你所谓困难问题的‘来源’找到手，‘现状’弄明白”[98]。不管是“走出去”还是“请进来”，关键是要接触基层干部群众。只有这样，“才能获得在办公室难以听到、不易看到和意想不到的新情况，找出解决问题的新视角、新思路和新对策”[99]。“走出去”的一个重要形式是有选择地开展蹲点调研，解剖“麻雀”。蹲点调研“要注意选择问题多、困难大、矛盾集中，与本职工作密切相关的农村、社区、企业等基层单位，开展蹲点调研，倾听群众心声，找准问题的症结所在”[100]。当然，调研方式也要与时俱进。在坚持传统方式的同时，也应“进一步拓展调研渠道、丰富调研手段、创新调研方式，学习、掌握和运用现代科学技术的调研方法，如问卷调查、统计调查、抽样调查、专家调查、网络调查等，并逐步把现代信息技术引入调研领域，提高调研的效率和科学性”[101]。

第八，调查与研究并举。调查的作用是对某一现象或问题进行深入了解，把握一手经验材料；研究的作用是“把大量和零碎的材料经过去粗取精、去伪存真、由此及彼、由表及里的思考、分析、综合，加以系统化、条理化，透过纷繁复杂的现象抓住事物的本质，找出它的内在规律，由感性认识上升为理性认识，在此基础上作出正确的决策”[102]。调查与研究并举实际上就是“实事求是”。用陈云的话说，“讲实事求是，先要把‘实事’搞清楚。这个问题不搞清楚，什么事情也搞不好”[103]。“实事，就是要弄清楚实际情况；求是，就是要求根据研究所得的结果，拿出正确的政策”[104]。没有细致的调查，研究就“成了无源之水，无本之木，而只是主观自生的靠不住的东西了”[105]；没有认真的研究，调查就等于暴殄天物，辛辛苦苦收集一批终将会被弃置的材料。“调查研究的根本目的是解决问题，调查结束后一定要进行深入细致的思考，进行一番交换、比较、反复的工作，把零散的认识系统化，把粗浅的认识深刻化，直至找到事物的本质规律，找到解决问题的正确办法”[106]。

由上述八个特征可以看出，调研体现的正是群众路线的精髓：“一切为了群众，一切依靠群众，从群众中来，到群众中去”；从调研到决策的过程正好回答了有关代表的四个问题：代表谁？谁代表？代表什么？怎样代表?

近年来，笔者与合作者进行了两项有关中国政府决策模式的研究，一项是关于中国医改决策过程的研究[107]，另一项是关于中国“十二五”规划形成过程的研究。它们都清楚地表明，调研是中国决策模式的最大特色。换句话说，尽管存在种种问题，中国的政治过程确实践行着代表型民主。

结　语

通过与代议型民主进行对比，本文梳理了代表型民主的理论及其在中国的实践。

也许国内外有不少人仍会对把中国的政治体制称为“民主”耿耿于怀，在他们看来，历史已经终结，民主只能采取一种形式，即西方主流意识形态认可的代议型民主。既然中国政治制度的运作方式与代议型民主不同，那么它就肯定不是民主的。这种武断与霸道是典型的“一叶蔽目，不见太山；两豆塞耳，不闻雷霆”(《鹖冠子·天则》)。如果中国也有人也持这种看法，那只能叫作“目有昧则视白为黑，心有蔽则以薄为厚”(苏轼《明君可与为忠言赋》)。

但绝大多数中国老百姓相信，中国践行的就是某种民主。如表8—4所示，中国大陆有约27%的民众认为，本国的政治制度是完全民主的；50.4%的民众认为，本国的政治制度是民主的，但存在某些小问题。持这两种判断的民众加在一起高达77.3%。认为中国并非民主的人只是极少数，仅占民众的1.7%。与亚洲其他地区相比，只有在越南，认为本国是完全民主的民众比重比中国更大。[108]如果有人对此断言，认为中国老百姓把本国政治制度看作民主是种误判，那么他们自己才是被偏见蒙住了双眼；如果有人断言，中国老百姓太愚蠢，不了解民主为何物，那么他们根本不配谈论民主。民主就是人民当家作主，谈民主首先要相信人民大众的判断力，而不是把民众看作扶不起的阿斗。那些把自己看作启蒙者、救世主的人实际上是民主大道上的绊脚石。

表 8—4　　亚洲各地民众对本地政治制度性质的判断

	总计	中国大陆 2008	中国台湾 2006	新加坡 2006	蒙古 2006	菲律宾 2005	泰国 2006	印尼 2006	越南 2005	柬埔寨 2008
完全民主	18.2%	26.9%	5.8%	15.5%	7.9%	6.9%	17.6%	12.2%	40.7%	15.6%
民主但有小问题	51.7%	50.4%	47.4%	75.5%	51.1%	40.9%	64.1%	36.2%	49.2%	60.1%
民主但有大问题	26.5%	21.1%	39.5%	5.2%	39.2%	42.5%	15.9%	46.8%	9.5%	20.9%
并非民主	3.6%	1.7%	7.3%	3.8%	1.7%	9.7%	2.4%	4.8%	0.5%	3.4%
样本规模（人）	13 431 (100%)	3 796 (100%)	1 499 (100%)	959 (100%)	1 195 (100%)	1 139 (100%)	1 481 (100%)	1 368 (100%)	1 097 (100%)	897 (100%)

资料来源：http：//www. eastasiabarometer. org/chinese/news. html。

中国人为什么会把自己的政府看作民主的政府呢？因为民众把政府是否回应老百姓的基本诉求作为判断它是否民主的标尺，而中国政府对民众的诉求的确具有较强的回应性。表 8—5 显示，相对于亚洲其他地区，认为政府对人民诉求的回应程度“非常强”的中国大陆民众最多，达 28.2%，比越南高 4.7%，比中国台湾高 25.8%；加上认为回应程度“比较强”的人，中国大陆民众还是排第一，达 88.1%，高于居第二位的越南（85.2%）2.9%，高于居末尾的蒙古（25.0%）63.1%。

表 8—5　　亚洲各地民众对本地政府回应性的判断

政府对人民诉求的回应程度	总计	中国大陆 2008	中国台湾 2006	新加坡 2006	蒙古 2006	菲律宾 2005	泰国 2006	印尼 2006	越南 2005	柬埔寨 2008
非常强	14.2%	28.2%	2.4%	8.5%	2.8%	5.1%	10.3%	4.3%	23.5%	10.9%
比较强	46.7%	59.9%	35.4%	60.5%	22.2%	27.8%	42.6%	42.0%	61.7%	38.7%
不太强	33.8%	10.1%	51.4%	29.5%	65.0%	49.7%	43.3%	50.0%	14.3%	44.0%
没回应	5.3%	1.8%	10.8%	1.4%	9.9%	17.4%	3.8%	3.8%	0.4%	6.4%
样本规模	14 326 (100%)	4 437 (100%)	1 512 (100%)	978 (100%)	1 191 (100%)	1 176 (100%)	1 369 (100%)	1 561 (100%)	1 122 (100%)	980 (100%)

资料来源：http：//www. eastasiabarometer. org/chinese/news. html。

如果我们尊重中国老百姓对民主的理解、相信中国老百姓对本国政治制度的判断，本文开头提到的“悖论”便迎刃而解了：中国人偏重实质意义上的民主；既然政府对民众基本诉求的回应性较强，民众自然将政府看作民主的政府；这种民主就是本文着重讨论的代表型民主；对一个代表人民利益的政府，民众没有理由不信任。

三位美国学者的最新研究为上述判断提供了有力支持。他们发现，“要解释中国人民对政府为什么高度信任，政府（对民众诉求的）回应性是最重要的原由”[109]。“亚洲民主动态调查”项目的负责人、台湾政治学者朱云汉的研究与上述结论也完全吻合：“这个政权显示出保护贫弱者、保障其获得基本必需品的意愿与能力；它稳步推进政治改革，加强法治；人民可以感知它对自身需求的回应性。这一切是人民对政权机构持续信任的最重要原因”。他断言，“由于中国具备独特的文化传统和革命遗产，也由于它在世界上处于独特的地位，它正在建构另一种政治正当性的公共话语体系，正在开辟它自己的政治现代化道路”[110]。

这当然并不是说，中国的政治制度已经十全十美。与其他政治制度一样，中国的政治制度也存在很多问题，有些问题甚至相当严重，需要下大气力改进，没有任何故步自封的理由。但我们决不能因为中国的政治制度还带有缺陷便妄自菲薄，把自己的优势当作劣势随意抛弃。不经过深思熟虑便盲目“接”别人的“轨”是愚不可及的。如果听信他人忽悠，自废武功，到时候，一定会追悔莫及。人世间的政治制度必定是“天有所短，地有所长”（《列子·天瑞》）。因此，只有秉承“权，然后知轻重；度，然后知长短”（《孟子·梁惠王上》）的立场，才能“不动声色，而措天下于泰山之安”（欧阳修《相州昼锦堂记》）。

注释

[1] Francis Fukuyama, “The End of History?” *The National Interest*, Summer, 1989.

[2] Paul Kingsnorth, *One No, Many Yeses: A Journey to the Heart of the Global Resistance Movement* (New York: Free Press, 2004).

[3] David McNally, *Another World Is Possible: Globalization and Anti-Capitalism* (Winnipe: Arbeiter Ring, 2006).

[4] 英文即 legitimacy，内地学者往往误译“合法性”，但 legitimacy 与合法与否没有必然关系，因此在香港常用的译法“正当性”更为贴切。

[5] 这项研究调查了来自 26 个国家的超过 31 000 人，其中国部分调查了 1 500 人，包括 1 000 名普通公众、500 名“有识公众”。“有识公众”指的是这样一类人：他们年龄在 25～64 岁间，受过高等教育，家庭年收入居本国该年龄组前的 1/4，有阅读新闻或观看电视新闻的习惯，并持续关注新闻中有关公共政策的信息。

[6] *2013 Edelman Trust Barometer*, http://www.edelman.com/insights/intellectual-

property/trust-2013/.

[7] 基于这类调查写出的学术论文非常之多，限于篇幅，这里不一一列举。

[8] John James Kennedy,“Maintaining Popular Support for the Chinese Communist Party: The Influence of Education and the State-Controlled Media,” *Political Studies*, Vol. 57 (2009), p. 517.

[9] Heike Holbig and Bruce Gilley,“In Search of Legitimacy in Post-revolutionary China: Bringing Ideology and Governance Back In,” *GIGA Working Papers*, 127 (March 2010), p. 6.

[10] 基于2008年全国性样本的研究结果见 Michael S. Lewis-Beck, Wenfang Tang, and Nicholas F. Martini,“A Chinese Popularity Function: Sources of Government Support,” *Political Research Quarterly*, published online before print April 30, 2013, doi: 10.1177/1065912913486196；基于2011年五个城市样本的研究结果见 Yang Zhong and Yongguo Chen,“Regime Support in Urban China,” *Asian Survey*, Vol. 53, No. 2 (March/April 2013), pp. 369 - 392；基于2012年底、2013年初全国性样本的研究结果见 Wenfang Tang, Michael S. Lewis-Beck, and Nicholas F. Martini,“Government for the People in China?” *The Diplomat*, June 17, 2013, http: //thediplomat. com/2013/06/17/government-for-the-people-in-china/。

[11] 这种说法在西方很流行，例如保罗·克鲁格曼2013年7月19日在一篇文章中自问自答道：“这个政权的认受性又从何而来呢？主要是来自经济上的成功”。参见 Paul Krugman,“China's Ponzi Bicycle Is Running Into A Brick Wall,” *New York Time*, July 19, 2013, http: //cn. nytimes. com/opinion/20130725/c25krugman-blog/en-us/。近年来，有人还试图用中国体制的“适应性”、“回应性”来解释为什么其认受性很高。中国体制具有“适应性”、“回应性”不假，但如果坚持“威权主义”分析框架的话，根本无法解释中国体制为何可以具备“适应性”、“回应性”，更不要说解释中国体制的“认受性”了。

[12] Chu Yun-han,“Sources of Regime Legitimacy and the Debate over the Chinese Model,” ABS Working Paper Series: No. 52 (2011), p. 23, http: //www. asianbarometer. org/newenglish/publications/workingpapers/no. 52. pdf.

[13] Wenfang Tang, Michael S. Lewis-Beck, and Nicholas F. Martini,“Government for the People in China?”

[14] Yun-han Chu, Larry Diamond, Andrew J. Natha, Doh Chull Shin, *How East Asians View Democracy* (New York: Columbia University Press, 2008) .

[15] Zhengxu Wang, *Democratization in Confucian East Asia: Citizen Politics in China, Japan, Singapore, South Korea, Taiwan, and Vietnam* (Amherst: Cambria Press, 2007); Doh Chull Shin, *Confucianism and Democratization in East Asia* (New York: Cambridge

University Press，2011）.

[16] 参见张明澍：《中国人想要什么样民主：中国“政治人”》，北京，社会科学文献出版社，2013。

[17] 在这次调查中，受访者四次被以不同的方式问及他们对民主的理解，每次他们可以从四种选择（分别代表“良治”、“社会平等”、“民主程序”、“自由”）中挑选一个。之所以要反复四次、以不同的排序提问，是为了避免因提问排序造成偏差。

[18] Yun-han Chu and Min-hua Huang，“East Asian Youth's Understanding of Democracy，” paper presented at the conference “Democratic Citizenship and Voices of Asia's Youth，” organized by the Institute of Political Science，Academia Sinica，and co-sponsored by Asian Barometer Survey，National Taiwan University，September 20 - 21，2012，Taipei，p. 6.

[19] 参见张明澍：《中国人想要什么样民主：中国“政治人”》。

[20] 马来西亚等地的华人仍然习惯于使用“代议士”。

[21] 参见应奇、刘训练主编：《代表理论与代议政治》，长春，吉林出版集团有限责任公司，2008。

[22] [23] 参见刘军宁：《“代表，还是议员？”》，见 http：//business. sohu. com/20130813/n384072126. shtml。

[24] 这方面最经典的论述是熊彼特《资本主义、社会主义与民主》（北京，商务印书馆，1999）一书的第 21 章“民主政治的古典学说”、第 22 章“民主的另一个理论”。

[25] 近年来，一批学者与政治家对选举政治提出批评，因为即使在自由竞争的条件下，它也十分容易被操控。作为替代或补充，这些人将注意力转向随机抽选（sortition）。从符合资格人群中随机抽选出来的人即可被称作“代议士”，又可被称作“代表”，因为他们的组成结构与人群的组成结构十分接近。按照随机抽样的理论，哪怕他们以“代议士”的方式运作，自己想怎么表达就怎么表达，他们的意见与建议也能“代表”整个人群。

[26] 这方面有大量实证研究，其中较新的一份研究是 Bryan Caplan，*The Myth of the Rational Voter：Why Democracies Choose Bad Policies*（Princeton University Press，2007）。

[27] 例如，美国大选期间，总有美国官员对中国政府解释：不必对候选人的疯狂“竞选言论”当真。早在 1981 年，邓小平就在会见美国客人时说，“里根先生在竞选纲领中说的有些话确实使我们有所不安。布什先生来的时候，我们说了，我们理解在你们国家竞选中的语言执政后不一定付诸实施，我们重视的是里根先生就任后将采取什么行动”。参见邓小平：《发展中美关系的原则立场》（1981 年 1 月 4 日），见 http://news. xinhuanet. com/ziliao/2002 - 03/04/content _ 2546615. htm。

[28] 见 http：//equalitybylot. wordpress. com/2013/09/05/。我将英文译为了中文。

[29] 1998 年以来，已有 338 位前国会议员加入游说团体，参见 Jonathan D. Salant, "Congress Members Sprint for Money to Lobby After Election," *Bloomberg. com*, May 9, 2013, http://www.bloomberg.com/news/2013-05-08/congress-members-sprint-for-money-to-lobby-after-election.html。

[30] 据《纽约时报》2013 年 7 月 11 日报道，自比尔·克林顿 2001 年从白宫卸任以来，克林顿夫妇靠名望、口才获得的家庭经营总收入已超过 1 亿美元，参见 Amy Chozick, "Hillary Clinton Taps Speechmaking Gold Mine," *New York Times*, July 11, 2013, http://www.nytimes.com/2013/07/12/us/politics/hillary-clinton-hits-the-lucrative-speechmaking-trail.html? pagewanted=all&_r=0。

[31] Bernard Manin, Adam Przeworski, Susan C. Stokes, "Introducation," in Adam Przeworski, Susan C. Stokes, Bernard Manin, eds., *Democracy, accountability, and representation* (Cambridge: Cambridge University Press, 1999), p. 3.

[32] Hanna F. Pitkin, *The Concept of Representation* (Berkeley: University of California Press, 1967).

[33] Robert A. Dahl, *Polyarchy: Participation and Opposition* (New Haven: Yale University Press, 1971), p. 1.

[34]《毛泽东选集》，2 版，第 4 卷，1272 页，北京，人民出版社，1991。

[35]《毛泽东选集》，2 版，第 3 卷，1031 页，北京，人民出版社，1991。

[36]《毛泽东选集》，2 版，第 3 卷，790 页。

[37]《毛泽东文集》，第 6 卷，457 页，北京，人民出版社，1999。

[38]《毛泽东选集》，2 版，第 3 卷，864 页。

[39]《毛泽东选集》，2 版，第 4 卷，1441 页。

[40] Brantly Womack, "In Search of Democracy: Public Authority and Public Power in China," in Brantly Womack, ed., *Contemporary Chinese Politics in Historical Perspective* (New York: Cambridge University Press, 1991), pp. 53-89.

[41] Brantly Womack, "The Party and the People: Revolutionary and Post-Revolutionary Politics in China and Vietnam," *World Politics*, Vol. 39, No. 4 (July, 1987), pp. 479-507.

[42]《毛泽东选集》，2 版，第 3 卷，899 页。

[43] 同上书，1095 页。

[44] 同上书，933 页。

[45] 参见《毛泽东选集》，2 版，第 4 卷，1215 页。

[46] 一本较早倡导参与民主的书是 Carole Pateman, *Participation and Democratic Theory* (Cambridge: Cambridge University Press, 1970)。近 20 年来，批评代议民主、鼓吹参与民主的著作多起来了，例如 William R. Nylen, *Participatory Democracy versus*

Elitist Democracy: Lessons from Brazil (New York: Palgrave Macmillan, 2003); Thomas Zittel and Dieter Fuchs, eds., *Participatory Democracy and Political Participation: Can Participatory Engineering bring Citizens back in?* (New York: Routledge, 2007)。

[47] 参见王绍光:《不应淡忘的公共决策参与模式:群众路线》,见李朱选编:《群众路线大家谈》,331～337页,北京,华文出版社,2013。

[48] 关于美国政治参与的不平等,参见 Kay Lehman Schlozman, "What Accent the Heavenly Chorus? Political Equality and the American Pressure System," *Journal of Politics*, Vol. 46 (1984): p. 1014; Frank R. Baumgartner and Beth L. Leech, "Interest Niches and Policy Bandwagons: Patterns of Interest Group Involvement in National Politics," *The Journal of Politics*, Vol. 63, No. 4 (Nov., 2001), pp. 1191—1213; Sidney Verba, Henry E. Brady, and Kay Lehman Schlozman, *The Unheavenly Chorus: Unequal Political Voice and the Broken Promise of American Democracy* (Princeton: Princeton University, 2012)。

[49]《邓小平文选》,2版,第2卷,46页,北京,人民出版社,1994。

[50] 同上书,45页。

[51] 参见李源潮:《到群众中去,拜人民为师》,载《学习时报》,2011-09-12。

[52] 参见彭美:《全国推广群众工作部与信访局合署办公》,载《南方都市报》,2011-03-13,见 http://news.sina.com.cn/c/2011-03-13/051122104145.shtml。

[53] 参见《海南率先提高信访局行政级别,成立省委群工部》,载《新京报》,2011-07-14,见 http://politics.people.com.cn/GB/14562/15150598.html。

[54] 参见黄少鹤、庄严:《宁德20多年坚持"四下基层"的执政实践和经验启示》,载《福建日报》,2012-05-02,见 http://www.gog.com.cn/zonghe/system/2012/05/02/011433612.shtml。

[55] 参见徐京跃、李亚杰、周英峰:《习近平在省部级领导干部专题研讨班结业式上讲话》,新华社北京2011年2月23日电,见 http://www.gov.cn/ldhd/2011-02/24/content_1809442.htm。

[56]《习近平作省部级领导研讨班总结讲话》,见 http://www.counsellor.gov.cn/Item/10506.aspx。

[57] 参见周汉民:《人民、改革、民主是十八大报告的主旋律》,见 http://www.shsy.org.cn/node933/shsy/jczt/node1839/userobject1ai1760559.html。

[58] 参见《中共中央政治局召开会议,习近平主持》,新华网北京2012年12月4日电,见 http://news.xinhuanet.com/politics/2012-12/04/c_113906913.htm。

[59] 参见《中共中央政治局召开会议,习近平主持》,新华网北京2013年4月19日电,见 http://news.xinhuanet.com/politics/2013-04/19/c_115459770.htm。

[60]“Google 搜索解析”提供类似的服务。

[61] 如经中央军委习近平主席批准，解放军总政治部 2013 年 4 月下发规定，要求全军和武警部队组织团以上领导和机关干部下连当兵、蹲连住班。参见《经习近平主席批准解放军总政治部下发〈规定〉》，见 http：//www. gov. cn/jrzg/2013－04/21/content _ 2384523. htm。

[62] 参见郑科扬：《以整风精神开展批评和自我批评》，载《求是》，2013（16），见 http：//www. qstheory. cn/zxdk/2013/201316/201308/t20130813 _ 259183. htm。

[63] 必须指出，不少人往往将群众路线与群众运动混为一谈。群众运动曾经用于贯彻群众路线，但贯彻群众路线不必采用群众运动的方式。

[64] 参见魏礼群、郑新立主编：《新时期调查研究工作全书》，北京，人民出版社，2006。

[65] 参见毛泽东：《〈农村调查〉的序言与跋》，见《毛主席农村调查文集》，14 页，北京，人民出版社，1982。

[66] 参见《中央关于调查研究的决定》，见 http：//cpc. people. com. cn/GB/64184/64186/66644/4490536. html。

[67]《毛泽东文集》，第 8 卷，268 页，北京，人民出版社，1999。

[68] 关于农村合作化的调研材料编入毛泽东亲自作序的《中国农村的社会主义高潮》（1955 年）三卷本；关于为准备毛泽东《论十大关系》所进行的调研，参见逄先知、金冲及主编：《毛泽东传（1949—1976)》（上），469～506 页，北京，中央文献出版社，2003。

[69] 参见闻言实：《20 世纪 60 年代初中央领导同志的调查研究》，载《党的文献》，2013（3），见 http://www. wxyjs. org. cn/ddwxzzs/wzjx/2013n3/201305/t20130516 _ 139304. htm。

[70] 参见习近平：《我是个能够提醒自己、约束自己的人》，载《人民文摘》，2004（3），见 http：//www. people. com. cn/GB/paper2086/11500/1037377. html。

[71] 参见张凤安：《习近平：从陕北的山沟一路走来》，载《21 世纪经济报道》，2008－03－10，见 http：//news. ifeng. com/special/2008lianghui/huanjie/ziliao/200803/0310 _ 2978 _ 433841. shtml。

[72] 参见陈芳：《习近平主政浙江：9 个月跑遍 69 个县》，凤凰网，2012－11－15。

[73] 参见张凤安：《习近平：从陕北的山沟一路走来》，载《21 世纪经济报道》，2008－03－10，见 http：//news. ifeng. com/special/2008lianghui/huanjie/ziliao/200803/0310 _ 2978 _ 433841. shtml。

[74] 习近平：《我是个能够提醒自己、约束自己的人》，载《人民文摘》，2004（3），见 http：//www. people. com. cn/GB/paper2086/11500/1037377. html。

[75] 参见阚枫：《中央新领导层密集“走基层”，足迹遍及八省份》，见 http：//news. xinhuanet. com/politics/2013－02/05/c _ 124322246. htm。

[76] 参见胡鞍钢：《中国集体领导体制》，第六章“集体调研机制”，103～126页，北京，中国人民大学出版社，2013。

[77]《毛泽东选集》，2版，第1卷，110页，北京，人民出版社，1991。

[78]《毛泽东书信选集》，582页，北京，人民出版社，1983。

[79]《毛泽东选集》，2版，第3卷，802页。

[80]《陈云文选》，第3卷，189页，北京，人民出版社，1995。

[81] 习近平：《谈谈调查研究》(这是习近平2011年11月16日在中央党校秋季学期第二批入学学员开学典礼上的讲话)，载《学习时报》，2011-11-21，见http://cpc.people.com.cn/GB/64093/64094/16349466.html。

[82] 参见吕传彬：《1956年毛泽东秘书田家英回家乡调查始末》，见http://news.xinhuanet.com/politics/2012-01/19/c_122605061.htm；尹福瑛：《一九六一年田家英浙江农村调研》，载《百年潮》，2002（12）。

[83]《毛泽东选集》，2版，第1卷，117页。

[84]《建国以来毛泽东文稿》，第9册，440页，北京，中央文献出版社，1996。

[85] 参见马社香：《建国初期“毛泽东式”的调研》，载《中国党政干部论坛》，2012-04-02，见http://marxism.org.cn/detail.asp? id=3083&Channel=12&ClassID=12；宋斌全：《六十年代初大兴调查研究之风记述》，载《党史研究与教学》，1994(4)，43～48页。

[86] [87] 习近平：《谈谈调查研究》，载《学习时报》，2011-11-21，见http://cpc.people.com.cn/GB/64093/64094/163349466.html。

[88] 中共中央办公厅：《关于推进学习型党组织建设的意见》，见http://www.gov.cn/jrzg/2010-02/08/content_1531011.htm。早在1958年，毛泽东主导制定的《工作方法六十条》第25条就对领导干部的调研作出了明确的规定：“中央和省、直属市、自治区两级党委的委员，除了生病的和年老的以外，一年一定要有四个月的时间轮流离开办公室，到下面去作调查研究，开会，到处跑。应当采取走马看花、下马看花两种方法。哪怕到一个地方谈三、四小时就走也好。要和工人、农民接触，要增加感性知识。中央的有些会议可以到北京以外的地方去开，省委的有些会议可以到省会以外的地方去开”。参见毛泽东：《工作方法六十条（草案）》，见http://news.xinhuanet.com/ziliao/2005-01/06/content_2423605.htm。

[89] 习近平：《谈谈调查研究》，载《学习时报》，2011-11-21，见http://cpc.people.com.cn/GB/64093/64094/163349466.html。

[90]《毛泽东选集》，2版，第1卷，116页。

[91]《毛泽东选集》，2版，第3卷，790页。

[92] 习近平：《谈谈调查研究》，载《学习时报》，2011-11-21，见http://cpc.people.com.cn/GB/64093/64094/163349466.html。

[93]《毛泽东选集》，2 版，第 3 卷，790 页。

[94] 同上书，789～790 页。

[95]《毛泽东文集》，第 2 卷，383 页，北京，人民出版社，1993。

[96] 习近平：《谈谈调查研究》，载《学习时报》，2011 - 11 - 21，见 http：//cpc. people. com. cn/GB/64093/64094/163349466. html。

[97]《毛泽东文集》，第 8 卷，268 页。

[98]《毛泽东选集》，2 版，第 1 卷，110 页。

[99] 习近平：《谈谈调查研究》，载《学习时报》，2011 - 11 - 21，见 http：//cpc. people. com. cn/GB/64093/64094/163349466. html。不少人错误地认为，领导干部调研没有用，因为他们很容易被下级蒙骗。事实上，中国的干部都是一个台阶一个台阶提拔上来的，十分熟悉下级那些打马虎眼的伎俩，并不会轻易上当受骗。习近平在这篇文章中注意到，“现在有的干部善于察言观色，准备了几个口袋，揣摩上面或领导的意图来提供材料。很显然，这样的调查是看不到实情、得不到真知、做不出正确结论的”。他因此警告，要避免“调研走过场，只看‘盆景式’典型，满足于听听、转转、看看，蜻蜓点水、浅尝辄止”，并建议，“调研中可以有‘规定路线’，但还应有‘自选动作’，看一些没有准备的地方，搞一些不打招呼、不作安排的随机性调研，力求准确、全面、深透地了解情况，避免出现‘被调研’现象，防止调查研究走过场”。据习近平说，“近年来，有些领导干部包括有的省部级干部不打招呼、不要陪同，一竿子插到底，直接深入基层和群众之中进行调查研究”。江苏省委书记罗志军近年来的驻村调查就彻底做到了不搞层层陪同、逐级汇报，而是带上两三位随员，走村入户，由村干部带路，连当地乡镇干部都不让靠近，市、县委书记只是在驻村结束时的座谈会上才能够碰面。见郭奔胜：《“深耕”群众：省委书记下乡记》，新华网江苏频道南京 2013 年 4 月 22 日电，见 http：//www. js. xinhuanet. com/2013 - 04/22/c _ 115480589. htm。

[100] [101] [102] 习近平：《谈谈调查研究》，载《学习时报》，2011 - 11 - 21，见 http：//cpc. people. com. cn/GB/64093/64094/163349466. html。

[103]《陈云文选》，第 3 卷，250 页。

[104] 同上书，188 页。

[105]《毛泽东选集》，2 版，第 1 卷，290 页。

[106] 习近平：《谈谈调查研究》，载《学习时报》，2011 - 11 - 21，见 http：//cpc. people. com. cn/GB/64093/64094/163349466. html。

[107] 参见王绍光、樊鹏：《中国式共识型决策：“开门”与“磨合”》，北京，中国人民大学出版社，2013。

[108] 在问及这个问题时，中国大陆受访民众中表示“不知如何回答”或选择“不回答”的人比重较高。之所以设置这两种选择，是为了让各地受访者不必违心答题。然

而，即便包括使用这两个选项的人，认为中国的政治制度是完全民主的人仍高达20%，还是超过除越南以外的所有地区；如果加上那些认为本国是有点小缺陷民主制度的人，比重仍高过菲律宾、印尼、中国台湾，与蒙古不相上下。

[109] Wenfang Tang, Michael S. Lewis-Beck, and Nicholas F. Martini, "Government for the People in China?".

[110] Yun-han Chu, "Sources of Regime Legitimacy and the Debate over the Chinese Model," *The China Review*, Vol. 13, No. 1 (Spring 2013), p. 24.

图书在版编目（CIP）数据

中国·政道/王绍光著．—北京：中国人民大学出版社，2014.9
ISBN 978-7-300-20043-9

Ⅰ.①中…　Ⅱ.①王…　Ⅲ.①政治制度-研究-中国-现代　Ⅳ.①D621

中国版本图书馆 CIP 数据核字（2014）第 219753 号

中国·政道

王绍光　著

Zhongguo Zhengdao

出版发行	中国人民大学出版社		
社　　址	北京中关村大街 31 号	**邮政编码**	100080
电　　话	010－62511242（总编室）		010－62511770（质管部）
	010－82501766（邮购部）		010－62514148（门市部）
	010－62515195（发行公司）		010－62515275（盗版举报）
网　　址	http://www.crup.com.cn		
经　　销	新华书店		
印　　刷	唐山玺诚印务有限公司		
开　　本	720 mm×1000 mm　1/16	**版　　次**	2014 年 10 月第 1 版
印　　张	14.25 插页 2	**印　　次**	2023 年 5 月第 4 次印刷
字　　数	218 000	**定　　价**	61.00 元